U0907255

《中国脱贫攻坚典型案例丛书》
编 委 会

建档立卡：为精准扶贫扣好了第一颗扣子

中国扶贫发展中心　组织编写
万君　张琦　著

JIANDANG LIKA WEI JINGZHUN FUPIN KOUHAO LE DIYIKE KOUZI

人民出版社

编写说明

2021年2月25日，习近平总书记在全国脱贫攻坚总结表彰大会上庄严宣告，经过全党全国各族人民共同努力，在迎来中国共产党成立一百周年的重要时刻，我国脱贫攻坚战取得了全面胜利，现行标准下9899万农村贫困人口全部脱贫，832个贫困县全部摘帽，12.8万个贫困村全部出列，区域性整体贫困得到解决，完成了消除绝对贫困的艰巨任务，创造了又一个彪炳史册的人间奇迹！

党的十八大以来，以习近平同志为核心的党中央把脱贫攻坚摆在治国理政的突出位置，把脱贫攻坚作为全面建成小康社会的底线任务，组织开展了声势浩大的脱贫攻坚人民战争。党和人民披荆斩棘、栉风沐雨，发扬钉钉子精神，敢于啃硬骨头，攻克了一个又一个贫中之贫、坚中之坚，脱贫攻坚取得了重大历史性成就。新时代脱贫攻坚深刻改变了贫困地区落后面貌，有力推动了中国农村的经济社会发展进程，为实现全面建成小康社会目标任务作出了关键性贡献，为全面建设社会主义现代化国家、实现第二个百年奋斗目标奠定了坚实基础。脱贫攻坚，取得了物质上的累累硕果，也取得了精神上的累累硕果，脱贫群众精神风貌焕然一新，增添了自立自强的信心勇气。党在农村的执政基础更加牢固，党群关系、干群关系得到极大巩固和发展。脱贫攻坚伟大斗争，锻造形成了“上下同心、尽锐出战、精准务实、开拓创新、攻坚克难、不负人民”的脱贫攻坚精神。创造了减贫治理的中国样本，为全球减贫事业作出了重大贡献，走出了一条中国特色减贫道路，形成了中国特色反贫困理论，丰富了人类文明新形态的探索。

为贯彻落实习近平总书记“脱贫攻坚不仅要做得好，而且要讲得好”的重要指示精神，各地区各部门全面总结脱贫攻坚经验。为记录好脱贫攻坚这场伟大的人民战争，原国务院扶贫办党组就脱贫攻坚成就和经验总结工作作出专项安排。中国扶贫发展中心在原国务院扶贫办党组的领导指导及各司各单位的配合支持下，具体牵头承办25个典型案例总结工作。发展中心精心组织工作推进，分区域、专题、层次召开了30多次讨论会，编印脱贫攻坚案例总结项目指南和驻扎式调研实施方案及有关规范要求，公开遴选25个机构组成由国内知名专家担纲的团队，深入210多个县，开展进村入户、深入县乡村访谈座谈，累计在基层一线驻扎938天。历时半年，形成了一批符合规范、较高质量的典型案例并通过了党组组织的评审，报告成果累计400多万字、视频成果16个。

西藏、四省涉藏州县、新疆南疆四地州、四川省凉山州、云南省怒江州、甘肃省临夏州、陕西省延安市、贵州省毕节市、宁德赣州湘西定西四市州、河南省兰考县、江西省井冈山市、宁夏回族自治区永宁县闽宁镇、云南省贡山县独龙江乡、河北省阜平县骆驼湾村和顾家台村、湖南省花垣县十八洞村等15个区域案例研究成果，全面呈现了这些典型贫困地区打赢脱贫攻坚战的艰苦历程，结合各地方特色，系统分析了不同地方脱贫攻坚取得的历史性成就、主要做法、遇到的困难问题、产生的经验启示，基于实地观察提出了相关建议，提炼了一批鲜活生动的脱贫故事。这些典型区域脱贫攻坚案例成果，对于巩固拓展脱贫攻坚成果，接续推动脱贫地区发展，进一步推动发展不平衡不充分问题的解决，具有重要理论价值和实践意义。

驻村帮扶、东西部扶贫协作、易地扶贫搬迁、建档立卡、扶贫小额信贷、光伏扶贫、扶贫车间、学前学会普通话、生态扶贫、电商扶贫等10个专题案例研究成果，以不同地方具体个案作为支撑，生动反映国家减贫治理中有特色、有成效的探索创新，在分析专项政策举措带来发展变化的基础上，归纳提炼其特色做法、突出成效、实践经验，分析存在的问题和挑战，提出相关建议。这些专题案例研究成果，为全面展示精准扶贫的顶层设计和生动实践，讲好中国脱贫故事提供了鲜活素材。

脱贫摘帽不是终点，而是新生活新奋斗的起点。脱贫攻坚取得全面胜利后，全面推进乡村振兴，这是“三农”工作重心的历史性转移，其深度、广度、难度不亚于脱贫攻坚。我们相信，本丛书汇集的这批脱贫攻坚典型案例所揭示的方法论意义，对于巩固拓展脱贫攻坚成果、全面推进乡村振兴、加快农业农村现代化、建设农业强国具有重要借鉴价值，对于促进实现人的全面发展和全体人民共同富裕具有重要启示。

在各书稿编写过程中，中国扶贫发展中心邀请文军、田毅鹏、刘学敏、孙久文、杜志雄、李重、吴大华、吴建平、汪向东、张莉琴、陆航、林万龙、荣利颖、胡宜、钟涨宝、贺东航、聂凤英、徐勇、康沛竹、鲁可荣、蒲正学、雷明、潘颖豪、戴焰军（以姓氏笔画排序）等专家给予了精心指导，为丛书出版提供了专业支持。

编委会

2022 年 6 月

前　言

贫困瞄准是世界难题。如何精确地找到贫困人口，发现致贫原因，因人因户施策，让减贫政策精准地覆盖贫困人口，这是全世界一直未能解决的实践难题。我国一度也存在这样的问题，在很长时间里，贫困人口“只有数字没有名字”，全国贫困人口数量是国家统计局通过农村住户抽样调查推算的，具体谁是贫困人口、分布在哪里、致贫原因何在、怎样才算脱贫等，不是很清晰，因而也很难制定有针对性的帮扶措施。

党的十八大以来，党中央把脱贫攻坚摆在治国理政突出位置，实施精准扶贫、精准脱贫基本方略。2014 年 3 月 7 日，习近平总书记在参加十二届全国人大二次会议贵州代表团审议时指出：“精准扶贫，就是要对扶贫对象实行精细化管理，对扶贫资源实行精确化配置，对扶贫对象实行精准化扶持，确保扶贫资源真正用在扶贫对象身上、真正用在贫困地区。”①全国到底有多少贫困人口，能否精确到一家一户，要有一个具体的账本。建档立卡这本“账”，是精准扶贫的基础，是精准脱贫的依据，也是新时代扶贫工作的方法创新，更是中国特色减贫制度体系建设和贫困治理现代化的有效探索。

2014 年以来，以建档立卡工作为中心，在不断完善全国扶贫开发信息

① 《习近平扶贫论述摘编》，中央文献出版社 2018 年版，第 58 页。

系统、提升建档立卡数据精准度的基础上，党和国家推进精准扶贫、精准脱贫，真正实现了精准滴灌。2020 年，脱贫攻坚战取得决定性胜利，建档立卡工作功不可没，是建档立卡为精准扶贫扣好了第一颗扣子，也为扶贫开发决策提供了强有力的支撑。而全国扶贫开发信息系统中积累的 8 个年度扶贫对象的基础信息、帮扶信息、脱贫信息则完整记录了扶贫对象识别、帮扶和退出全过程，成为共和国扶贫开发的电子档案。

“看似寻常最奇崛，成如容易却艰辛”，建档立卡的过程并不容易。要在中国 960 多万平方公里的土地上，在 6 亿左右农村人口中，精准识别 8000 多万贫困人口，其艰难程度不亚于一场战役。为全力总结好建档立卡这场没有硝烟的战役，作者拟定了研究大纲，明确了研究思路和撰写分工，多次召开专题会议进行深入讨论，同时组织调研专家团队赴广西马山县、贵州威宁县、甘肃康乐县、河北张北县四个典型县域开展建档立卡典型案例实地调研，为撰写本书积累了大量第一手资料。

本书研究成果是在作者撰写的《建档立卡经验总结总报告》和建档立卡经验总结的《广西篇》《贵州篇》《甘肃篇》《河北篇》四个分省案例报告基础上形成的。总报告从全国视角全面梳理建档立卡的历史背景、艰辛历程、辉煌成就、基本经验和未来展望等方面，全面总结建档立卡这一伟大创举。四个分省报告从地方视角挖掘总结建档立卡过程中发生的一个个坎坷动人的故事，透视出我国精准扶贫波澜壮阔的伟大征程。总报告和分省报告分别从国家层面和省级层面总结建档立卡探索和落实的全过程，深入展现建档立卡从不太精准，到基本精准，再到比较精准，最后实现相对精准的全貌。

目录

CONTENTS

总　论

贫困瞄准是减贫实践的难题，只有精确地找到贫困人口，发现致贫原因，因人因户施策，确保减贫政策精准地覆盖贫困人口，才能让贫困人口得到及时的帮扶，才能提高减贫成效。2014 年，中国对每个贫困人口建档立卡（精确建立每个贫困户电子档案的方式）实现了对贫困人口的精准识别和精准管理，建立了覆盖 28 个省（市、区）近 9000 万贫困人口的大数据，同时构建了统一的全国扶贫开发信息系统，并且实现了与公安、住建、民政、人社、残联、卫健、教育、商务等行业部门的数据交换。每个贫困户档案涵盖了贫困户家庭人口情况、致贫原因、帮扶措施、脱贫成效等 102 条信息，记录了 2013 年至 2020 年扶贫对象及其历年变化的基础信息，管理数据近 228 亿条。

依据这些建档立卡信息，谁是贫困人口，因为什么致贫，哪些人脱贫，脱贫成效如何，谁扶持他们脱贫，怎样脱贫等问题都一目了然，为精准帮扶和贫困退出提供了真实依据和全程记录。正如基层干部所言，建档立卡工作是"在最不可能精准的地方实现了精准"。中国建档立卡的历程，解决了贫困瞄准难的问题，对全球减贫具有重要的借鉴意义。

一、艰辛历程

党的十八大以后，我国定下了宏大的减贫计划，要在 2020 年确保现行标准下农村贫困人口实现脱贫，贫困县全部摘帽，解决区域性整体贫困。为了实现这个目标，必然要求精准识别。党的十八大以前，我国30多年的扶贫瞄准策略主要是以县、村等区域瞄准为主，扶贫资源主要投放到贫困县和贫困村，这导致居住在贫困县、贫困村以外的贫困人口基本上得不到扶持。国家统计局抽样调查显示，2001年确定的592个扶贫工作重点县的全部贫困人口只占到全国农村贫困人口总数的60%左右，还有40%左右的贫困人口不在扶贫政策覆盖范围内。所以，首要任务就是精准识别每个贫困人口，确保扶贫政策和措施精准覆盖到每个贫困人口，才有可能确保在2020年实现贫困人口全部脱贫。

为此，中国采取对贫困人口建档立卡的方式来确保每个贫困人口都能得到及时帮扶。通过艰难曲折的发展，中国的建档立卡实现了“不太精准—基本精准—比较精准—相对精准”的渐进式上升。

（一）2014年通过开展贫困识别、建立扶贫对象数据库，初步完成了顶层设计，为建档立卡开好了局、起好了步

2013年12月，中共中央办公厅、国务院办公厅印发《关于创新机制扎实推进农村扶贫开发工作的意见》，将建立精准扶贫工作机制作为六项扶贫机制创新之一，明确指出要“按照县为单位、规模控制、分级负责、精准识别、动态管理的原则，对每个贫困村、贫困户建档立卡，建设全国扶贫信息网络系统。专项扶贫措施要与贫困识别结果相衔接，深入分析致贫原因，逐村逐户制定帮扶措施”。围绕中央的决定，2014年主要做了以下几项工作。

（1）谋划顶层设计，启动建档立卡工作。2014年1月，国务院扶贫办成立建档立卡和信息化建设工作领导小组，由扶贫办主任任组长，下设领导小组办公室，承担建档立卡和扶贫开发信息化建设工作。2014年4月，印发《扶贫开发建档立卡工作方案》，按照“一年打基础、两年完善、三年规范运行”的总体思路，全面启动建档立卡工作。

（2）在全国层面统一标准和程序。2014年全年，国务院扶贫办多次研究建档立卡的标准和程序，扶贫办主任主持十多次会议，研究制定《扶贫开发建档立卡工作方案》。在广泛征集意见的基础上，编制了建档立卡指标体系，研究确定了全国贫困人口规模分解参考办法，明确了建档立卡的标准和程序。

专栏

2014年确定的贫困户、贫困村、贫困人口识别标准和程序

贫困户建档立卡：按照统计局公布的2013年农民人均纯收入2736元贫困标准（2010年2300元不变价）为标准，依据统计局2013年农村贫困人口总体规模和分省数据，各地将贫困人口规模逐级分解到行政村。行政村按照农户申请、村内民主评议和“两公示一公告”（村民代表评议后在村里第一次公示，乡镇审核后在村里第二次公示，县扶贫办审核后在行政村公告）的程序进行识别。

贫困村建档立卡：按照“一高一低一无”（行政村贫困发生率比全省贫困发生率高一倍以上、行政村2013年全村农民人均纯收入低于全省平均水平60%、行政村无集体经济收入）标准和“一公示一公告”（乡镇审核后公示，县扶贫开发领导小组审定后公告）程序进行识别。

贫困县建档立卡：贫困县没有重新识别。采集832个贫困县(含680个连片特困地区县和592个国家扶贫开发工作重点县）基本情况、发展现状、基础设施、公共服务、帮扶情况和扶贫成效等方面数据。

（3）成立专门机构，建立“全国大集中”的信息平台。当时，我国还没有专门的机构负责此项工作。为此，国务院扶贫办成立了建档立卡和信息化建设领导小组，组建了国务院扶贫办信息中心，承担相关具体工作。各省区市也陆续建立了相应的工作机构。在经费有限的情况下，按照“全国大集中”的建设原则，因陋就简，逐步建成了全国集中统一的扶贫信息管理系统。

专栏

经过不断完善形成的扶贫开发信息化管理平台

经过6年的不断完善，“全国大集中”的信息平台基本建设完毕，形成了由扶贫开发信息系统、12317扶贫监督举报平台、全国扶贫视频会议系统、建档立卡APP组成的扶贫信息管理系统。

扶贫开发信息系统。建设了以扶贫对象管理、扶贫项目管理、扶贫资金管理为主的扶贫业务三大信息系统。2018年，统一了门户管理软件，实现了对业务管理子系统、决策分析子系统、监管评价子系统、业务协同子系统的统一管理。系统建立以来，各级扶贫干部设立了156037个账户，据不完全统计，85070个账户约有5.7亿人次登录。

12317扶贫监督举报平台。2018年5月，开通“12317”举报投诉电话、主任信箱，接受媒体和群众对识别结果不够精准的质疑和投诉。全国2456个县接入系统平台，拥有2500专兼职工作人员2500多人。截至2020年8月，收到各类信访件207833个，电话接通率82.8%，办结率98%。

全国扶贫视频会议系统。为了提高工作效率，建立了全国扶贫开发指挥监控中心和全国扶贫开发视频会议系统。截至2020年8月底，共召开44次视频会议。值得一提的是，在新冠疫情阻击战期间，视频会议系统为调度全国脱贫攻坚工作发挥了积极作用。

建档立卡APP。2018年开发了全国扶贫开发信息系统手机APP，上线后基层干部通过APP采集了2607万贫困户、12.3万个贫困村和832个贫困县的位置信息。2019年开发了面对贫困人口的功能，可以查看扶贫政策、本人及家庭成员的相关信息，可以对贫困人口身份进行在线验证，方便群众办事。

（4）广泛发动基层干部开展工作。2014年，全国动员了80多万各级干部进村入户，开展贫困识别和信息采集。为了确保干部能够统一标准、严格程序，举办了5000多期建档立卡工作培训班，培训63.8万人次。

专栏

大规模培训提升建档立卡工作质量

为提高各级扶贫部门对扶贫开发信息系统的理解和操作能力，2016年至2020年，信息中心共举办业务培训班20期，涉及学员约2900人。

2018年和2019年，针对动态管理举行了专题培训，共培训了来自省市县三级从事建档立卡工作的扶贫干部，共133211人。

2020年采用视频会议和腾讯会议的方式培训了78848人，通过直播的方式培训了34862人，总人数超过11万人。

2014年的建档立卡工作，第一次产生了全国农村贫困村、贫困户完整数据。截至2014年底，全国共采集录入了8962万贫困人口、2948万贫困户、12.8万个贫困村的基础信息，包含贫困人口的姓名、健康状况、文化程度等20多个指标；贫困户的致贫原因、收入、生产生活条件等60多个指标；贫困村基础设施、公共服务等60多个指标，以及贫困县的相关指标。

（二）2015年至2016年通过开展“回头看”实现“基本精准”

现在看来，2014年的工作只是基本完成了建档立卡的顶层设计，但采集的数据还“不太精准”。当时还存在一些识别不准、应纳未纳、脱贫不实等情况，造成这种情况的主要原因是由于入户调查很难彻底摸清农户的实际情况，农户虚报瞒报信息、干部工作不到位，都会造成信息不准确的情况。为了解决这些问题，2015年8月至2016年6月，国务院扶贫办组织开展了建档立卡“回头看”。

（1）组织部署“回头看”工作。2015年7月，国务院扶贫开发领导小组决定开展建档立卡“回头看”，部署各地扶贫部门对有商品房、车辆、经商办企业、家庭有公职人员等错误识别的贫困户进行了清退，同时补充识别了一批符合标准的贫困户。各地也自行组织了“回头看”工作，时间跨度很长，2015年8月之前和2016年10月之后都在开展。有些地方开展了近10次“回头看”，个别省份调整幅度很大，甚至是“推倒重来”。

专栏

甘肃省“回头看”突破规模限制

建档立卡工作刚开始时对贫困人口规模做了控制，部分贫困户家庭人口未全部进入建档立卡。2016年，甘肃省开展全省贫困人口大排查，对每一户进行了解剖麻雀式的分析，勇敢突破了规模控制。开展了双联行动“大走访、回头看”和“脱贫攻坚回头看”专项行动，省市县乡四级33万名干部深入村组农户，重点查对象是否精准、数据是否准确、措施是否管用、退出是否合理，对全省建档立卡贫困人口进行了全覆盖、地毯式、无遗漏的摸排核查。对标“两不愁三保障”的要求，以教育、医疗、住房、饮水等为重点，组织包村干部、驻村工作队和帮扶责任人，对所有农户开展“大走访大调查排摸”活动。

经过大排查，甘肃省新识别贫困人口1.92万户8.14万人、剔除不符合标准的1.07万户3.99万人、对达不到“两不愁三保障”标准的0.62万户2.48万人退回到贫困人口、对因灾因学因病等原因返贫的536户2190人退回到贫困人口，通过新识别、退回、剔除、返贫等动态调整，全省2015年底建档立卡贫困人口数据由288.54万人调整为295.39万人，净增6.85万人，全省农村贫困发生率由13.9%调整为14.2%，全省贫困识别更加精准、贫困退出更加真实、动态管理更加规范，贫困人口建档立卡由基本精准向比较精准转向更加精准。

（2）充分利用大数据技术，开展数据比对与分析。“回头看”期间，扶贫办分别与民政部、中残联、卫健委、教育部、人社部、公安部、住建部等部门开展数据比对和交换，掌握了更精确和详细的农户数据。2014年以来，扶贫办与行业部门交换数据61次，提供数据300余次。这既提高了数据的精确程度，也为其他部门参与扶贫工作、落实扶贫政策提供了有力支持。

除了数据比对之外，还开展了数据分析工作。从地域、民族、年龄、收入、健康状况、致贫原因、生产生活条件、公共服务、帮扶单位驻村工作队落实情况等多个维度，对贫困户、贫困村开展统计分析工作。2014 年以来，累计编制分析报告 136 份。通过数据分析和部门间的数据比对，为扶贫开发决策、扶贫资金分配和管理、扶贫开发项目库建设和实施、行业部门精准帮扶、扶贫开发工作成效考核提供了数据支撑和数据保障。

专栏

“马山事件”催生广西开展数据比对

2015 年 8 月，审计署审计发现，在广西马山县认定的扶贫对象中，有 3119 人不符合扶贫建档立卡标准，其中有 343 人属于财政供养人员，有 2454 人购买了 2645 辆汽车，43 人在县城购买商品房或自建住房，439 人为个体工商户或经营公司。

广西壮族自治区和马山县经过深入研究，发现出现这种情况的原因很大程度在于农户隐瞒信息，开展贫困识别的干部无法准确地掌握所有的农户信息。为杜绝农户有意隐瞒家庭情况导致的“贫困户落选、非贫困户戴帽”类似情况再发生，在 2015—2016 年第一轮“回头看”中，广西扶贫办组织公安、编办、财政、国土、住建、工商、税务、交警等部门，采取大数据技术，联合开展财产检索，精准识别采集农户和家庭成员信息约 2000 万条，输入家庭成员姓名、身份证号码，与各部门提供的 1900 万条检索数据进行比对。经过 734 万亿次比对，广西检索出“疑似贫困户”50 万户，涉及家庭成员 62.5 万人，其中 31 万人有车，3 万人财政供养，8.8 万人开办公司，18 万人购置城镇房产。

为确保检索结果准确，广西把检索结果返回各县核查，通过工作队员告知农户并组织召开评议会，根据实际情况按程序确认、作出处理。广西最终评议确认符合“一票否决”条件农户20万户，由自治区统一剔除。

（3）各地探索完善贫困识别方法，识别更加精准。各地逐步探索形成客观反映“两不愁三保障”的农村多维贫困识别方法。各地普遍不再简单依据收入进行贫困识别，探索出“四看法”“几比几看”“几进几出”等多维贫困识别办法。

专栏

贵州威宁“四看法”精准识别贫困人口

2015年下半年，威宁县迤那镇五星村探索出精准识别的“四看法”，即通过掌握农户的居住条件、生活条件、劳动力情况、教育情况，综合判断家庭是否贫困。当地总结为“一看房，二看粮，三看劳动力强不强，四看家中有没有读书郎”。

“四看法”指标体系分为四项一级指标，为百分制，并在一级指标下细分多维度二级指标。

“一看房”（20分）：在农村，农户房屋好坏往往是代表其生活条件的第一印象，通过看农户的居住条件和生活环境，计算其贫困程度。

“二看粮”（30分）：农户不愁吃是其基本生活保障，通过看农户的土地情况和生产条件，计算其农业收入和食品支出。

“三看劳动能力强不强”（30分）：因病因残是导致贫困的主要原因，通过看农户的劳动力状况、劳动技能掌握状况和有无病残人口，计算其务工收入和医疗支出。

“四看家中有没有读书郎”（20分）：在农村，家庭儿童较多、因学致贫的农户占有很大比例，通过看农户在校生现状等，计算其发展潜力和教育支出。

根据上述四项指标，对贫困农户进行综合评分，确定贫困程度，总分在60分以下的为贫困户，根据主要致贫原因进行针对性的扶持；对综合评分在60分以上的农户视为已经脱贫，其中，60—80分的为容易返贫的农户，需进一步跟踪巩固，80分以上的为稳定脱贫，退出建档立卡系统。

“回头看”期间，共清理了不符合建档立卡标准的929万人，补录了人均收入低于国家扶贫标准和没有达到“两不愁三保障”的贫困人口807万人，纠正了一些地区低保人口不纳入、残疾人口不标注不纳入问题，低保人口占贫困人口比例从2014年的24.3%提高到32.5%，残疾人口占比从2014年的1.3%提高到4.9%。

通过“回头看”，实现了贫困瞄准的“比较精准”。中央领导同志也在多个场合对建档立卡工作给予充分肯定。

（三）2017年至2018年通过常态化动态调整实现“比较精准”

从2017年开始，每年年底组织各级扶贫部门300多万工作人员，开展年度扶贫对象动态管理和信息采集工作，共开展了6次动态管理。动态管理为了解决两个原因导致的扶贫对象动态变化：一方面，从2017年开始，中国的贫困县、贫困村、贫困人口开始有序退出，导致扶贫对象动态变化；另一方面，贫困人口自然增减（婚、丧、嫁、娶、生等）、新致贫户识别、脱贫返贫也会导致扶贫对象动态变化。这一阶段还完善了建档立卡内容，增加了脱贫措施。此外，以问题为导向，建立了约束机制。

（1）建立常态化的动态调整机制。2017年，开展“脱贫不实人口”回退和“档外”贫困人口识别，筛选出2016年脱贫人口中近600万疑似“脱贫不实”贫困人口的明细数据，经基层扶贫干部核实后，将245万标注脱贫人口回退为贫困人口。2017年6月13日，国务院扶贫办下发了《关于开展贫困人口动态调整的通知》，7月至9月组织开展以“应纳尽纳”为主要内容的“档外”贫困人口识别工作，新识别贫困人口700多万。其间，也开展了贫困户清退等自查自纠工作，识别返贫人口82万，清退识别不准贫困人口412万。

（2）完善了建档立卡的内容。为了回答“脱贫人口靠什么脱贫”的问题，2018年开始组织开展脱贫措施信息采集工作。同时，2018年增加了利用扶贫开发信息系统手机APP完成信息核准及贫困户、贫困村的地理信息位置采集工作。

专栏

广西完善信息采集录入并加强数据比对和清洗

2018年，广西完成全部634万建档立卡贫困人口、5379个建档立卡贫困村的基础信息和地理位置坐标采集、更新和录入工作，以及2018年脱贫户和退出贫困村脱贫措施采集和录入。马山县通过加强基础数据的分析和监测，结合区、市反馈的数据问题清单，定期开展数据清洗工作，从贫困人口基础信息完善、采集指标间逻辑关系、异常数据信息等方面分析，对可疑数据清单进行核准和修正，年内共补充完善贫困人口基础信息15万多项，更新就业务工、在校生、结对帮扶工作等信息约7万多条，切实抓好贫困人口基础数据实时更新工作。同时，加强对数据的比对和分析，与教育、住建、民政、就业、社保、残联等部门信息比对，找出疑似数据问题清单1万多条，反馈乡镇并联合部门核实修正国扶系统信息。

（3）建立了建档立卡工作的约束监督机制。这一阶段，逐步探索建立起建档立卡工作的考核、评估、督查、巡查、问责和追责机制。各级政府按照“省抽查、市监督、县核查”的办法层层开展督查巡查。针对督查发现的问题，审计、纪检执法部门及时介入，为保障建档立卡工作质量，各地加大了以问责为主要手段的责任追究力度。这些机制构成较为完整的监督体系。

（4）提升了建档立卡数据质量。为了避免建档立卡数据“账账不符”“账实不符”问题，国务院扶贫办开展了数据质量提升工作，信息中心陆续发布19期《全国扶贫开发数据质量报告》，各地在此基础上累计修改数据1.3亿条，建档立卡数据质量大幅提升。

通过两年的动态调整工作，基本实现了动态管理的常态化，加之各地持续开展纠偏、整改、“回头看”等工作，到2018年，基本实现了贫困瞄准的“比较精准”，精准程度大大提高。

（四）2019年至2020年，精益求精实现“相对精准”

从2019年开始，建档立卡工作立足“坚决打赢脱贫攻坚战，巩固脱贫攻坚成果，建立解决相对贫困的长效机制”开展了一系列的工作。

（1）聚焦新致贫和脱贫返贫人口，开展“两类人群”摸排工作。

专栏

“六看”“六巩固”精准监测风险户

2019—2020 年，广西全面排查有可能导致脱贫户返贫的问题，对脱贫户逐户开展“六看”，即一看“三保障”和饮水安全是否稳定解决，二看产业是否持续发展，三看就业是否保持稳定，四看家庭是否有刚性大额支出，五看内生动力是否充分激发，六看扶持政策是否保持稳定，通过“六看”找出存在的风险。经过全面摸排，全区共排查出具有返贫风险的脱贫户 20810 户（其中：因大病返贫风险 7144 户、因学返贫风险 2670 户、因灾返贫风险 264 户、因残返贫风险 2965 户、因突发事件返贫风险 772 户、因产业失败返贫风险 3367 户、其他返贫风险 5963 户）。之后，在存在风险的脱贫户中将家庭年人均纯收入低于 5000 元的脱贫户确定为脱贫监测户，并在信息系统中进行标注。通过全面排查摸底，全区共纳入脱贫监测户 2.06 万户、8.46 万人。

相关行业部门根据梳理出的风险点和问题清单，精准施策，实现“六巩固”，即巩固“三保障”和饮水安全等基础保障，巩固产业扶贫成果，巩固就业扶贫成果，巩固综合保障扶贫防线，巩固脱贫动力，巩固政策落实。

（2）2019 年和 2020 年，探索防贫返贫的监测。经过逐年完善，建档立卡基本做到了“不落一户”，实现了贫困瞄准的“相对精准”。

二、辉煌成就

建档立卡是中国在贫困治理领域的重大创新，为全世界贫困治理提供了中国智慧和中国方案。建档立卡工作不仅为精准扶贫奠定了坚实基础，而且已经超出了扶贫本身，推动了方方面面的工作精准化，提升了贫困治理能力和治理水平，产生了一系列的溢出效应。建档立卡，功在当代，利在千秋。

（一）“在最不可能精准的地方实现了精准”，为精准扶贫扣好了第一颗扣子

第一，建档立卡实现了精准识别，精确找到了贫困人口、致贫原因，为精准扶贫扣好了第一颗扣子。通过构建极为精准的贫困数据平台，实现对贫困人口的精准识别，解决了监测贫困所面临的数据信息缺口问题，为精准扶贫奠定了坚实的基础。

专栏

脱贫攻坚过程中，建档立卡信息平台可以直接精确到户到人

建档立卡系统有可视化的全国贫困地图。通过地图颜色的深浅，可以体现各行政区域贫困人口的规模、贫困发生率情况。

在村级层面，能够看到全国的贫困村的分布情况，能够看到村的分布情况、看到贫困户的位置信息。干部进村入户的时候可以用手机进行导航，直接进村入户。村级信息还包括历年贫困人口的变化情况、帮扶单位、扶贫成效、生产生活条件、交通条件、公共服务等方面的变化情况。

在户级层面，有户的指标和人口的指标，包括基础信息、GPS定位、人口数、主要致贫原因、家庭成员的情况、收入情况、历年收入变化情况、生产生活条件历年变化情况、帮扶责任人、结对关

系、历年享受的帮扶项目，通过这些能够精确地体现贫困户到底享受了什么样的帮扶措施。

此外，还可以对贫困户进行精准画像，分析致贫原因进而找出贫困户的具体需求，再及时跟进帮扶。

第二，建档立卡推动了精准施策，实现“大水漫灌”到“精准滴灌”。因为找到了贫困人口、明确了致贫原因，扶持对象识别的精准度提高了，帮扶政策更有针对性，扶贫成本大幅降低，减贫成效明显提高。

专栏

一个都不能少，康乐再无“张慧科”

1999年的电影《一个都不能少》讲述了水泉小学的乡村代课老师魏敏芝历经千辛万苦寻找因贫辍学进城打工学生张慧科的故事。电影反映出那个年代农村孩子上学难的问题。精准扶贫实施以来，康乐县开始全力解决农村学生上学难问题。这条控辍保学的路上洒满了无数干部的汗水和泪水，留下了无数个感人至深的故事。

康乐三中有一名学生，和电影中的张慧科一样，因家境贫寒，初三开学便辍学外出打工。学校第一时间将信息反馈给扶贫干部。扶贫干部打电话联系他，问他家里的困难，跟他讲解教育政策，但他态度很不好，说“不回去能怎么样”，然后直接把所有人拉黑。没办法，扶贫干部想通过派出所找到他所在的城市，但受限于法律方面的规定，不能直接定位。最后，扶贫干部赶火车到外地将这名学生的父亲带回村里，让父亲联系他回家。回来后，他满脸怒气，对扶贫干部骂骂咧咧。干部们忍着委屈费尽口舌才将他送到学校里去上学了，结果一个星期后他又跑了。扶贫干部通过各种渠道了解到他在北京，又跑到北京苦口婆心地劝他先把期中考试考了，帮他买了北京回康乐的火车票。经过扶贫干部的耐心引导，这名学生认识到没有技术无法在社会立足，毕业后便去四川职高学习汽车修理，期待自己能够找到一份不错的工作，走出贫困。现在，他和扶贫干部成为无话不谈的朋友。

这名学生是现实中的张慧科，其实像张慧科那样的孩子康乐有很多。但是，扶贫干部就像电影中的魏敏芝一样，坚持一个都不能少，无论经历多少困难和委屈，都要找到他们。在康乐县，每一个辍学学生都得到了及时、精准的帮扶，今日康乐再无“张慧科”。

第三，建档立卡减少了扶贫资源浪费，提升了扶贫效率。建档立卡通过精确识别贫困人口、致贫原因，通过精准施策“让好钢用在刀刃上”，可以让各类扶贫资源更加聚焦扶贫对象，防止扶贫资源漏出，既能减少扶贫资源浪费，也能提升扶贫效率。

第四，建档立卡完成了精准记录，全景式展现了脱贫攻坚全过程。建档立卡从精准识别拓展到精准帮扶、精准管理、精准脱贫、防贫监测等各个环节，对扶贫对象扶贫脱贫、巩固提升过程进行了全要素跟踪监测，既回答了贫困人口是谁、分布在哪里、贫困状况怎么样、致贫原因是什么等问题，又记录了享受的帮扶措施、取得的帮扶成效，当之无愧地成为共和国脱贫攻坚档案。

（二）提升了贫困治理、基层治理的能力

第一，完善了国家贫困治理体系，提升了贫困治理能力，形成了摆脱贫困的长效机制。建档立卡在改善扶贫工作的同时，也在一定程度上推动了我国精准扶贫治理体系的完善和优化。通过建档立卡工作，贫困村和贫困户逐渐成为贫困治理的主体；利用建档立卡信息系统，贫困治理和服务的薄弱环节得到显著加强；建立建档立卡的问责制度，推动贫困治理体系的制度约束刚性显著增强。总体来看，以建档立卡、精准识别为核心要素的精准扶贫治理体系和机制，已经成为我国能够有效摆脱贫困的长效机制。

第二，提高了贫困地区基层治理能力，改善了基层作风，培养了一批懂国情、懂基层的干部，提升了干部服务群众的能力。一方面，在建档立卡过程中，大规模动员各级干部参与建档立卡工作，了解了群众疾苦，感受了国情农情，直接与农村、农民打交道，增加了对“三农”问题的了解，这种难得的“补课”“充电”，使干部看问题、做决策、办事情更接地气、更加主动。另一方面，建档立卡对基层工作作风转变起到巨大的推动作用，此前基层工作习惯了“大水漫灌”“大差不差”“笼而统之”，经过精准建档立卡的过程，基层逐渐将精准思维贯彻到各项工作中去，这对基层工作将带来持续而深远的影响。

专栏

精准扶贫推动干部精准工作——甘肃康乐扶贫干部扶贫回忆（节选）

2017 年 9 月，在参与编制“三区三州”三年实施方案过程中，我深知，这是党中央和国务院对我们深度贫困地区群众的特殊关怀

和重大的扶贫开发工作政策机遇及历史性的发展时机。但是，当方案制定的时候，才发现工作的难度远远超出了我的想象。因为，三年时间涉及的部门和项目的种类及资金的预算都是空前的数字。我们不停地和行业部门对上报的项目和资金统计汇总，反复地进行对比修改。对发现的问题一个项目、一个数据、不断地在乡镇村社和贫困户之间聚焦再聚焦，使帮扶措施精准对应到每个贫困人口的身上，确保精准精细。前前后后50多天的加班加点，我们终于全面完成了三年实施方案的审定工作。

第三，加强了干部和群众的血肉联系，夯实了党的执政基础。在整个建档立卡的过程中，广大基层干部进村入户，开展动态管理、信息采集、措施谋划、政策落实等工作，驻村帮扶干部真真切切地体会到农户的无助，实实在在地帮助农户脱贫致富；农户也亲眼看到驻村干部的辛苦，真心实意信任驻村帮扶干部。干群关系在这种相互理解、共克贫困中得以拉近、得以升华，党的执政基础也更加牢固。

专栏

第一书记把家安在帮扶村

毛鑫，女，瑶族，南宁五象新区规划建设管理委员、中国（广西）自由贸易试验区南宁片区协调指导局副局长，2017年10月选派至马山县加方乡龙开村担任第一书记。毛鑫在农村这个广阔的天地里，从一个五谷不分的城里姑娘，到奋斗在脱贫攻坚一线的第一书记，带领朴实的村民，历尽千辛万苦，经历了披荆斩棘的磨砺，耐过了披星戴月的苦寒，最终迎来了化茧成蝶的蜕变，写出浴火重生的歌谣。为全身心投入脱贫攻坚工作中，毛鑫把女儿从市里学校转到山区里的加方中心小学读书，把儿子和母亲也带到村里共同生活。怀着儿子扶贫，带着女儿下乡，把家安在村里，带领村民改变穷山村的面貌，全村贫困人口发生率由44.5%降至0.89%，村民盖起了漂亮的楼房，开启了幸福的新生活。

（三）对国家发展产生了溢出效应

第一，推动促进了中国特色的基层协商民主。建档立卡的过程充分践行了基层协商民主，充分体现了人民当家作主。建档立卡严格要求民主评议和公示公告、村民参与、共同决策，部分地区探索出了村民大会、见面会等群众参与手段，广泛收集群众意见、进行满意度测评。村民由“甩手掌柜”变为“权威家长”，由“冷眼看客”变为“大众评委”，充分发挥农民群众的积极性和主人翁精神。

专栏

“两评议、两公示”，充分保证群众参与度和话语权

为确保精准识别公开公平公正，充分体现人民当家作主，广西在完成入户调查评分后，采取“两评议、两公示”的程序，增强精准识别的透明度。

“两评议”：第一次是村民小组评议，第二次是行政村两委评议。分别由村民小组长或村两委干部和村第一书记或村支部书记或村委会主任主持，评议代表由驻村干部、村两委干部、村民小组长、住村退休干部、村里德高望重的老人、老党员、人大代表、政协委员、妇女代表、驻村工作队员等5—9人（单数）组成，对本组农户评分的真实性、合理性，是否有漏户、拆户、分户、空挂户现象，家庭人口是否准确等情况进行评议，评议后分别填写《村民小组精准识别入户评分评议表》《行政村精准识别入户评分评议表》，评议代表要在评议表上签名或按手印确认。

“两公示”：第一次在村民小组公示农户分数，第二次在行政村、自然村（屯）或村民小组公示贫困户名单。马山县以及各乡镇均设置监督电话，在2015—2016年的“回头看”期间，共收到736个举报电话。对于因工作队把握尺度不准或失误的，予以现场纠正和及时更改；对于一些群众因理解偏差而提出异议的，给予耐心解释，积极稳妥化解矛盾和分歧。

第二，建档立卡为治国理政创新改革提供了宝贵经验。一方面，建档立卡为治国理政提供了信息化管理经验。建档立卡利用大数据技术，提升基层扶贫干部建档立卡工作便捷性和工作效率，也提升了信息的透明度和群众的知情权，为国家开展电子政务公开和信息化治理提供了经验借鉴。另一方面，建档立卡探索的“上下结合”的工作机制也为治国理政提供了宝贵经验。

三、经验启示

实践证明，经过大规模实践检验的自上而下、分级负责、逐级分解与自下而上、村民民主评议相结合的精准识别机制，为有效解决贫困瞄准这一世界难题提供了科学方法，所形成的方法体系是有效的。总体来看，建档立卡的成功历程给我们有以下几点启示。

一是习近平总书记关于扶贫工作的重要论述是建档立卡的根本遵循和行动指南。习近平总书记亲自部署建档立卡工作，多次对建档立卡工作作出重要指示。他明确了建档立卡的工作方向和思路，提出要精细化管理、要摸清扶贫对象、要动态管理；针对建档立卡的具体工作，他提出要动态管理、要“回头看”、要强化信息共享；在具体方法上，他提出要坚持民主评议；在数据使用上，他提出要服务决策、着眼巩固提升。习近平总书记的重要指示避免了建档立卡走错路、走弯路，是建档立卡开展和最终得以成功的根本保证。

二是政治、制度、体制优势是建档立卡成功的法宝。坚持党对贫困治理的全面领导是建档立卡成功的决定性因素；习近平总书记关于扶贫工作的重要论述为建档立卡、精准识别提供了根本遵循；政治优势、制度优势为建档立卡成功提供了强大动力；共产党人“以人民为中心”的发展思想确保了建档立卡工作经得起历史的检验。

专栏

25万名工作队员全脱产参与精准识别，“1+N”模式打造“一村一团队”

广西自2015年10月中旬开始，用3个月时间，从自治区、市、县新选派3500名贫困村第一书记（原已选派1500名），具体负责所驻村精准识别工作，实现5000个贫困村全覆盖。在选派第一书记的基础上，全区263个区直单位及各市直、县直单位分别根据本单位派出第一书记的人数，再按照1∶3至1∶5的比例增派工作人员，全区累计投入25万名工作队员，全脱产参与精准识别。马山县各乡镇组建了“1+N”模式的“一村一团队”，即贫困村由党组织第一书记任团队队长，由后盾单位驻村工作人员、乡镇工作队、扶贫专干、乡村建设（扶贫）工作队成员任队员；非贫困村以乡村建设（扶贫）工作队员或乡镇领导班子成员任队长，由县、乡镇包村工作队员等任队员，分别负责所包村的精准识别工作。如此大规模的人力物力投入，充分体现了我国“集中力量办大事”的政治、制度、体制优势。

三是坚持实事求是为建档立卡“精益求精”的发展历程夯实了基础。2015年11月，习近平总书记在中央扶贫开发工作会议上的讲话中指出，精准扶贫、精准脱贫“是贯彻实事求是思想路线的必然要求”①。真正贯彻精准思想，必须坚持实事求是，不能下指标。事实证明，建档立卡遇到的困难，例如一些地方前期建档立卡数据不精准，就是因为没有做到实事求是。建档立卡取得的成功，就是因为坚持了实事求是，发现问题、直面问题、解决问题。

专栏

建档立卡“小步快跑、快速迭代”的艰辛历程

一、建档立卡是摸着石头过河，没有现成的方案可以借鉴，一

① 《习近平扶贫论述摘编》，中央文献出版社2018年版，第63页。

路走来，是不断发现问题、解决问题的“小步快跑、快速迭代”之路。是不断立足突破关键问题，逐步实现精准的伟大探索。

二、2014 年，由于没有全国统一的系统及网络带宽限制，采取离线采集、逐级上报，形成了覆盖 8962 万户贫困人口的基础数据库。针对第一轮识别不够准确的问题，2015 年 8 月至 2016 年 6 月，开展了“回头看”。2017 年，开展“脱贫不实人口”回退和“档外”贫困人口识别。2019 年，标识了 411 万脱贫不稳定户和易致贫户。此外，从 2016 年开始，根据贫困识别的实际情况开展了 6 次动态管理。

四是坚持系统思维的顶层设计是完善贫困治理体系、提升治理能力的先决条件。此次建档立卡与 2005 年、2010 年两次建档立卡相比，成功的关键点在于从中央层面运用系统思维进行了顶层设计。在建档立卡初期，国务院扶贫办主任主持 10 多次会议研究制定建档立卡总体方案，从中央层面确定了分省规模控制，统一了识别程序，明确了识别标准，建立了统一的信息系统，最终形成了统一的数据，能够直接服务脱贫攻坚。

五是中央和地方的探索和创新为建档立卡提供了宝贵的经验和财富。在建档立卡的整个过程中，中央和地方两个层面都做了大量的探索和制度创新。中央的每一次探索和创新，都是理论和实践的巨大进步，都是对时代脉搏的强烈回声。地方的探索和创新，都通过因地制宜的方式给了建档立卡工作极大的推动，“四看法”“几比几看”“谁调查、谁登记、谁审核、谁负责”乃至数据比对等重大手段，都是起于基层最终花开全国。

六是广大干部和群众无私奉献是建档立卡成功的根本法宝。建档立卡大量的工作在基层开展，有人说建档立卡是在“最不精准的地方实现了精准”，这个精准是靠无数干部长年累月、不辞辛劳、逐户摸排出来的，是各级干部和群众靠无私奉献干出来的，是用鲜血和汗水换出来的。广大基层干部扎根基层，长期奋斗在脱贫攻坚最前线，不求回报、无私奉献，没有全国干部群众这种扎根基层、无私奉献的牺牲精神，建档立卡也绝无成功的可能。

专栏

甘肃康乐县十万干部遍访百万贫困农户

建档立卡数据系统的建立并不是一件容易的事，甘肃省共有500多万户数据，每一条数据要包含贫困户的家庭、收入、住房、健康、教育信息等，20多张表数据量之大可想而知。

甘肃省投入了10万余干部上山下乡，走访全省101万余户家庭，实地摸清417万贫困人口的区域分布、基本情况、致贫原因、健康状况、教育程度、脱贫需求和帮扶措施等"家底"。数据细分涉及路、水、电、房、产业、技能、婚、灾、病、学等多个支项，仅致贫原因就有13项。而走访的这101万余户贫困家庭，占全省农户的近20%。将这些详细调查的结果，又一一全部录入数据库中，精准锁定每一个贫困百姓的信息。同时，将涉及"1+17"精准扶贫方案的25个省直部门的相关扶持政策设计成数据信息，分为户、村、县三级，录入大数据云平台，并完善贫困群众相应信息，使识别人口精准度与政策配套精准度有机统一。

甘肃省康乐县当时用了20多天进行建档立卡信息采集。由于乡镇和村电脑不多，信息录入中又会遇到各种各样的问题，分散录入无法及时解答。因此，康乐县召集了三四百名扶贫干部，每个村两三名，集中在康乐中学的电教室进行集中录入，每天晚上基本上都是工作到第二天凌晨两三点以后。

七是大数据等先进治理技术能够极大提升治理水平。通过建档立卡“大数据”建设，掌握了脱贫攻坚过程中农村贫困的“底数”，为相关政策安排提供坚实的信息基础，提升了国家贫困治理体系的信息汲取能力。建档立卡的“减贫大数据”不仅找准了贫困人口，解决了“扶持谁”的问题，也为回答“怎么扶”的问题提供了坚实的基础信息。“五个一批”“深度贫困地区”脱贫攻坚等重大战略决策都是建立在对建档立卡大数据的动态管理和科学分析基础之上。毫无疑问，“减贫大数据”有效提升了减贫政策安排的科学化程度，是中国国家减贫治理体系理性化程度的重大跃升。

第一章　建档立卡是精准扶贫的第一颗扣子

改革开放以来，我国扶贫开发取得了举世瞩目的成就，6亿多人摆脱了贫困。但精准扶贫实施前，全国贫困人口数量是国家统计局通过农村住户抽样调查推算的，具体谁是贫困人口、分布在哪里、致贫原因何在、怎样才算脱贫等，不是很清晰，导致不少地方帮扶措施缺乏针对性。习近平总书记指出："精准扶贫，就是要对扶贫对象实行精细化管理，对扶贫资源实行精确化配置，对扶贫对象实行精准化扶持，确保扶贫资源真正用在扶贫对象身上、真正用在贫困地区。"①习近平总书记指明了建档立卡对于脱贫攻坚的重大意义，可以说建档立卡是脱贫攻坚的第一颗扣子。

一、建档立卡是破解"贫困瞄准"世界性难题的钥匙

贫困瞄准一直是影响减贫政策执行及其效果的一个核心问题。以目标人群的覆盖程度为依据，扶持贫困人口的政策可划分为普惠式和瞄准式两大类。普惠式政策通常以扶持对象的人口学特征、职业特征等比较容易确定的要素进行瞄准，主要以社会政策的形式出现。欧洲福利国家比较普遍采用这种形式，该形式要求政府有足够的财政能力，优势是管理成本低，但易出现

① 《习近平扶贫论述摘编》，中央文献出版社2018年版，第58页。

过度扶持的情况。瞄准式政策通常对扶持对象有非常严格的界定和筛选，大部分发展中国家因为经济发展水平有限、就业不充分，一般比较多地采取瞄准式政策来扶持贫困人口，从而将有限的资源更好地使用到需要扶持的对象上。瞄准式政策要做到准确，对政策实施和执行的能力要求比较高，而很多发展中国家缺乏能够进行精准识别的能力和条件，从而导致瞄准式政策效果较差，不能精准瞄准，基于此，瞄准机制研究一直是扶贫政策中的核心议题。

中国自 1986 年针对性实施专门扶贫政策以来，一直采用以瞄准式为主的扶贫政策，即将有限扶贫资源投入贫困地区和贫困人口当中。30 多年间，中国扶贫瞄准历经区域、县域、村级、户级四个瞄准单元的阶段变迁，相互补充，使扶贫资源能够靶向因不同机制产生的贫困问题。第一，确定国家贫困县是中国农村扶贫实践的一个创造。中国于 1986 年第一次确定了国家重点扶持贫困县标准：以县为单位，1985 年农民年人均纯收入低于 150 元的县。1994 年，标准调整为 1992 年农民人均纯收入为 400 元。以此为标准，列入《国家八七扶贫攻坚计划》的国家重点扶持的贫困县共有 592 个，分布在 27 个省、自治区、直辖市，涵盖了全国 72%以上的农村贫困人口。第二，区域瞄准与群体瞄准相结合。随着中国农村扶贫的推进，进入 20 世纪 90 年代以来，中国的扶贫开发由注重区域经济发展转向突出扶贫工作到村到户。《国家八七扶贫攻坚计划》不仅将扶贫到户作为一项重要措施，而且把解决贫困农户温饱的各项指标也量化到户。1996 年和 1999 年的中央扶贫开发工作会议两次对扶贫到户作了进一步强调，要求逐村逐户摸清底数，建档立卡，做到工作到户、项目到户、服务到户、效益到户。第三，区域瞄准、群体瞄准与个体瞄准相结合，贫困瞄准程度进一步提高。2001 年，中国扶贫开发进入新阶段，根据贫困人口主要集中于中西部但遍布全国各地农村的分布新特点，我国政府再次确定了 592 个国家扶贫开发工作重点县，虽然这些县全部集中在中西部地区，但是到 2003 年，重点县的绝对贫困人口仅占全国总数的60.8%；低收入人口占全国总数的55.3%。为此，全国各省又选择和确定了14.8万个重点贫困村，覆盖了全国80%的贫困人口。第四，明确将瞄准贫困人口作为“十一五”扶贫开发工作的首要内容。强调扶贫工作的主要目标是减少贫困人口，解决贫困人口的温饱问题。

以县为基础的瞄准机制取得了巨大的成就，但也带来一个问题：这样的瞄准机制导致居住在国定贫困县以外的另一半贫困人口基本上得不到政府扶持资金的扶持。国家统计局抽样调查显示，1998年当年的4200万贫困人口中，约2100万居住在国定贫困县内。中央政府扶贫资金大多数分配给国定贫困县，但并未被特别指定用于这些县内的贫困户或贫困乡、贫困村。在1994年、1996年和2001年进行过了三次调整，主要强调要瞄准贫困村和贫困户。在2001年之前中央扶贫资金只流向贫困县，在2001年之后也是主要流向重点县，而2001年确定的592个扶贫工作重点县中，其全部贫困人口也只占到全国农村贫困人口总数的60%左右的现实并没有得到改变。也就是说，到2001年，部分贫困人口仍无法从政府扶贫资源中受益，至少是无法平等地受益。从2001年开始，中国农村贫困瞄准策略发生明显变化，提出扶贫要到村到户，但是在很长一段时间内，仍然是以村级发展为主要目标。随着贫困人口分布的碎片化趋势日益严重和村庄内部的农户发展差异逐步扩大，贫困村的整体贫困发生率下降和以村级为单元的扶贫资金愈难让贫困农户真正受益，建立能够发挥实效的贫困户的识别和扶持机制将成为中国扶贫政策实践的现实需要。如何瞄准更多贫困人口？中国农村贫困瞄准面临着巨大挑战。

二、建档立卡是扶贫精准滴灌的输配水管网

党的十八大以来，以习近平同志为核心的党中央把扶贫开发摆到更加重要的位置，纳入“五位一体”总体布局和“四个全面”战略布局，作为实现

第一个百年奋斗目标的重点工作。在县、市、省到中央多年工作实践基础上，习近平总书记与时俱进提出精准扶贫、精准脱贫基本方略，开启了中国扶贫的新时代。

进入21世纪以后，中国的贫困状况和之前相比，产生了很大的变化。与改革开放初期不同，1978年我国农村贫困发生率为97.5%，基本都是贫困人口；和20世纪末也不同，那时候中西部很多农村地区贫困发生率都在60%以上，贫困人口占大多数，搞普惠式扶贫、搞“大水漫灌”，受益的也主要是贫困人口。到了21世纪第二个10年，情况发生了很大变化，2015年我国农村贫困发生率已经下降到5.7%，最高的西藏也只有18.6%，即使是贫困村，贫困发生率也明显降低，少数人贫困、“插花式”贫困逐渐成为矛盾的主要方面。贫困人口大多数教育文化水平较低，知晓政策、获取资源的能力比较弱。如果继续“大水漫灌”，对贫困人口的扶持缺乏针对性，不仅会消耗大量的政策资源，而且实现五年打赢脱贫攻坚战的目标难度会非常大。

《中国农村扶贫开发纲要（2011—2020年）》实施以来，国家逐年加大扶贫投入，中央财政专项扶贫资金从2011年的272亿增加到2014年的433亿，年均增幅达17%，省级财政扶贫投入也在不断增加，但全国脱贫人数逐年下降，2011年脱贫4329万，2012年2339万，2013年1650万，2014年1232万，年均降幅达34%，脱贫的投入产出比越来越低。这里有扶贫难度越来越大的问题，但扶贫工作针对性较低也是重要原因。

因此，必须转变扶贫策略，变“大水漫灌”为“精准滴灌”，只有这样，才能集中力量加快解决贫困人口的脱贫问题，而摸清贫困底数是精准扶贫、精准脱贫的基础。“大水漫灌”转为“精准滴灌”，首先要铺设好输送水的一个个管道喷头，没有输水管网根本无法实现精准滴灌。建档立卡就是精准扶贫的输配水管网，建档立卡精准了，扶贫的资源和资金才能精准输送给真正需要帮扶的贫困户，贫困人口才能真正精准脱贫。

三、做好建档立卡工作的指导思想

习近平总书记多次对建档立卡作出重要指示，为建档立卡工作指明了方向，提出了明确的要求，是做好建档立卡工作的根本遵循。

精准扶贫要坚持精细化管理。2014年3月7日，习近平总书记在参加十二届全国人大二次会议贵州代表团审议时指出，“精准扶贫，就是要对扶贫对象实行精细化管理，对扶贫资源实行精确化配置，对扶贫对象实行精准化扶持，确保扶贫资源真正用在扶贫对象身上、真正用在贫困地区”[①]。

精准扶贫要摸清扶贫对象。2015年6月18日，习近平总书记在部分省区市扶贫攻坚与“十三五”时期经济社会发展座谈会上的讲话中指出：“精准扶贫，关键的关键是要把扶贫对象摸清搞准，把家底盘清，这是前提。……在摸清扶贫对象的基础上，要通过建档立卡，对扶贫对象实行规范化管理，做到心中有数，一目了然。”[②]

建档立卡要实施动态管理。2015年11月27日，习近平总书记在中央扶贫开发工作会议上的讲话中指出：“这两年，各地花了大量精力做建档立卡工作，就是要把不清不楚变成一清二楚。但是，有的地方基层同志反映，扶贫对象识别存在层层分解指标的做法，造成一些贫困户被屏蔽在扶贫对象之外。为什么会这样？因为同样是贫困村，贫困程度有深有浅，有的村贫困程度相对较深，指标不够用，一些贫困户没能纳入扶贫对象；有的村条件相对好一些，一些光景不错的农户反而成了扶贫对象。随着精准扶贫政策含金量不断提高，没有进入建档立卡的贫困农户享受不到相应的政策，实际生活水平反而低于其他贫困户。原来邻里之间和谐相处，现在因为建档立卡而渐生间隙，有的地方还引发矛盾、甚至上访。具体操作过程中，还存在人情因

① 《习近平扶贫论述摘编》，中央文献出版社2018年版，第58页。

② 《习近平扶贫论述摘编》，中央文献出版社2018年版，第59页。

素以及不正之风等的干扰，群众对此很有意见。”①

针对各地发现的问题，习近平总书记提出建档立卡数据要实施动态管理。“扶贫必先识贫。建档立卡在一定程度上摸清了贫困人口底数，但这项工作要进一步做实做细，确保把真正的贫困人口弄清楚。只有这样，才能做到扶真贫、真扶贫。要提高统计数据质量，既不要遗漏真正的贫困人口，也不要把非贫困人口纳入扶贫对象。”②“对建档立卡的贫困户要实行动态管理，脱贫了逐户销号，返贫了重新录入，做到政策到户、脱贫到人、有进有出，保证各级减贫任务和建档立卡数据对得上、扶贫政策及时调整、扶贫力量进一步聚焦。部署脱贫任务不能不顾贫困分布现状、采取层层分解的简单做法。这种做法是自欺欺人，必然会使一些贫困户‘被脱贫’。脱没脱贫，要同群众一起算账，要群众认账。”③

建档立卡要坚持“回头看”。2016年7月20日，在东西部扶贫协作座谈会上，习近平总书记说：“脱贫攻坚工作要做实，必须把贫困识别、建档立卡工作做实。要紧盯扶贫对象，实行动态管理，应该退出的及时销号，符合条件的及时纳入，定期开展‘回头看’活动，既不要漏掉真正的贫困人口，也不能把非贫困人口纳入扶贫对象。”④

建档立卡要坚持民主评议。2017年3月23日，习近平总书记在中央政治局常委会会议审议《关于二〇一六年省级党委和政府扶贫开发工作成效考核情况的汇报》时的讲话中指出：“精准扶贫，首先要精准识贫。识贫要下功夫。有的地区做法很好，派大量干部下去，一家一家摸底，然后公示，让村民来议贫，还要了解外面买没买房子、有没有务工、实际生活条件怎么样，经过一系列环节后才认定贫困户，认定以后群众也认同。识贫要弄准，

① 《习近平扶贫论述摘编》，中央文献出版社2018年版，第61—62页。

② 《习近平扶贫论述摘编》，中央文献出版社2018年版，第63页。

③ 《习近平扶贫论述摘编》，中央文献出版社2018年版，第72页。

④ 《习近平扶贫论述摘编》，中央文献出版社2018年版，第73页。

否则扶的对象不对，从头就错了，第一颗扣子就扣错了。”①

建档立卡要强化信息共享。2018 年 2 月 12 日，习近平总书记在打好精准脱贫攻坚战座谈会上的讲话中指出：“打好脱贫攻坚战，成败在于精准。建档立卡要继续完善，重点是加强数据共享和数据分析，为宏观决策和工作指导提供支撑。”②

建档立卡要着眼巩固提升。2019 年 4 月 16 日，习近平总书记在解决“两不愁三保障”突出问题座谈会上的讲话中指出：“要把防止返贫摆在重要位置，适时组织对脱贫人口开展‘回头看’，对返贫人口和新发生贫困人口及时予以帮扶。”③

建档立卡的每一个关键阶段，都有习近平总书记从顶层设计到具体细节落实的指导，避免了走错路、走弯路。习近平总书记关于精准扶贫的重要论述是建档立卡开展和最终得以成功的根本保证。

四、两次探索为建档立卡积累了宝贵的经验

在 2014 年实施精准扶贫之前，有两次关于建档立卡的探索。尽管效果不显著，但是为建档立卡工作积累了宝贵的经验。

2005 年 4 月 27 日，国务院扶贫办印发《关于进一步加强贫困人口建档立卡和扶贫动态监测工作的通知》（国开办发〔2005〕37 号），要求从 2004 年开始，将 2004 年以来所有绝对贫困人口（年收入在 683 元以下）和低收入贫困人口（年人均纯收入在 683—944 元）全部纳入建档立卡之中。28 个省区市完成贫困人口纸质档案的登记工作，共识别出贫困户 2752 万户、10699 万人，对摸清当时我国贫困人口分布、致贫原因分析等发挥了一定作用。但是，这次建档立卡没有进行分省贫困人口规模控制，没有规定统一的

---

① 《习近平扶贫论述摘编》，中央文献出版社 2018 年版，第 78 页。

② 《习近平扶贫论述摘编》，中央文献出版社 2018 年版，第 83 页。

③ 《十九大以来重要文献选编》（中），中央文献出版社 2021 年版，第 8 页。

识别程序，也没有设计数据采集软件。因此，识别出的贫困人口数比国家统计局发布的2005年的6432万多出4267万人，并且没有形成国家集中统一的数据库系统，难以实现信息化管理，其作用未能得到充分发挥。

2009年1月，根据党的十七届三中全会关于“实现农村最低生活保障制度和扶贫开发政策有效衔接”的要求，国务院扶贫办与民政部组织开展了关于开展农村最低生活保障制度与扶贫开发政策有效衔接试点工作，在20个试点县开展贫困农户建档立卡，提出贫困农户识别的标准、程序、扶持政策，印发了贫困户登记表。2010年5月，国务院办公厅印发了《关于做好农村最低生活保障制度和扶贫开发政策有效衔接扩大试点工作的意见》（国办发〔2010〕31号），将试点扩大到全国28个省区市（除京津沪），同时开发了贫困农户建档立卡信息管理系统软件。这次建档立卡试点工作虽然设计了数据库系统，但由于缺乏顶层设计，全国没有采取统一标准，使用国家扶贫标准的只有11个省份，其余省份使用了当地标准；范围不确定，只有25个省份开展试点，江苏、广东两省自行建档立卡，四川省没有开展，有些省份在全省范围内开展，有些只选择了一些试点县，从而无法形成全国统一的数据，更谈不上与国家统计局发布的农村贫困人口数据做比较。截至2011年3月1日，全国共完成建档立卡的县为477个，共收集2009年建档立卡贫困农户1020万户、3017万人。

2005年和2010年两次建档立卡在没有强大行政干预和政策指向的前提下，并没有精准识别出不同类型的贫困户，并且长期以区域发展、县域发展和村庄发展的扶贫资源配置和投向的惯性使得扶贫资金仍具有极强的区域发展型项目偏好，只有很少部分的资金直接靶向贫困农户。因各种条件限制，在最终政策落实上有诸多遗憾，贫困户的识别和扶持机制尚未真正建立。从另一个角度来看，这两次探索留下的遗憾也为精准扶贫建档立卡提供了宝贵经验。

第二章　从“基本精准”到“相对精准”的伟大创举

尽管有2005年和2010年两次探索，但可供借鉴的经验并不多。可以说，建档立卡是一项全新的工作，是在白手起家的条件下开展起来的。从不太准确、基本准确，到比较准确，最后达到相对精准，建档立卡走过了一段艰辛历程。

一、2014年：初步完成顶层设计，为建档立卡开好了局、起好了步

1. 顶层设计：建立“全国大集中”的信息系统

党中央提出精准扶贫以来，国务院扶贫办把贫困识别、建档立卡作为精准扶贫一号工程、第一战役，下大力气抓实打牢，第一次建立了包括贫困人口、贫困村、贫困县基本数据的全国扶贫开发信息系统。2013年，中共中央办公厅、国务院办公厅印发《关于创新机制扎实推进农村扶贫开发工作的意见》（中办发〔2013〕25号），提出“各省（自治区、直辖市）在已有工作基础上，坚持扶贫开发和农村最低生活保障制度有效衔接，按照县为单位、规模控制、分级负责、精准识别、动态管理的原则，对每个贫困村、贫困户建档立卡，建设全国扶贫信息网络系统”的要求。

第一，谋划顶层设计，启动建档立卡工作。2014年1月，国务院扶贫办成立建档立卡和信息化建设工作领导小组，扶贫办主任任组长，下设领导小组办公室，承担建档立卡和扶贫开发信息化建设工作。

第二，在全国层面统一贫困户识别的标准和程序。按照“一年打基础、两年完善、三年规范运行”的总体思路，国务院扶贫办于2014年4月2日印发《扶贫开发建档立卡工作方案》（国开办发〔2014〕24号），明确了贫困户识别标准和方法、贫困村识别标准和方法等，全面启动建档立卡工作。2014年6月12日，印发《扶贫开发建档立卡指标体系》（国开办发〔2014〕36号），要求各地按统一印制的《贫困户登记表》《贫困村登记表》《贫困县登记表》对扶贫对象进行建档立卡。2014年5月12日，国务院扶贫开发领导小组办公室、中央农办、民政部、人力资源和社会保障部、国家统计局、共青团中央、中国残联联合印发《建立精准扶贫工作机制实施方案》。

专栏

贫困户识别的标准和程序

贫困户识别标准是，以2013年农民人均纯收入2736元（相当于2010年2300元不变价）的国家农村扶贫标准为识别标准。

贫困户识别方法是，原则上以国家统计局发布的2013年底全国农村贫困人口规模8249万人为基数，采取规模控制，各省将贫困人口识别规模逐级分解到行政村。以农户收入为基本依据，综合考虑住房、教育、健康等情况，通过农户申请、村内民主评议和“两公示一公告”（村民代表评议后在村里第一次公示，乡镇审核后在村里第二次公示，县扶贫办审核后在行政村公告）的程序进行识别。

贫困村识别标准是，原则上按照“一高一低一无”的标准进行，即行政村贫困发生率比全省贫困发生率高一倍以上，行政村2013年全村农民人均纯收入低于全省平均水平60%，行政村无集体经济收入。

贫困村识别方法是，按照“省负总责”的要求，由省级扶贫开发领导小组研究确定本省贫困村规模，报国务院扶贫办核定，采取规模控制，各省将贫困村识别规模逐级分解到乡镇，符合条件的行政村采取“一公示一公告”的程序进行，即“村委会自愿申请、乡镇人民政府审核、县扶贫开发领导小组审定”。

第三，按照“全国大集中”的建设原则，因陋就简，建设扶贫开发信息系统。2014年7月，《国务院扶贫办关于印发〈全国扶贫开发信息化建设规划〉的通知》（国开办发〔2014〕42号）下发，完成了扶贫开发信息化工作的顶层设计。

第四，广泛发动基层干部开展工作。2014年，全国动员了80多万各级干部进村入户开展贫困识别和信息采集。为了确保干部能够统一标准、严格程序，举办了5000多期建档立卡工作培训班，培训63.8万人次。

2. 地方实践：各地探索“四看法”等识别办法

建档立卡启动之初，在遵循国家建档立卡要求的基础上，各地在贫困的识别标准和程序方面进行了创新和实现，涌现出许多精准的识别方法和手段。

第一，在贫困户识别标准方面，各地结合实际创新识别机制，制定了形象生动、“接地气”的贫困户识别标准。

威宁县迤那镇在扶贫攻坚实践中创造了精准扶贫“四看法”，对贫困户实行动态管理，因地制宜、因户施策，形成了精准扶贫“四看法”贫困户动态管理指标体系，探索出了一条贫困地区精准扶贫的新路子。“四看法”指标体系分为四项，“一看房”“二看粮”“三看劳动能力强不强”“四看家中有没有读书郎”。“四看法”弥补的单纯收入导向识别标准的缺陷，在一定程度上提升了识别的精准度。贵州威宁探索“四看法”后，各地因地制宜，逐步探索了“几看、几比”“几优先、几不录”识别方法，综合比看收支、教育、健康、住房等。如宁夏的“五比五看”（一比家庭收入、看经济来源；二比家庭资产、看消费水平；三比家庭劳力、看劳动观念；四比生活环境、看居住条件；五比贫困程度、看致贫原因），以及青海的“五优先、十不准”、江西的“九不评”、山西的“八不准”，等等。这些判断标准既客观又直观，群众易于理解接受，操作性强。把贫困识别评价标准细化为易理解、可操作、“接地气”的做法，成为客观反映“两不愁三保障”的农村多维贫困识别方法的雏形。

第二，在贫困户识别标准和程序方面，在坚持“两公示一公告”的过程中，还结合基层实际细化工作环节。例如，湖南会同县确定贫困户采取“一筛、二评、三票决”的程序，江西的“五步法”、山东的“六步法”和重庆的“八步法”都进一步细化了程序。同时，按照“两公示一公开”程序识别贫困人口，不少地方对程序不到位的情况进行了整改。河南省在推选认证环节提出“三个必须返工”：没有按规定公示公告的坚决返工、公示公告不符合要求的坚决返工、虽按规定公示公告但群众意见较大的坚决返工，主动接受群众监督，虚心接受群众意见，不怕反复，不怕返工，努力做到让绝大多数群众满意。

3. 成就经验：采取离线方式采集扶贫对象基础信息

2014 年 8 月，国务院扶贫办筹措资金 200 多万元，开发建档立卡扶贫对象信息采集软件。当时，尚未建立全国扶贫开发信息系统，以及受网络带宽限制，2014 年采取离线采集的方式采集录入信息，逐级上报到国务院扶贫办，导入全国扶贫对象基础信息数据库中。在数据导入过程中，在国家行政区划代码基础上，整理形成了覆盖有贫困人口的省市县乡村的行政区划及其代码，为构建全国扶贫开发信息系统奠定了基础。

截至2014年底，全国共采集录入了8962万贫困人口、2948万贫困户、12.8万个贫困村的基础信息，包含贫困人口的姓名、健康状况、文化程度等20多个指标；贫困户的致贫原因、收入、生产生活条件等60多个指标；贫困村基础设施、公共服务等60多个指标，以及贫困县的相关指标。

二、2015年至2016年：通过开展“回头看”实现“基本精准”

尽管2014年建档立卡工作取得了一定的成绩，但是由于初期顶层设计、体制机制、干部群众认知等方面的因素，建档立卡并没有实现精准。

2015年9月，国务院扶贫办在北京召开全国扶贫办主任座谈会暨建档立卡“回头看”培训班，要求各省区开展建档立卡“回头看”工作，主要看扶贫对象准不准、看脱贫需求清不清、看帮扶机制实不实、看资金使用准不准、看指标数据全不全、看脱贫成效真不真。

第一轮建档立卡暴露出的问题和短板，在2015年的“回头看”和之后多次的“动态调整”工作中，得到不断解决和改善。在“回头看”过程中，通过完善识别标准、创新数据对比机制、约束机制等提升精准识别手段，促使建档立卡数据质量不断提升，精准度和瞄准性显著提高。

1. 标准完善：综合考虑“两不愁三保障”

扶贫标准是确定扶贫对象、制定扶贫措施、考核扶贫成果的重要“度量衡”，是精准扶贫的基础。2015年6月，习近平总书记在部分省区市扶贫攻坚与“十三五”时期经济社会发展座谈会上指出，精准扶贫，关键的关键是要把扶贫对象摸清搞准，把家底盘清，这是前提。

胸中有数才能工作有方。如果连谁是贫困人口都不知道，扶贫行动从何发力呢？搞准扶贫对象，一定要进村入户，深入调查研究。贵州省威宁县迤那镇在实践中总结出了“四看法”：一看房、二看粮、三看劳动力强不强、四看家中有没有读书郎。看房，就是通过看农户的居住条件和生活环境，估算其贫困程度；看粮，就是通过看农户的土地情况和生产条件，估算其农业收入和食品支出；看劳动力强不强，就是通过看农户的劳动力状况和有无病残人口，估算其劳务收入和医疗支出；看家中有没有读书郎，就是通过看农户受教育程度和在校生现状等，估算其发展潜力和教育支出。“四看法”实际效果好，在实践中管用，是一个创造，可以在实践中不断完善。在摸清扶贫对象的基础上，要通过建档立卡，对扶贫对象实行规范化管理，做到心中有数，一目了然。

2015年，在前期各地探索实践的基础上，对贫困识别标准和程序进行了完善。以2014年农民人均纯收入2800元(相当于2010年2300元不变价)的国家农村扶贫标准为识别标准。综合考虑住房、教育、健康、生产生活等情况，通过农户申请、民主评议、公示公告和逐级审核等方式整户识别。稳定实现吃穿不愁、义务教育、基本医疗和住房安全有保障，即通常所说的“两不愁三保障”，才能算脱贫。这个标准是一个完整的、科学的体系，既有收入标准，也有实物标准；既考虑了保障生存需要，也考虑了发展需要。按照这个标准实施，贫困人口能够做到“吃饱、适当吃好”，能够满足基本的穿、住、用等支出需求。从深层次看，这个标准对阻断贫困代际传递也有意义，如果上代人实现了“两不愁三保障”，基本消除了致贫的关键因素，下一代人走向富裕就有了坚实的基础。

2. 数据比对：建立跨部门的信息比对共享机制，通过数据比对推动“回头看”

精益求精，建立行业部门数据交换机制，切实推动了识别精准、帮扶精准、退出精准。在农村，家庭信息摸排难度大。针对此问题，国务院扶贫办分别与民政部、中残联、卫健委、教育部、人社部、公安部、住建部等部门开展数据比对和交换，通过数据比对，一方面，提高了贫困识别的精准度，提高了数据的真实性和准确性；另一方面，有利推动了行业部门资源向扶贫对象倾斜，提高了行业扶贫的精准度，为贫困人口户籍管理、残疾证办理、辍学生劝返和行业部门帮扶政策出台等提供了有力支持。同时，进行数据分析。从地域、民族、年龄、收入、健康状况、致贫原因、生产生活条件、公共服务、帮扶单位驻村工作队落实情况等多个维度，对贫困户、贫困村开展统计分析工作。通过数据分析和部门间的数据比对，为扶贫开发决策、扶贫资金分配和管理、扶贫开发项目库建设和实施、行业部门精准帮扶、扶贫开发工作成效考核提供了数据支撑和数据保障。

在开展数据比对的过程中，发现建档立卡数据库中的许多贫困人口数据错误、应纳未纳、识别不准、脱贫不实的情况。针对此情况，2015 年 9 月至 2016 年 6 月，国务院扶贫办组织开展了建档立卡“回头看”。各地扶贫部门对有商品房、有车辆、经商办企业、家庭有公职人员等错误识别的贫困户进行了清退，同时补充识别了一批符合标准的贫困户。2016 年初，国务院扶贫办印发《关于开展 2015 年度扶贫对象动态管理和信息采集工作的通知》（国开办司发〔2016〕10 号），部署 2015 年扶贫对象动态管理和数据采集工作，开展对贫困户脱贫、新识别、返贫标注工作。2016 年 10 月，国务院扶贫办印发《关于做好 2016 年扶贫对象动态调整和建档立卡信息采集录入工作的通知》（国开办司发〔2016〕71 号），部署 2016 年扶贫对象动态管理和信息采集工作，开展对贫困户脱贫、新识别、返贫标注工作。多数省区市 2016 年 5 月底结束，部分省区市到 9 月才结束。除国务院扶贫办统一组织的建档立卡“回头看”工作之外，各地也自行组织了“回头看”工作，时间跨度很长，2015 年 8 月之前和 2016 年 10 月之后都在开展。有些地方开展了近 10 次“回头看”，个别省份调整幅度很大，甚至是“推倒重来”。以广西为例，“马山事件”后，广西自下而上集中开展了精准识别工作，3 个月派了 25 万名干部，把全区 538 万贫困人口重新识别一遍，为防止虚报假报，还组织扶贫、公安、住房城乡建设、工商、税务、交通管理等部门，采用大数据技术，联合开展财产检索比对，检索出“疑似贫困户”50 万户，剔除 62 万多人。

3. 约束机制：约束、监督、问责机制逐步建立

围绕精准扶贫、精准脱贫做好考核监督，部门就会按照中央的要求拿举措，省区就会按照中央的导向去负责，县乡就会按照中央的部署抓落实，精准扶贫才能变成真抓实干的行动。在2015年和2016年“回头看”阶段，国家逐步探索建立起考核机制、约束机制、退出机制、评估机制。这些机制构成较为完整的体系，事前、事中、事后全程规范，提高了识别精准度和退出精准度。

为保障建档立卡工作质量，各地加大了以问责为主要手段的责任追究力度。2014年至2016年6月底，全国因建档立卡失职渎职和优亲厚友等处理7465人，其中，批评教育、通报批评、约谈、诫勉谈话、调离、降职、责令辞职和免职等组织处理6071人，警告、严重警告、撤销党内职务、留党察看、开除党籍等党纪处分1208人，警告、记过、记大过、降级、撤职和开除等政纪处分134人，同时受到党纪政纪处分43人，移送司法处理9人；涉及县级以上机构242人，乡镇机构3091人，村级4132人；涉及处级及以上干部36人，科级干部1700人，科级以下干部5729人。涉及扶贫系统413人，非扶贫系统7052人。问责制度的建立和实施，充分表明各地动了真、碰了硬，体现了严和实的要求。

4. 基层创新：群众广泛参与、民主程序不断完善

在识别贫困户、项目选择与实施、项目监测与评估等实际操作过程中，各地积极探索群众参与的方式，通过充分发扬民主，监督建档立卡工作，提升建档立卡的精准度和群众的满意度。不少地方按照公开、透明、民主原则，认真履行村民代表大会评议、村两委和乡镇审核公示、区县审定公告等程序，确保了贫困户登记信息的准确性。在贫困人口识别过程中，着力抓宣传发动，保障群众参与，把建档立卡工作的目标和要求、标准和程序等相关政策宣传到村、到户，确保群众知情权和参与权。

以广西为例，为确保精准识别公开公平公正，广西在完成入户调查评分后，采取“两评议、两公示”的程序。

5. 政策倒逼：部门政策倒逼识别更加精准

精准识别是精准施策的前提，反过来精准施策又会倒逼精准识别。比如低保政策、易地搬迁、以奖代补等政策的实施过程都会推进对贫困户的再识别，推动动态监测和动态管理。

低保的精准认定需要建档立卡精准识别。在实施低保政策时，为了做到应保尽保、应退即退、对象精准、公平公正，部分地区探索建立了类似农村低保信息定期核对的机制，定期对农村低保对象家庭经济状况进行全面核对核查。比如甘肃由各市州民政局牵头，公安、财政、自然资源、农业农村、市场监管、银保监、残联等部门和单位紧密配合，对农村低保家庭有 5 万元以上机动车或大型农机具、有财政供给人员（仅限于具有法定赡养、抚养、扶养关系）、有购买商品房（不含征地拆迁安置房等政策性保障住房）、有经商办企市场主体、有 3 万元以上存款等“五有”情形进行信息核对，对农村低保对象进行全面系统分析，将不符合农村低保条件的“五有”家庭全部退出保障范围。

易地扶贫搬迁对象的确定需要建档立卡动态管理。许多地区执行易地扶贫搬迁政策时，坚持对搬迁对象动态管理，应纳尽纳，应扶尽扶。对已享受易地扶贫搬迁政策的农户进行全面摸底，逐户调查走访，按照贫困识别标准甄别判断，对符合标准的农户及时纳入建档立卡范围。认真核查享受易地扶贫搬迁政策的建档立卡贫困户，对未搬迁入住且“两不愁三保障”不达标的脱贫户要回退到未脱贫状态。易地扶贫搬迁的动态管理提升了建档立卡的精准度。

6. 成就经验：基本实现了扶贫开发信息化工作的“一五六”建设目标，建档立卡数据更加准确、机制更加完善

经过全国上下共同努力，建档立卡工作取得显著成效。到 2016 年底，基本完成了扶贫开发信息化工作的“一五六”建设目标：“一”是构建一个全国大集中的扶贫开发信息系统。“五”是实现扶贫开发工作的五大功能，即支撑扶贫开发全过程信息化的业务管理功能，融内部监控和外部监督于一体的扶贫开发资金、项目监管功能，引导社会力量、扶贫对象共同参与扶贫工作的公共服务功能，与扶贫开发工作相关部门的信息共享和业务协作功能，基于数据仓库和数据挖掘技术的决策支持功能。“六”是构建一个覆盖中央、省、市、县、乡镇、行政村的六级业务网。

此外，建档立卡的数据更加准确、识别的机制更加完善。一是挤出水分，完成非贫困户的清理和符合条件贫困户补录工作。这次“回头看”，清理了不符合建档立卡标准的929万人。其中，有非生产性机动车及大型农机具的农户212万人，在城镇购房及住房面积超过人均50平方米的农户150万人，经营有一定规模企业及种养殖大户110万人，家庭有财政供养及有稳定收入人员的农户52万人，人均收入明显超过国家扶贫标准且实现了“两不愁三保障”的农户405万人。补录了人均收入低于国家扶贫标准和没有达到“两不愁三保障”的贫困人口807万人。二是规范操作，纠正一些地区低保人口不纳入、残疾人口不标注不纳入问题。2014年建档立卡时，一些地方规定低保户不纳入，一些地方没在信息系统中标注残疾人，还有的地方没把残疾人纳入识别范围，这次进行了纠正。建档立卡贫困人口中，低保人口1832万人，占贫困人口比例从2014年的24.3%提高到32.5%。残疾人口276万人，占比从2014年的1.3%提高到4.9%。三是查漏补缺，解决少数地区非贫困县、非贫困村没有开展贫困识别问题。2014年建档立卡时，部分地区没有在非贫困县和非贫困村开展贫困识别。这次“回头看”对以前没有开展贫困识别的343个县、72550个行政村开展了贫困识别，共补录473万人。

在提升建档立卡精准度的基础上，形成了一套完善的建档立卡机制，包括数据信息对比机制、经费保障机制、严格督查机制及责任追究制度等，为建档立卡提供了重要保障。

三、2017 年至 2018 年：通过常态化动态调整实现“比较精准”

1. 动态调整：扶贫对象的动态变化需要制度安排

2016 年以后，动态管理工作进入常态化。国务院扶贫办于 2017 年 10 月印发《关于做好 2017 年度扶贫对象动态管理工作的通知》（国开办司发〔2017〕36 号）；2018 年 9 月印发《关于做好 2018 年度扶贫对象动态管理工作的通知》（国开办发〔2018〕39 号）。从 2017 年开始，国务院扶贫办每年组织各级扶贫部门上百万工作人员，进村入户开展扶贫对象动态管理和信息采集工作。根据贫困识别的实际情况开展了 6 次动态管理，经过逐年完善，基本实现了动态管理的常态化。动态管理工作内容包括贫困户脱贫、新识别、返贫，贫困户出列，以及贫困户家庭成员的自然变更工作。信息采集主要是针对贫困户发生变化的信息，以及新识别贫困户（人口）的基础信息。

2. 阶段重点：动态调整的分年度重点

（1）2017 年重点开展“脱贫不实人口”回退和“档外”人口识别

在贫困识别程序上，从 2017 年开始，要求各地在贫困户识别程序中增加“比对环节”，有力地促进了行业部门的精准帮扶。新增了县级“一比对”环节，由原来的“两公示、一公告”调整为“两公示、一比对、一公告”，还要求对 2017 年 9 月交叉检查发现的 8 个方面问题，举一反三，组织核查，对核查属实的问题进行认真整改，在全国扶贫开发信息系统中做相应的标注调整，调整后的数据作为 2017 年底的数据。

2017年，开展“脱贫不实人口”回退和“档外”贫困人口识别。2017年2月，国务院扶贫办利用扶贫开发大数据进行分析，筛选出 2016 年脱贫人口中近 600 万疑似“脱贫不实”贫困人口的明细数据，经基层扶贫干部核实后，将 245 万标注脱贫人口回退为贫困人口。2017 年 6 月 13 日，国务院扶贫办下发了《关于开展贫困人口动态调整的通知》，7 月至 9 月组织开展以“应纳尽纳”为主要内容的“档外”贫困人口识别工作，新识别贫困人口 700 多万。这次动态调整与往次不同，一是识别贫困人口不受规模控制，应识尽识，应纳尽纳；二是要求加强数据比对，核实申请贫困户家庭拥有城镇住房、车辆、经营实体、财政供养人员等情况，把识别程序变为“两评议、两公示、一比对、一公告”。其间，也开展了贫困户清退等自查自纠工作，识别返贫人口82万，清退识别不准贫困人口412万。

（2）2018年重点开展脱贫措施采集工作

2018年2月21日，国务院扶贫办负责同志在听取信息中心关于建档立卡和信息化建设工作汇报时指出，要认清政治责任、强化责任担当。要进一步树立建档立卡数据的权威。要把建立业务数据库作为扶贫办作风专项治理的一项具体措施。业务数据库建起来以后，各司要用这些数据指导工作，工作考核就用业务数据库的数据，要建立业务数据的通报、发布制度，树立数据权威。

为了回答“脱贫人口靠什么脱贫”的问题，2018年开始组织开展脱贫措施信息采集工作。据初步统计，平均每个贫困户享受脱贫措施6—7项。同时，2018年增加了利用扶贫开发信息系统手机APP完成信息核准及贫困户、贫困村的地理信息位置采集工作。

3. 地方实践：地方创新不断推动识别精准

2017年动态调整常态化以来，各省系统深入学习习近平总书记关于扶贫工作的重要论述，认真贯彻落实国务院扶贫办关于开展建档立卡动态管理工作的部署和要求，精细谋划组织，不断创新精准识别的手段，保质保量地按时完成了历年扶贫对象动态管理工作各项任务。

（1）周密部署

按照国务院扶贫办的相应部署和要求，各省就当地建档立卡动态管理工作设定了详细的工作方案，加强组织领导，统一标准、步骤、程序，积极发动扶贫干部参与建档立卡动态管理工作。安徽省就根据具体工作任务制订了详细的工作计划，按照“前期摸排、中期操作、后期整改、专项整治、形成总结”的工作流程对贫困户以及脱贫户进行核查，确保了动态管理工作贫困人口识别精准、信息翔实、数据准确，建立了“五级信息员”工作制度，要求各级信息员熟练掌握动态管理业务知识，认真落实工作安排，建立了对账销号机制，全面梳理问题清单、整改时限清单、销号清单，设定奖优罚劣的奖惩模式，倒逼问题整改有效。广西创新实行“二上二下一微调”的脱贫计划制订工作流程，科学制订脱贫摘帽指导计划。内蒙古自治区召开专题会议安排部署动态管理工作，印发动态管理工作实施方案，明确细化了动态管理工作内容、标准、程序、进度和要求等，制定了符合区情的新政策，建立了“谁调查、谁识别、谁签字、谁负责”的可追溯责任机制，精心组织实施，确保工作质量。四川省以现场会方式指导基层做好贫困户信息核实、帮扶措施制定和精准识别档案规范等工作，让各级干部切实做到政策标准人人知晓、工作流程了然于胸、实际操作准确无误，确保了扶贫对象动态管理工作按期完成。

（2）加强联系

各省不断加强与国务院扶贫办的联系与沟通，对当地一些普遍性的问题及时请示汇报，有效解决了动态管理中的重大问题；同时，各省高度重视与各市区县的联系与沟通，就动态管理工作具体任务展开详细动员和部署，对各市区县的反馈内容及时采取相应措施。安徽省建立了全省建档立卡工作QQ群、微信群，加强对市县两级扶贫部门的督促与指导，并建立日汇总、周报告等制度，全面了解掌握各地工作进展，及时解决出现的各类问题。广西以电视电话会议方式将动态管理工作具体任务对各区、县进行动员和部署，确保各地按照统一标准、统一程序、统一步骤开展动态管理工作。江西省利用QQ群、微信群对动态管理中的识别程序、数据指标进行解释，对工作中遇到的有关问题等给予及时的指导和支持。

（3）重视培训

各省全力贯彻落实国务院扶贫办的动态管理培训会议精神，多次召开相关专题培训会议，统一思想认识，部署具体工作，开展业务培训。安徽省全面摸排汇总各地反映的具体问题，并按照专人分片负责的原则，督促和指导抓好整改落实，同时通过QQ群、微信群等途径解答基层提出的各类问题共7000余次。贵州省累计培训17万人次，进一步提升了建档立卡工作人员的业务水平。河北省专设政策咨询组，全天候收集市县工作疑问、解答政策咨询。黑龙江省累计培训3.5万余人次，发动扶贫干部15万余人，全面部署动态管理工作任务。江西省除组织全省各地扶贫业务骨干200多人参加现场培训外，还通过视频会的形式，将培训扩大到乡村扶贫信息员，及时有效传达动态管理工作精神和要求。青海省组织县级业务人员、乡镇扶贫专干、驻村工作队员举办培训班，开展现场“手把手”教学，演示数据核查整改全过程，通过制作手册、教学视频、县级现场教学等多种方式，提高业务人员工作能力。

（4）统筹督导

各省高度重视扶贫攻坚工作质量，将动态管理工作作为脱贫攻坚大督查的重点内容，通过多种方式提高动态工作质量。广西成立专门督导小组对各地贫困户信息采集和录入、新识别、返贫、退出等工作进行重点督导核查，及时发现和解决问题，同时成立动态管理工作政策指导小组，负责对2018年动态管理工作相关政策进行解释，为各地准确把握动态管理工作要求提供指导，确保工作质量。贵州省委、省政府主要领导和分管领导进村入户进行暗访督查，对存在疑似问题数据的贫困地区展开详细调查，对排查出的脱贫质量问题及时给予纠正。湖北省扶贫办成立工作专班，每日跟踪督办各地工作进度，并及时研究解决基层反映的疑难问题，各市县通过成立监测队伍、开展日常监测、召开比对分析会等措施，加强对动态管理工作的指导，同时湖北省制订出台脱贫攻坚暗访方案和实施细则，实现全省有扶贫任务的县、乡暗访全覆盖。湖南省扶贫办组织多个暗访组，采取“四不两直”的方式，重点对非贫困县和非贫困村建档立卡、动态管理工作情况进行暗访，将相关情况及时向当地进行反馈，同时将动态管理工作纳入对市州和县市区党委政府的考核范畴。江西省在动态管理线下工作期间共派出 3 个督导组分两批对 11 个设区市动态管理和信息采集工作进行调研督导，采取随机抽查、座谈走访、查看资料入户核查相结合方式进村入户开展工作，及时发现和纠正各地工作中的缺点和不足。

（5）提高质量

各省不断强化数据监测统计与分析，对各地扶贫对象建档立卡数据展开实时比对与检测。广西充分运用大数据等先进信息技术，采取集中比对与分散比对的方式，将建档立卡扶贫数据与相关行业部门数据进行交叉比对分析，找出疑似问题数据，并梳理形成信息比对结果及时反馈核实，从而提高建档立卡数据质量。贵州省充分发挥“贵州扶贫云”大数据整合功能，加强行业部门数据交换比对力度，摸排贫困户信息，提高数据质量。海南省要求各市县组织人员进村入户，逐条核实比对存疑数据，同时召集各市县扶贫办业务人员开展数据清洗工作，每日根据核实结果逐条进行数据修改，每两日进行一次“三保障”、饮水、民政纳保等情况数据比对。河南省充分利用当地精准扶贫信息管理平台，加强数据质量审核修正，同时与 17 个省直行业部门进行数据共享、实时比对、即时核查。黑龙江省针对疑似问题数据等问题，采取系统指标数据筛查、监管评价系统自查、行业部门数据比对协查、请第三方数据核查等方式，共清洗问题数据 2 万余条，数据质量较去年同期有较大提升。内蒙古自治区组织各盟市、旗县针对脱贫、稳定脱贫、清退、新识别等调整情况开展了互查互审，对系统内错误、空缺、不符合规则的数据进行清洗。陕西省严格落实精准识别“一比对”要求，针对 2018 年动态调整拟新增和返贫的人口信息，强力推进脱贫攻坚数据信息一体化工作，完善提升省脱贫攻坚大数据平台功能，利用平台将动态调整中的扶贫数据信息与行业部门衔接，充分发挥数据信息一体化工作机制，全面提升建档立卡数据信息质量。四川省专门建立数据质量通报制，省上每个季度对数据质量进行一次通报，督促各地认真核查，及时整改，市县每月对国家系统数据问题进行一次核查，有效提高了数据质量。

4. 成就经验：对象准确、机制完善

全国扶贫开发信息系统中存储了 2013 年底至 2020 年底 8 个年度的扶贫对象基础数据。经过这几年的努力，建档立卡工作取得了了不起的成绩，贫困识别准确率从不太准确、基本准确、比较准确，到现在达到了相对准确。除了实现扶贫对象数据的相对准确，通过 2017 年以来的动态调整，还构建和完善了一套行之有效的机制：包括贫困人口精准识别、精准帮扶、数据比对、动态管理、精准退出、防贫监测等工作机制，对贫困人口识别退出整个过程进行审核把关和跟踪监测，有效防止了识别不精准、帮扶不精准、退出不精准等问题，确保了扶贫工作务实、脱贫过程扎实和脱贫结果真实。

（1）构建完善行业部门数据交换机制

打好脱贫攻坚战，成败在于精准。习近平总书记指出："建档立卡要继续完善，重点是加强数据共享和数据分析，为宏观决策和工作指导提供支撑。"① 国务院扶贫办于 2015 年 2 月、2016 年 12 月、2019 年 3 月分别召开由公安部、教育部、住建部、卫健委、人社部、民政部等 20 多个行业部门参加的扶贫开发数据共享和业务衔接研讨会，研讨部门之间的数据交换工作。截至 2020 年 5 月底，国务院扶贫办与民政部、人社部、残联、卫健委、教育部、商务部等 6 个行业部门建立了数据交换的工作机制，明确了数据交换的内容和频率，并签订了数据交换协议。完成了与民政、人社、残联、卫健、公安、教育、住建、人行等行业部门的双向数据比对交换工作。为发改、财政、银监、工商联、交通、妇联、水利、住建、审计等行业部门提供了建档立卡基础数据。在县级层面，使用全国扶贫开发信息系统业务协同子

① 《习近平扶贫论述摘编》，中央文献出版社 2018 年版，第 83 页。

系统的金融扶贫模块，发放扶贫小额信贷的金融机构，按月导入贷款、还款、展期、续贷等数据。2017 年开始，要求各地在贫困户识别程序中增加“比对”环节，以县为单位比对农户拥有商品房、车辆、经商办企业、家庭有公职人员“四类情况”的信息。通过与行业部门的 61 次数据交换、300 次数据比对，公安部门的户籍、民政的低保、残联的残疾证、金融部门的扶贫小额信贷的数据更准确，有力地推动了行业部门的精准帮扶。《国务院办公厅关于印发政务信息系统整合共享实施方案的通知》(国办发〔2017〕39 号) 下发后，在国务院扶贫办综合司牵头下，国务院扶贫办信息中心积极做好相关工作，按照国家发展改革委将国务院扶贫办纳入第二批数据共享责任清单中的要求，已接入国家发展改革委数据共享平台，通过国家政务共享平台为各行业部门及各地政务平台提供贫困县、贫困村、贫困户、贫困人口等信息查询服务。行业部门数据交换机制的建立，切实推动了识别精准、帮扶精准及退出精准。

(2) 构建完善建档立卡容错纠错机制

2016 年 7 月，习近平总书记在东西部扶贫协作座谈会上的讲话中指出：“脱贫攻坚工作要做实，必须把贫困识别、建档立卡工作做实。要紧盯扶贫对象，实行动态管理，应该退出的及时销号，符合条件的及时纳入，定期开展‘回头看’活动，既不要漏掉真正的贫困人口，也不能把非贫困人口纳入扶贫对象。帮扶措施一定要实，因地制宜、因人因户施策，找准症结把准脉，开对药方拔‘穷根’。”①2016 年 12 月，习近平总书记在中央政治局常委会会议听取国务院党组关于脱贫攻坚情况汇报时的讲话中指出，“严格考核评估和督查巡查，督促各地各部门真抓实干、全力攻坚。对完不成任务或弄虚作假的，要严肃追究责任”②。国务院扶贫办认真贯彻落实

① 《习近平扶贫论述摘编》，中央文献出版社 2018 年版，第 73 页。

② 《习近平扶贫论述摘编》，中央文献出版社 2018 年版，第 114 页。

习近平总书记的指示精神，围绕“六个精准”建立容错纠错机制，确保数据准确、真实。一是对标对表中央巡视、国务院督查、贫困县退出考核评估等发现的问题进行认真核实、仔细整改、逐项对账销号。二是研究制定全国通用的数据质量检验规则和因地制宜的豁免规则，并对各省区市数据进行质量评估，累计发布19期《全国扶贫开发数据质量报告》，极大地提升了全国扶贫开发信息系统的数据质量。三是开展建档立卡“回头看”工作，2015年8月至2016年6月，全国共清退识别不准的贫困人口929万人，补充识别807万人。四是开展“脱贫不实”回退工作，2017年2月，信息中心从数据库中筛查出疑似脱贫不实贫困人口500万，要求地方予以核实，截至2017年2月底，经核实共回退245万脱贫人口。五是开展“档外”贫困人口识别工作，2016年6月，国务院扶贫办下发了《关于开展贫困人口动态调整的通知》，要求有国家标准贫困人口的25个省区市8月底前完成“档外”贫困人口识别和录入工作。截至9月底，补充识别了一批贫困户，净增贫困人口357万。

（3）构建完善扶贫对象动态管理工作机制

习近平总书记指出，要紧盯扶贫对象，实行动态管理。按照习近平总书记的指示，建立了扶贫对象动态管理工作机制，对扶贫对象实行每年一次动态管理。一是贫困户脱贫、返贫、新致贫标注；二是贫困户家庭成员自然变化情况标注；三是采集和更新贫困户（人口）发生变化的信息。从2014年建档立卡时把有劳动能力的贫困人口识别纳入建档立卡，到现在把符合条件的低保户、残疾人户、大病慢病户、危房户、老人户等特殊困难群体纳入建档立卡。打破了建档立卡对象限定，将符合识别标准的贫困人口全部纳入建档立卡，将有返贫风险的脱贫不稳定人口和有致贫风险的边缘易致贫人口全部纳入防贫监测范围，扶贫对象做到了应纳尽纳、应扶尽扶。扶贫对象动态管理工作实现了常态化管理，做到及时发现、及时纳入。

（4）构建完善体制优势的保障机制

全国建立的五级书记一起抓扶贫的工作机制，对建档立卡工作提供了政治保障。习近平总书记在重要场合、关键节点，对建档立卡工作作出重要指示，指明了方向。省委书记、市委书记、县委书记、乡村书记把责任扛在肩上，层层传导压力。驻村帮扶机制保证国家精准扶贫、精准脱贫方略落实到“最后一公里”。派出几百万的帮扶干部和帮扶责任人，进村入户帮扶贫困村、贫困户，长年累月吃在村、住在村，工作在基层，保证了建档立卡工作持续推进。严格高强度的评估、考核、督查、巡视、审计制度，反复、及时组织整改，保障了建档立卡工作的质量。各级政府和财政部门关心关注建档立卡工作，保障了建档立卡工作的资金需求。

四、2019 年至 2020 年：精益求精实现“相对精准”

从 2019 年开始，建档立卡工作立足“坚决打赢脱贫攻坚战，巩固脱贫攻坚成果，防止返贫”开展了一系列的工作。

1. 重点聚焦：聚焦新致贫和脱贫返贫人口，开展“两类人群”摸排工作

2019 年开始，贫困识别、返贫工作常年开展，以便新致贫和返贫的贫困人口能够得到及时帮扶。截至 2019 年度扶贫对象动态管理工作开始前，已经纳入返贫人口和新致贫人口近 10 万人。

2. 防贫防返贫：2019 年和 2020 年，探索防贫返贫的监测

为了服务防贫防返贫工作，对脱贫不稳定户和边缘易致贫户进行监测，以便第一时间进行帮扶。标注了 168 万脱贫不稳定人口，识别了 243 万边缘易致贫户人口，共摸排了 411 万“两类人群”。采集了这两类人员的基础信息及返贫（致贫）风险等信息，并建立了数据库。

3. 成就经验：建档立卡终于实现相对精准

经过逐年完善，建档立卡基本做到了“不落一户”，实现了贫困瞄准的“相对精准”。

五、信息化建设在各个阶段发挥了重大作用

1. 全国大集中的信息系统为建档立卡奠定了技术基础

全国扶贫开发信息系统是扶贫开发的一项重要基础性工作，是建档立卡信息录入存储的“蓄水池”，是实现精准扶贫的重要支撑。精准扶贫以前，由于各方面原因，扶贫系统信息化建设基础较弱，整体上制约了我国扶贫开发的管理水平。2014 年以来，以实施精准扶贫战略为契机，在信息化建设方面开展了一系列卓有成效的工作，取得了历史性突破。为构建全国集中的扶贫开发信息化平台，2014 年 7 月国务院扶贫办印发《全国扶贫开发信息化建设规划》（国开办发〔2014〕42 号），组织编制《全国扶贫信息网络系统项目可行性研究报告》，组织开发建档立卡扶贫对象基础信息（单机版）采集软件和全国扶贫对象基础信息管理系统（网络版），与中国电信签订战略合作协议，通过公开招标方式引入开发商，开展扶贫开发信息系统业务管理子系统开发。

通过构建全国大集中的扶贫开发信息系统，建设以扶贫对象管理、扶贫项目管理、扶贫资金管理为主的扶贫业务三大应用系统，整合扶贫信息资源，构建支撑扶贫开发全过程信息化管理的业务管理平台，以实现对扶贫对象的动态管理、对扶贫资源合理配置，并为创新扶贫开发方式，提高资金、项目的使用效能提供有效支撑。通过全国大集中的扶贫开发信息系统，构建一个覆盖中央、省、市、县、乡镇、行政村的六级业务网，实现扶贫开发工作的五大功能，即支撑扶贫开发全过程信息化的业务管理功能；融内部监控和外部监督于一体的扶贫开发资金、项目监管功能；引导社会力量、扶贫对象共同参与扶贫工作的公共服务功能；与扶贫开发工作相关部门的信息共享和业务协作功能；基于数据库和数据挖掘技术的决策支持功能。采取全国大集中的建设模式，一方面避免各地重复建设带来资金浪费，另一方面有效避免信息孤岛，极大地提升了工作效率，同时规范了建档立卡工作流程和工作

节奏。全国扶贫开发信息系统不仅支撑了年度扶贫对象动态管理工作，还通过开发相关模块，支撑了易地扶贫搬迁、小额信贷、光伏扶贫、创业致富带头人、扶贫资金管理等扶贫业务信息化，支撑东西部扶贫协作、中央单位定点扶贫、扶贫系统因公殉职人员等信息采集。此外，扶贫开发大数据还为扶贫开发工作成效考核、扶贫开发工作督查等工作提供了有力的数据支撑。2018 年，开发了统一门户管理软件，实现了对业务管理子系统、决策分析子系统、监管评价子系统、业务协同子系统的统一管理。系统建立以来，各级扶贫干部设立了 156037 个账户，据不完全统计，85070 个账户约有 5.7 亿人次登录。

2. 指标体系的不断完善为精准识别提供直接依据

2014 年，国务院扶贫办主任主持十多次会议研究制订《扶贫开发建档立卡工作方案》。在广泛征求意见的基础上，编制了建档立卡指标体系，并经国家统计局批准备案。《扶贫开发建档立卡工作方案》和《扶贫开发建档立卡指标体系》等文件征求了 20 多个部委和 28 个省（区、市）意见。2014 年初次建档立卡以后，在完善指标体系、识别程序、资金保障等方面强化了顶层设计。在收入为导向的指标体系基础上，不断优化内容，增加“两不愁三保障”等指标信息。2014 年 2 月，国务院扶贫办从地方扶贫机构抽调 10 名工作人员组成工作组，依据《关于创新机制扎实推进农村扶贫开发工作的意见》（中办发〔2013〕25 号）有关要求，开展建档立卡指标体系设计工作。经过 21 次会议讨论，更新完善建档立卡和信息化建设工作方案及指标体系。含 10 张贫困户信息表、9 张贫困村信息表、6 张贫困县信息表、4 张帮扶信息表、8 张资金信息表、16 张项目信息表、3 张光伏电站信息表、4 张构树信息表、3 张人事管理信息表、4 张创业致富带头人表、8 张中央定点帮扶信息表、16 张东西部扶贫协作信息表、3 张扶贫问题台账表、6 张老区县信息表、2 张参数信息表，102 张表指标超过 1000 个。指标的完善反映的是贫困人口识别标准的变化，为精准识别提供了直接依据。

3. 广泛的培训工作统一了认识和标准，提升了工作效率

为提高各级扶贫部门对扶贫开发信息系统的理解和操作能力，2016年至2020年，国务院扶贫办信息中心共举办业务培训班20期，涉及学员约2900人。由国务院扶贫办负责同志主持、各省扶贫办分管副主任参加的培训班有7期。按照国务院扶贫办的统一部署，2018年和2019年的动态管理工作期间，信息中心组织了大规模的培训，内容包括解读动态管理工作安排、通报数据质量以及全国扶贫开发信息系统有关功能的操作培训。参训人员主要来自省市县三级从事建档立卡工作的扶贫干部，共约133211人。2020年考虑到防控新冠疫情的要求，县扶贫对象动态管理和信息采集工作培训，采用视频方式举办，山西等11个省区市采用视频会议和腾讯会议系统相结合方式组织观看，参训人员78848人；其他省通过腾讯会议直播方式组织观看，参训人员34862人，总参训人员超过11万。在信息中心组织全国培训班的同时，各省也开展了分级培训。信息中心加强对地方培训的指导，在内蒙古、吉林、黑龙江、浙江、安徽、江西、湖南、广西、海南、四川、西藏、甘肃、青海、宁夏、新疆15个省区市举办的40多个培训班上，对信息系统的业务操作进行培训。

2014年至2020年，每年至少有300万干部参与建档立卡工作。2016年至2020年，仅国务院扶贫办举办的建档立卡业务培训，参训人员就超过25万人次。大规模的培训提升了各地扶贫干部对于建档立卡和精准扶贫的理解，提高了扶贫干部的业务能力，推动了建档立卡工作的高效开展。

4. 对数据质量的不断维护提升，促进了识别的精准

2015年11月，习近平总书记在中央扶贫开发工作会议上的讲话中指出：“精准识别贫困人口是精准施策的前提，只有扶贫对象清楚了，才能因户施策、因人施策。”① 国务院扶贫办认真贯彻落实习近平总书记的讲话精神，

---

① 《习近平扶贫论述摘编》，中央文献出版社2018年版，第61页。

2014年以来，持续组织开展扶贫开发数据清洗工作。通过数据自校验和互校验规则，查找问题数据，解决“账账相符”问题。另外，各级扶贫部门还通过进村入户核实，查找和整改“账实不符”问题。2017年以来，共发布19期《全国扶贫开发数据质量报告》，极大地推动了全国扶贫开发大数据的完整性、准确性和真实性。多年来，通过国务院扶贫办的督导和各地扶贫部门的不懈努力，建档立卡数据质量已经取得了显著成效。2017年2月以来，《全国扶贫开发数据质量报告》疑似问题数据显示，各地扶贫部门在全国扶贫开发信息系统中，已累计修改问题数据1.3亿条。

5. 数据的深度使用直接服务了脱贫攻坚，彰显了建档立卡的历史价值

建档立卡汇集了各方面的海量信息，形成了一个庞大数据库，为脱贫攻坚责任落实、政策落实和工作落实提供了强大数据支撑，增强了决策实效，减轻了基层负担，提高了工作效率，确保了脱贫攻坚的顺利推进。一是为各级党委、政府决策提供了准确依据；二是为行业部门精准扶贫找准了路径；三是为完善落实“一户一策”明确了对象；四是为提高脱贫质量打牢了基础；五是为考核评估、督查调查和普查交账提供了依据。

第一，数据库为各级领导的宏观决策和工作指导提供了数据支撑。扶贫开发大数据的业务管理子系统中存储了两类信息：一类是2013年至2020年扶贫对象及历年变化的基础信息；另一类是扶贫项目、扶贫资金、帮扶主体、小额信贷、光伏扶贫、东西协作，以及贫困村定点观测业务模块存储的图片、音频和视频等业务信息。管理的数据量近228亿条，占用存储空间3.7TB，图片、音频和视频信息占用存储空间约58TB。此外，2016年全国扶贫开发数据应用及业务分析展示系统、2017年扶贫开发决策支持系统和2018年扶贫开发政策仿真系统三个系统逐步迭代形成综合应用分析展现系统。截至2020年9月底，系统存储数据量达到3T，系统开放用户达8200多个，范围覆盖中央、省、市、县四级扶贫办。

2015年以来，习近平总书记多次在重要会议讲话中用到建档立卡数据，为精准扶贫、精准脱贫指明了方向，例如：2015 年在陕甘宁革命老区脱贫致富座谈会上的讲话、在部分省区市扶贫攻坚与“十三五”时期经济社会发展座谈会上的讲话、在中央财经领导小组第十次会议上的讲话、在中央扶贫开发工作会议上的讲话，2016 年在全国卫生与健康大会上的讲话，2017 年在十八届中央政治局第三十九次集体学习时的讲话、在深度贫困地区脱贫攻坚座谈会上的讲话，2018 年在打好精准脱贫攻坚战座谈会上的讲话，2019 年在参加十三届全国人大二次会议甘肃代表团审议时的讲话、在解决“两不愁三保障”突出问题座谈会上的讲话、在中央财经委员会第四次会议上的讲话、在黄河流域生态保护和高质量发展座谈会上的讲话，2020 年在决战决胜脱贫攻坚座谈会上的讲话。数据库还为制定行业扶贫规划提供依据。《全国“十三五”易地扶贫搬迁规划》（发改地区〔2016〕2022 号）、《“十三五”脱贫攻坚规划》（国发〔2016〕64 号）、《关于支持深度贫困地区脱贫攻坚的实施意见》（厅字〔2017〕41 号）、《中共中央、国务院关于打赢脱贫攻坚战三年行动的指导意见》（中发〔2018〕16 号）、《住房和城乡建设部、财政部、国务院扶贫办关于决战决胜脱贫攻坚进一步做好农村危房改造工作的通知》（建村〔2019〕83 号）、《关于开展挂牌督战工作的指导意见的通知》等政策文件的出台，广泛使用了建档立卡数据。数据库还为基层开展工作提供支撑。基层干部积极发挥建档立卡数据的作用，开展进村入户的日常工作。新冠疫情期间，大家利用信息系统开展“无接触式扶贫”，为克服新冠疫情对脱贫攻坚工作影响发挥积极作用。数据库为贫困群众开证明提供支持。为每个贫困户都制作了电子扶贫手册，提高了群众的知情权。同时，各地创新服务手段，要求无特殊情况扶贫部门不再开具纸质贫困身份证明，用建档立卡 APP 电子证明代替纸质证明，切实减轻贫困群众负担，方便贫困群众办事。

第二，数据分析为党中央“五个一批”“深度贫困地区脱贫攻坚”等战略决策提供了有力的数据支撑。2014 年以来，国务院扶贫办利用全国扶贫开发信息系统数据，围绕扶贫开发工作重点、热点和难点问题，从时间、地域、人群等维度，对建档立卡数据进行深入分析，形成了86份数据分析报告，为党中央、国务院出台相关政策，扶贫开发科学决策及工作指导提供数据支撑。一是对年度数据开展分析。每年扶贫对象动态管理结束后，从贫困人口分布情况、基本特征，脱贫人口，贫困村出列、基础设施建设与公共服务等方面进行统计分析，形成年度分析报告。2015年11月，中央将部分或完全丧失劳动能力的贫困人口作为实施社会保障兜底一批的对象；结合贫困人口规模和贫困发生率的区域分布及贫困人口特征情况，2017年6月，习近平总书记在深度贫困地区脱贫攻坚座谈会上将“三区三州”和深度贫困县作为脱贫攻坚的难点和重点工作，11月，中共中央办公厅、国务院办公厅发布《关于支持深度贫困地区脱贫攻坚的实施意见》；2019年底，国务院扶贫开发领导小组对52个未摘帽县、贫困人口超过1000人或贫困发生率超过10%的1113个村进行挂牌督战。

二是开展专题分析，形成报告27份。对不同的地域或群体，分析贫困状况，梳理帮扶需求，并提出工作建议，包括“三区三州”等深度贫困地区、边境地区、民族地区、留守儿童、贫困人口精准画像、“两不愁三保障”、历年致贫原因、历年收入、历年帮扶措施分析等。2020年3月，习近平总书记在决战决胜脱贫攻坚座谈会上的讲话中指出，建档立卡贫困人口中，90%以上得到了产业扶贫和就业扶贫支持，三分之二以上主要靠外出务工和产业脱贫，工资性收入和生产经营性收入占比上升，转移性收入占比逐年下降。全国建档立卡贫困户人均纯收入由2015年的3416元增加到2019年的9808元，年均增幅30.2%。贫困群众“两不愁”质量水平明显提升，“三保障”突出问题总体解决。2019年全国有2729万建档立卡贫困劳动力在外务工，这些家庭三分之二左右的收入来自外出务工，涉及三分之二左右建档立卡贫困人口。①

① 参见习近平：《在决战决胜脱贫攻坚座谈会上的讲话》，人民出版社2020年版，第3—7页。

三是开展动态分析，形成数据快报 53 份。国务院扶贫办与多个行业部门签订了数据交换协议，并对民政、住建、残联、人社等行业部门提供的数据进行比对分析，形成数据快报。建档立卡数据为制定脱贫攻坚的目标、任务、途径和措施，特别为实施“五个一批”精准脱贫工程决策方面提供了数据支撑；为制定行业扶贫规划提供了依据；为精准扶贫项目的开展提供了有力保障；为方便贫困群众办事提供精准支持。

第三章　建档立卡将走向何方

道阻且长，未来建档立卡还有更多的可能！在总结建档立卡成功经验的基础上，拓展建档立卡成果是未来建档立卡的一项重要工作。

目前来看，建档立卡工作还有一些没有解决的问题。一是行业部门参与程度不够高，要进一步扩大部门间的数据比对范围，加快交换频率，建立部门间数据共享机制。二是信息系统使用程度不够高，特别是在项目、资金监管方面，系统没有发挥应有的作用。三是需要进一步发挥建档立卡数据的应有价值，强化数据分析能力，在现有统计分析的基础上，开展相关性分析、趋势分析、交叉分析。四是指导基层开展建档立卡工作不够，特别在政策把握、指标内涵、数据口径等方面需要统一规范。五是信息化新技术手段运用不够，可以运用区块链、人工智能、5G 等技术手段升级改造现有信息系统。六是信息系统易用性有待加强，基层反映信息系统功能及操作方面存在不便、不友好的问题，需要从满足用户需要的角度进行升级改造。

一、进一步提升建档立卡数据质量

建档立卡是一个动态的、不断修订的过程，不是一次定终身，不断提升建档立卡数据质量，精准永远在路上。

一是加强建档立卡信息员业务员技能培训。通过现场演示、实际操作、存疑解答、工作群及时沟通等方式，进一步加强建档立卡信息员对相关政策及业务的了解掌握和实际操作水平。

二是用好平台，抓好数据质量提升。充分运用全国扶贫开发信息系统监管评价子系统，做好异常数据提取分析核查，抓好数据质量管理。

三是抓好行业部门数据融合比对，助力数据质量提升。以全国扶贫开发信息系统数据为依托，各行业部门围绕脱贫攻坚数据质量定期抓好数据融合比对，确保工作到位，数据到位。

四是抓好横纵向排查，查找数据质量问题。充分运用系统功能与数表函数，对照国家数据清洗规则，逐项批量排查异常数据，反馈各帮扶责任人核实，乡镇抓好落实整改。实现行业部门数据与建档立卡数据横纵向问题筛查，确保数据精准。

二、完善部门行业间数据共享机制

建立有效的数据联通机制，构建跨部门协同合作机制，进一步加强数据共享开放，定期、及时共享数据，充分发挥大数据的价值，精准施策。

一是以全局的视角对各方面、各部门、各行业、各要素进行统筹考虑，以整体的视角统筹考虑各领域、各层级、各部门的特点，并依此确定部门行业间数据共享机制，拟订计划和建设路径，分步骤、分层次解决问题。

二是强化统一目标指引下的统筹协调，坚持统一领导，明确各部门行业间责任分工，提升内部层级、部门间数据共享程度。

三、加强建档立卡数据深度分析和研究

建档立卡数据是有史以来记录贫困人口信息最为详细的数据，深入挖掘其数据价值是一项重大课题。

一是组织国家级专门科研团队，利用建档立卡数据开展扶贫减贫、农村发展、区域发展等领域深度研究，为国家重大决策提供支撑。

二是引入政府购买服务、PPP等政府、社会合作模式，引入“外脑”，建设专家咨询机构，组织数据技术专家、信息技术企业人士参与建档立卡数据分析与研究，发挥其在设计、论证、评估、纠偏、矫正等作用，强化专业智力支持。

四、巩固和拓展脱贫攻坚成效

2019年4月，习近平总书记在主持召开解决“两不愁三保障”突出问题座谈会时指出，“要把防止返贫摆在重要位置，适时组织对脱贫人口开展‘回头看’”[①]。脱贫人口“回头看”要以建档立卡数据为基础。

一是必须依靠建档立卡数据建立防返贫监测和动态帮扶机制。将有返贫风险的脱贫人口和有致贫风险的非建档立卡人口分别识别认定为脱贫不稳定人口、边缘易致贫人口，并开展监测预警，提前采取针对性帮扶措施，及时化解风险隐患，构建起防止返贫致贫的坚固防线。

二是依靠建档立卡数据库总结脱贫成功经验，拓展脱贫成效。建档立卡数据记录着每一个贫困户是如何脱贫的、脱贫的效果如何等详细信息。依靠建档立卡数据库，总结成功脱贫案例，将好的成功脱贫经验推广开来，进一步拓展脱贫成效。

五、为实施乡村振兴战略提供数据支撑

建档立卡是一个农村基础信息平台，可以为乡村振兴提供重要的决策信息。

在不少地方，建档立卡数据覆盖了将近一半的村庄、将近三分之一的农村人口。在乡村振兴阶段，如果能将剩余村庄的相关数据摸清，将为各地实施乡村振兴提供很有价值的决策依据。在建档立卡信息系统的基础上，逐步推动建立能够覆盖全部农村人口的乡村振兴信息系统。

---

① 习近平：《在解决“两不愁三保障”突出问题座谈会上的讲话》，《求是》2019年第16期。

第四章　典型案例：地方创新推动制度完善

一、贵州威宁采用“四看法”提升贫困识别标准科学性

2015年下半年，威宁县迤那镇五星村在扶贫攻坚实践中提出精准扶贫“四看法”，采用定性要求与定量指标相结合的方式，综合考虑全镇各村差异性，提炼共性部分，确定指标体系内容框架，并在指标设计时充分考虑时间延展性和适用性，对贫困户实行动态管理，因地制宜、因户施策，形成了精准扶贫“四看法”贫困户动态管理指标体系，探索出了一条贫困地区精准扶贫的新路子。2014年11月18日，贵州省委负责同志在迤那镇调研时对此给予充分肯定。

1. 指标体系的主要内容及参考依据

“四看法”指标体系分为四项，为百分制，各项内容及参考依据如下。

“一看房”。通过看农户的居住条件和生活环境，估算其贫困程度，占20分。其中，农村危房以《贵州省农村危房评定暂行标准》为依据；人均住房面积依据《2012年贵州省国民经济和社会发展统计公报》中“农村居民人均住房面积29.75平方米”、《贵州省农村危房改造试点实施方案》中规定危房改造“建房面积一般不少于人均20平方米”，设置三个档次。

“二看粮”。通过看农户的土地情况和生产条件，估算其农业收入和食品

支出，占 30 分。人均口粮以《贵州省人民政府关于建立农村低保季节性缺粮户粮食救助制度的通知》（黔府发〔2011〕16 号）文件中救助条件之一“人均年自产粮食低于 330 斤”为依据。人均经营耕地面积以 2014 年 9 月发布的《贵州省第二次土地调查主要数据成果公报》中“全省人均耕地 0.115 公顷（1.67 亩），略高于全国人均 0.101 公顷（1.52 亩）”为依据。

“三看劳动能力强不强”。通过看农户的劳动力状况、劳动技能掌握状况和有无病残人口，估算其务工收入和医疗支出，占 30 分。劳动力指标主要参照《中华人民共和国劳动法》和国务院关于退休的相关规定，结合《贵州省贫困户登记表》指标解释相关内容，男性 16—65 岁、女性 16—60 岁，并具有劳动能力；残疾人指标以国家标化委等部门颁布的《残疾人残疾分类和分级》为依据。

“四看家中有没有读书郎”。通过看农户在校生现状等，估算其发展潜力和教育支出，占 20 分。指标依据均来自贵州省相关部门提供的行业标准和威宁县及迤那镇的工作实践。

“四看法”指标体系具有三种功能：一是精准识别功能。根据上述四项指标，对人均纯收入在 2300 元以下（2010 年不变价）的贫困农户进行综合评分，确定贫困程度，总分在 60 分以下的为贫困户，解决好扶持谁的问题。二是精准扶贫功能。根据对贫困户指标体系评价内容，进行针对性的扶持，分户施策，扶到点上、扶到根上，解决好怎么扶的问题。三是精准脱贫功能。对综合评分总分在 60 分以上的农户视为已经脱贫，其中，60—80 分的为容易返贫的农户，需进一步跟踪巩固，80 分以上的为稳定脱贫，退出扶贫程序，解决好谁脱贫的问题。

2. 依据“四看法”精准施策

（1）“一看房”扶持方向

一是大力实施农村危房改造工程。对贫困户建房时间、房屋结构、房屋面积等情况进行调查回访、审核确认、张榜公示，逐村逐户建立档案，采取集中和分散相结合，视家庭收入情况、人员构成情况，合理确定改造面积和资金投入，让贫困农户真正受益。

二是大力实施扶贫生态移民搬迁工程。坚持农民自愿、先易后难、突出重点、鼓励探索的原则，逐步将居住在深山区、石山区、“一方水土养不起一方人”、无业可扶的贫困人口搬迁到城镇和园区，做到实施一个搬迁项目、安置好一方群众、实现一方人脱贫。

三是大力实施农村基础设施建设工程。以“四在农家·美丽乡村”创建活动为抓手，加快实施“小康路、小康水、小康房、小康电、小康讯、小康寨”基础设施建设六项行动计划，改善农村生产生活条件，提高农民生活水平，用基础设施支撑产业发展和民生改善。

（2）“二看粮”扶持方向

一是产业扶持到户。按照宜农则农、宜林则林、宜牧则牧、宜游则游的原则，根据群众意愿选择项目，实行规划到村、项目到户、增收到人，什么赚钱种养什么，加快形成一批特色优势产业村、种养户，把扶贫资金真正落实到每村每户的产业项目上。

二是收益落实到户。明确资金支持重点，调整资金分配方式，实施“一村一品”产业培育工程，采取直接补助、先建后补、以奖代补等方式支持农业产业发展，以扶贫资金作价入股龙头企业、专业合作社，让贫困户获取分红、务工、土地流转等收益。采取贴息贷款方式，支持贫困户发展二、三产业，实现增收脱贫。

三是资金分配到户。让扶贫对象明明白白知道自己得到了什么扶持、得到了多少扶持，将教育补助资金、政府贴息资金和社会救助资金打卡到户，对产业发展实行物资帮扶到户，做到扶贫对象“手上有卡、卡中有钱，产业发展有保障”，确保扶贫资金和项目物资真正落实到贫困户身上。

（3）“三看劳动能力强不强”扶持方向

一是医疗保障到户。对因病致贫的贫困户，加大医疗救助水平，缓解贫困家庭生存压力，构建农村安全保障网。对已经丧失劳动能力、无力脱贫的人口，发挥政府的兜底作用，逐步提高保障标准，保障其基本生活。

二是技能培训到户。对有劳动能力的贫困户，采取1户1人接受中职以上学历教育、1户1人接受培训后转移就业、1户1人掌握农村实用技术的方式，有针对性地对贫困户进行技能培训和创业培训，确保培训一人、就业一人、稳定一家、脱贫一户。

三是帮扶责任到户。发挥驻村扶贫工作队的作用，实施干部与贫困户进行结对帮扶，帮助贫困群众分析致贫原因，找准脱贫门路，加快脱贫致富步伐。鼓励各类企业、社会组织和个人以多种形式与贫困户建立利益联结机制。

（4）“四看家中有没有读书郎”扶持方向

一是基础教育方面。把教育作为挖穷根的治本之策，确保贫困人口子女都能接受良好的基础教育，不输在起跑线上。实施农村学生营养餐计划，对贫困家庭中有初中生和小学生的，解决好学生生活、学习方面的困难。

二是职业教育方面。鼓励开展职业教育，实施教育“9+3”计划，免除中等职业教育学校在校生学费并享受国家助学金，让每个贫困家庭的孩子学到一门技术，提高就业创业能力，切断贫困代际相传的根源。

三是教育负债方面。对家中有高中及大专（或高职）以上就读生的，实施“雨露计划”“芙蓉学子”等助学工程，协调金融部门实施助学贷款、联系社会爱心人士结对帮扶等方面的支持，切实减轻贫困家庭学业负担，使其子女顺利完成学业。

二、广西马山通过数据比对促进精准识别

2015年“马山事件”反映出马山县扶贫对象识别不准确，存在扶贫对象中有财政供养人员、有购买汽车家庭、有在县城购买商品房或自建房家庭、有个体工商户或经营公司家庭、不符合贫困户标准等问题。为杜绝贫困

对象识别不准等类似情况再发生，自治区党委办公厅、自治区政府办公厅联合下发了《精准识别贫困户贫困村有关问题的补充通知》(厅发〔2015〕30号)，明确以下八种情况，在识别时原则上采取“一票否决”。

(1) 有两层以上（含两层）砖混结构且精装修住房或两层纯木结构住房且人均居住面积在50平方米以上（含50平方米）的农户。

广西河池市罗城县一户村民一家4口有3人在外务工，且在镇上有房，这次识别中他家被“一票否决”，而且他家评分为107分，比自治区划定的贫困分数线高出一大截，对这样的结果，这户村民表示很服气。

(2) 在闹市区，或集镇，或城市买有住房（含自建房）、商铺、地皮等房地产的农户（移民搬迁的除外）。

(3) 家庭成员（包括同户父母、子女）有经营公司或其他经济实体（如饭店、宾馆、超市、农家乐、工厂、药店、诊所等）的农户。

(4) 现有价值在3万元以上（含3万元），且能正常使用的农用拖拉机、大型收割机、面包车、轿车、越野车、卡车、重型货车、船舶等之一的农户。

广西南宁市马山县古零镇安善村一户村民在2015年得分为80分，第一轮被识别为贫困户，但是经过财产检索，发现该户黄某名下有两辆车。经过工作队员再次入户核实，证实其分别于2011年、2015年购置车辆，其中一部已转让，目前该户只有一部小车，黄某在南宁饭店打工，家中总有3人在外务工，家庭无特殊困难。因此，作出剔除建档立卡处理。

(5) 家庭成员有1人以上（含1人）在国家机关、事业单位工作且有正式编制（含离退休干部职工）的农户，或1人以上（含1人）在国有企业和大型民营企业工作相对稳定的农户。

广西南宁市马山县古零镇光明山村一户村民在第一轮入户打分中得分79分，识别为贫困户。经过财产大数据检索，发现该户梁某属于财政供养人员。经核实，梁某于2009年8月起任职于大化瑶族自治县民族双语幼儿园，且该户家庭人口 5 人，住房面积 90 平方米，其儿子已于 2015 年在大化县城开店经营食品、饮料及烟草，不存在困难条件，因此对该户作出建档立卡剔除处理。

（6）全家外出务工三年以上，且家中长期无人回来居住的农户。

（7）家庭成员具有健康劳动能力和一定生产资料，又无正当理由不愿从事劳动的，且明显有吸毒、赌博、好吃懒做等不良习性导致生活困难的农户。

（8）为了成为贫困户，把户口迁入农村，但实际不在落户地生产生活的空挂户，或明显为争当贫困户而进行拆户、分户的农户。

在本轮识别过程中，广西壮族自治区扶贫开发领导小组办公室协调组织编办、公安、财政、国土、住建、国税、工商等部门采用大数据技术联合开展财产检索和数据清洗工作，把本轮精准识别采集到的约 2000 万条农户信息，与各部门提供的检索数据 1900 万条进行比对，经过 734 万亿次比对，检索出可疑农户 51.7 万户，涉及家庭成员 62 万人，其中 31 万人有车，3 万人财政供养，1.7 万人购置城镇土地，8.8 万人开办公司，18 万人购置城镇房产。

为确保检索结果准确，广西壮族自治区扶贫办下发《关于对精准识别农户财产检索结果核查的通知》（桂开办发〔2015〕184 号），把检索结果返回各县核查，为减少工作量，检索结果名单中只核查分数低于 80 分（含 80 分）且在评议中未被一票否决的农户，其中马山县有 1909 人需要核查。

广西大新县桃城镇扶贫办接到群众举报，反映该县德立村一户村民在南宁市有房产，不符合贫困户标准。随后工作队员再次入户核查核实情况，并借助财产检索，确认该村民在南宁市并无房产，且家庭确实困难，住房属于危房，最终被确定为建档立卡贫困户，举报内容不属实。

通过工作队员告知农户并组织召开评议会，根据实际情况按程序确认、作出处理。广西最终评议确认符合“一票否决”条件农户 20 万户，由自治区统一剔除。

三、甘肃康乐通过精准识别推动精准施策

2014年之前识别的贫困户一方面是数据不精准，另一方面也没有深入分析贫困户为什么贫困，什么原因导致的贫困。因此，扶贫政策多是普惠政策，行业部门的政策也是大水漫灌，没有到户到人。精准扶贫以来，建档立卡的数据不仅精准，还精准分析贫困户致贫原因，那么自然要针对致贫原因设计精准的帮扶措施和脱贫路径。缺资金的发放小额贷款，住危房的实施危房改造，有大病的享受大病保险，辍学的实施控辍保学，自身发展动力不足的实施精神扶贫……为此，甘肃省坚持实施“一户一策”，根据贫困人口的致贫原因想尽一切办法助力贫困人口脱贫。

1. 一个都不能少，今日甘肃再无“张慧科”

相信不少人看过张艺谋于1999年执导的剧情电影《一个都不能少》，影片中的主演是魏敏芝、张慧科。水泉小学唯一的老师高老师因为家中有事，不得不暂时请假回家。村主任不得不从隔壁的村子找来了一个十三四岁的女孩魏敏芝来代替高老师上课。高老师觉得她年纪小，可是无奈找人不容易，只好嘱咐魏敏芝每天给他们抄课文，准确点清人数，一个都不能少。然而，班级的一个学生张慧科因为家境贫穷，母亲又卧病在床，所以他不得不到城里打工挣钱。魏敏芝记住高老师临行前的叮嘱，决心把张慧科找回来。她打听到张慧科城里的住处，单身一人踏上了进城之路，十三岁的魏敏芝开始茫茫人海里的寻找，历经辛苦，在好心人的帮助下才找到了张慧科。电影反映那个年代农村孩子上学难的问题，然而直至2014年建档立卡之前，甘肃省有些地区农村的孩子们面临的上学难的困境依然存在。

2014年，建档立卡工作展开。2015年明确建档立卡对象中包括“两不愁三保障”有困难的群众，“三保障”中其中一个保障就是教育有保障。自此，甘肃开展了控辍保学行动，确保没有一个义务教育适龄儿童辍学，克服了很多困难。

通过教育部门和学校实时动态掌握学生信息并及时反馈给扶贫干部，辍学学生都得到了及时、精准帮扶。一个都不能少，今日甘肃再无“张慧科”。建档立卡工作的开展、“一户一策”政策的实施，让贫困人口被关注、被关爱、得到精准帮扶。

2. 针对性综合施策，助力马某某一家脱贫

甘肃省康乐县一户村民马某某家中三人，分别为马某某 52 岁、妻子 49 岁、儿子 24 岁，马某某和妻子是文盲，儿子智力二级残疾，有耕地 3.1 亩。2013 年精准扶贫开始后，由于儿子残疾、夫妻都是文盲，仅仅从事农业生产收入低，经过评议按程序进入建档立卡。当时，马某某的儿子在家需要人照顾，因为智力缺陷勉强完成小学学业。住房是 2010 年修建的砖混正房四间、砖木偏房 2 间，共 90 平方米。院落未硬化、门前入户道路未硬化，晴天一身灰，雨天两腿泥是常事。自来水为当时几户人拉的小高抽，供水不稳定，水质安全更谈不上。2013 年底建档立卡后，针对马某某致贫的主要原因开展了有针对性的帮扶。首先针对马某某儿子重度残疾情况，2015 年通过鉴定等手段办理了残疾证，并及时申报了每月 100 元的残疾人生活补助，在冬令春荒时节申报冬春生活补助，帮助解决了部分生活困难问题。2016 年通过精准扶贫小额信贷贷款 5 万元，当时要发展养殖，因为水的问题暂时没有发展起来。通过 2017 年一年的埋设管道，动员户上挖井、装水龙头，到 2018 年初实现了集中供水入户，目前水量足水质安全，通水后未发生大面积停水和水质不安全等事件，这就为户上后续人畜饮水和开展养殖提供了有力的保障。2018 年以来，通过每月至少两次的入户宣传和政策宣讲，城乡居民医疗保险和城乡居民养老保险马某某户上没有拖欠过，现在只要到了缴纳时间就主动来村委会缴纳，消除因病致贫和养老的后顾之忧，有效保证了脱贫攻坚任务的完成。针对地少的现实，先后按照奖补政策积极引导种植经济作物，尤其是中药材种植，并利用康乐县畜牧和玉米秸秆产出优势大力引导进行家庭养殖，2018 年利用到户产业奖补，按照每亩奖补 1000

元标准引导种植药材2亩，按照每亩奖补500元标准引导种植玉米8亩（多出的地均为租种），按照每头奖补7000元标准引进能繁母牛2头，2019年牛犊产出。2019年鼓励马某某和儿子外出务工，由其姐姐带到四川餐厅的马某某儿子务工5个月收入4000元，马某某在兰州打零工3个月收入4500元。通过对民政政策的认真学习掌握，知道了马某某儿子为无法单独立户的重度残疾成年人，可以单独纳入低保，为其积极申报了二类低保。加上出栏的牛，还有药材这些经济作物，全年收入20000余元，顺利达到脱贫线，通过民主评议等程序经公示后退出，经过连续6年帮扶和自身努力顺利于2019年底脱贫。2019年入户路通过一事一议项目进行了落实，马某某户上每平方米只出了20元。实施了一拆四改，修建了简易彩钢房。马某某妻子通过连续两年养殖积累了很多有用的经验，为更进一步让其学到科学化的知识，2020年初在村委会进行了农业技术培训，马某某妻子参加并取得了培训证。她养殖信心十足，于2020年5月引进了肉牛牛犊5头，目前养殖情况良好。2021年，由于新冠疫情影响1—4月户上未外出务工，为解决就业问题申请了新冠疫情期间开发的临时公益性岗位，3个月收入3000元。新冠疫情结束后，马某某和儿子立即外出务工，马某某妻子养殖牛羊，目前预计全年收入至少22000元以上，脱贫成果进一步得到巩固。

马某某一家的情况是甘肃农村的一个缩影。孩子多、地少、在外经营风险高、受教育程度低，“一多一少、一高一低”是2014年前甘肃农村一些地区的真实写照。针对这些致贫原因，甘肃省结合每个贫困户的实际情况，提出了针对性的综合措施，帮助这些贫困户实现脱贫并实现可持续脱贫。

四、河北张北严格识别程序推动提高精准程度

按照国家数据动态调整的要求，2017年张北县按照国务院扶贫办建档立卡动态调整的要求及时开展了精准识别“回头看”工作，严格按照八个步骤，又进行了一轮精准识别工作，在建档立卡动态调整中，主要做法是：

组织动员，确保政策把握准确。一是组织动员到位。张北县“回头看”动员培训会采用视频传输的方式，范围扩大到张北县18个乡镇、366个行政村，总参加人数达到了1046人。同时，县处级领导干部深入到包联乡镇参加乡镇动员会议，乡镇党政班子成员到包联村参加动员会议。二是政策培训到位。张北县印制“回头看”培训资料900本、培训光盘1200套，开展县级培训8次，确保乡村政策把握到位。三是人员力量到位。张北县成立了“回头看”政策专班，抽调18名业务骨干，组成了6个指导督导组，张北县18个乡镇建立了相应的组织机构，366个行政村统一成立了“回头看”工作队，工作队共计2177人。

严格程序，确保工作过程扎实。一是广泛宣传、全面告知，保证知晓度。对贫困户摸查全覆盖，无空当、无死角。在家户全部入户，发放明白卡10万份，张贴公告3000份，外出户采取电话通知、微信通知、亲属委托等方式，特别是针对易地扶贫搬迁人口、居住危房人口、因病因学外出人口、寄住在外地的老龄人口等特殊群体格外关注，利用手机三大运营商、电视、农村大喇叭、微信平台全面宣传“回头看”工作，确保不漏一户，不落一人，并且每个步骤都留存相应工作痕迹。二是严把标准、严格程序，保证精准度。严格按照“六不评”“五必看”“六优先”的原则，坚持“严进严出”。张北县入户调查核查55482户、114763人，列入民主评议对象47533户、96301人。同时，对数据信息进行三重审核，县对乡镇总体数据和人员变化情况逐村进行审核，对所有乡镇抽村抽户全面核查，与财政、民政、人社、卫计、公安、统计、残联、工商、住建等部门进行对接，将基础数据导入张北县精准扶贫大数据系统中，及时开展相关基础数据综合比对。从“回头看”后贫困人口中比对出“六不评”前五项人员1117人次。三是依靠政策、实事求是，保证满意度。严格按照八个步骤，严控进入和剔除的标准、程序，所有建档立卡贫困户变化人员（包括新识别、回退、返贫、脱贫、剔除人员）找准变化原因、政策依据，及时沟通。四是全程公开、全面公示，保证透明度。坚持做到政策、标准、程序、结果“四公开”，严格履行政策宣讲、入户核查、村小组初选、村党员评议、村民代表评议、乡小组审核、县核定等程序，特别是将群众评议贯穿“回头看”全过程，鼓励群众参与，接受群众监督。灵活运用评议方式，因地因人制宜，克服人情世故和从众心理，个体困难个案评议，确保结果顺应民意、经得起检验。乡村每个环节都有痕迹，留有影像资料、公示到位。

落实工作机制，确保调整结果真实。一是强化全程指导。省、市“回头看”工作组全程对张北县工作进行指导，不放过每一个步骤。县指导督导组全程指导各乡镇开展工作，及时纠正政策把握不准的乡村，开展指导督导 2 轮，业务培训及调度会议 8 次。二是强化分析研判。县督导组对乡镇总体数据和人员变化情况逐村逐户进行解剖分析，市指导组对张北县 12 个深度贫困村、8 个非贫困村进行了解剖指导，省指导组对张北县一个贫困村和一个非贫困村进行了解剖。市、乡、县、村四级逐级分析研判，发现问题及时纠正。三是强化逐级审核。村级层面，村两委在村小组初选、村代表评议的基础上进行审核。乡级层面，召开党委会逐村逐人进行审核把关，准确把握评议变化人员的真实情况。县级层面，按照“八个对照”（对照政策看程序，确保合规；对照数字看结果，确保真实；对照过程看资料，确保留痕；对照结果看群众，确保满意；对照录入看准备，确保精细；对照问题抓整改，确保无死角；对照统计看进度，确保准时；对照系统看操作，确保录入无误）对乡镇总体数据和人员变化情况逐村进行复核。

第五章　地方实践之广西马山

近年来，广西深入贯彻习近平总书记关于扶贫工作的重要论述精神，认真落实中央关于脱贫攻坚的决策部署，把建档立卡工作作为落实精准扶贫、精准脱贫基本方略的重要抓手，不断提升建档立卡数据质量。从2014年开始，在探索创新和总结经验教训中不断完善机制、不断进步，贫困人口识别、帮扶、管理、退出和信息数据实现了从原来的不太精准、基本精准、比较精准到相对精准，为高质量打赢脱贫攻坚战奠定了坚实的基础。

马山县是“中国黑山羊之乡”“中国民间文化艺术之乡”“中国长寿之乡”“中国会鼓之乡”，是“国家级生态示范区”“国家生态文明先行示范区”“国家卫生县城”“全国休闲农业和乡村旅游示范县”“全国义务教育发展基本均衡县”，也是国家扶贫开发工作重点县、滇黔桂石漠化治理重点片区县之一，全县辖7镇4乡156个行政村（社区）2298个自然屯，总人口57.13万人，其中乡村人口46.69万人。以前，马山县贫困程度较深，是国家扶贫开发工作重点县，有“十二五”时期“整村推进”贫困村39个，按照农民人均纯收入2300元（2010年不变价）的扶贫标准，2013年全县39个贫困村农民人均纯收入3235元。2014年，马山县建档立卡贫困村75个，贫困人口3.65万户、14.96万人，到2015年底，未脱贫贫困村75个，未脱贫人口2.37万户、9.44万人，贫困发生率为20.21%。2016年至2019年，全县实现73个贫困村摘帽，23196户、93708建档立卡贫困人口脱贫，其中2019年实现35个贫困村摘帽，6269户、23213人脱贫，剩余贫困人口1194户、3904人，贫困发生率为0.84%。2020年共完成0.3908万贫困人口脱贫、2个贫困村摘帽工作，贫困发生率降至0%。通过摸底排查，截至2020年10月，马山县共有致贫风险的边缘户663户、2305人，有返贫风险的脱贫不稳定户1480户、6240人。全部在国扶系统中标注，加强扶持，切实解决农户实际困难。2020年5月11日，经广西壮族自治区人民政府批准，马山县退出贫困县序列。

广西马山县的建档立卡之路并不是一帆风顺的。2015年10月，审计署通报了广西马山县违规认定扶贫对象问题的“马山事件”，其背后暴露出的问题与影响值得挖掘与反思。“马山事件”给正在耕耘广西精准识别“试验田”的马山县当头一棒，由此马山县痛定思痛、知耻后勇、专心研究、又把“试验田”当作“试金田”，精耕细作，创新财产检索、部门比对、大数据平台完善、信息员队伍建设等工作方法方式，促使建档立卡数据质量不断提升，精准度和瞄准性显著提高。从全国通报批评到建档立卡工作得到普遍肯定，广西壮族自治区，尤其是马山县的建档立卡工作具有很强的典型性，值得总结经验，为下一阶段的工作提供借鉴启示。

一、2013年至2015年：由县级瞄准、整村推进到户级瞄准的初步探索

2014年以前，广西的贫困人口识别主要依靠国家统计局广西调查总队，以国家公布的全区贫困人口和贫困发生率为依据，科学选择测算方法，利用各县（市、区）经济、社会发展等指标，客观测算贫困人口规模。2014年4月和7月，国务院扶贫办先后印发了《扶贫开发建档立卡工作方案》（国开办发〔2014〕24号）和《全国扶贫开发信息化建设规划》（国开办发〔2014〕42号），按照“一年起步打基础，二年巩固完善，三年规范

运行”的思路，对建档立卡工作进行了全面部署，确定了扶贫开发信息化“一五六”建设目标，全面启动扶贫对象建档立卡和扶贫开发信息化建设工作，初步建立了全国扶贫信息网络系统，产生了全国农村贫困人口的系统数据。

广西壮族自治区为响应国家要求，完善农村扶贫对象识别，规范动态管理，为建立精准扶贫机制奠定基础，特制定《关于进一步加强扶贫对象精准识别和动态管理的实施方案》（桂扶领发〔2014〕5号）。自治区扶贫办坚决贯彻中央和国务院扶贫办的战略部署，结合广西实际，采取有力措施，把中央和国务院扶贫办的各项政策落到实处，广西各地干部高度负责、勇于创新、敢于担当，通过山歌宣传、述贫演讲、试点先行、签订责任状、引入社会稳定风险评估机制等方式，推进建档立卡工作。马山县根据自治区的要求，印发《马山县农村扶贫对象识别和建档立卡实施方案》（马扶领发〔2014〕2号），提出了农村扶贫对象识别工作的指导思想、基本原则、目标任务、主要内容、方法步骤及保障措施。

（一）贫困人口和贫困村识别起步摸索

1. 延续传统识别方法，规模分解到县乡村

识别方法上，依然沿用传统的规模控制、逐级分解的办法将贫困人口数逐级分解到村，即广西壮族自治区以国家统计局测算的2013年底广西农村贫困人口规模634万人为基数，自治区扶贫办会同国家统计局广西调查总队，测算和认定各市贫困人口规模，将全区634万贫困人口分解到市，各市、县、乡（镇）将本级贫困人口数逐级分解到行政村。

马山县于2014年7月召开了全县建档立卡贫困村贫困人口工作布置会，把全县14.9576万人贫困人口指标分解到乡镇；各乡镇按照工作方案和相关要求把任务指标按照实际情况划分到村屯；由村干和包村干部组织群众进行申请。

（1）组织机构

2014年，自治区成立农村贫困人口分布测算及认定工作领导小组，由自治区分管扶贫工作的副主席担任组长，成员单位由自治区扶贫办、国家统计局广西调查总队，自治区统计局、发展改革委、财政厅、交通厅、农业厅、林业厅、水利厅、国土资源局、教育厅、卫生厅、文化厅、广播电视局和人民银行南宁中心支行等组成。下设办公室，办公室设在自治区扶贫办，办公室由自治区扶贫办与国家统计局广西调查总队联合组成。

（2）测算方法及规模分布

广西根据国家公布的全区贫困人口和贫困发生率，利用各项分配因素和不同的权重，计算出各县的贫困发生率，再乘以各县乡村人口数，即得出各县的贫困人口数。

分配因素及权重具体考虑以下几个方面：

贫困指数：通过各县贫困指数计算出的贫困人口分配比例乘以全区总的贫困人口数，权重为25%；

贫困村数：各县贫困村占全区总贫困村数的比例乘以全区总的贫困人口数，权重为10%；

历年贫困人口数：各县历年贫困人口占全区历年贫困人口数的比例乘以全区总的贫困人口数，权重为15%；

国家连片特困地区及重点县因素：国家连片特困地区及重点县中各县人口占国家连片特困地区及重点县总人口比重乘以全区总的贫困人口数，权重为15%；

2010年农民人均纯收入因素：根据各县2010年农民人均纯收入测算各县占比乘以全区总的贫困人口数，权重为20%；

2010年人均生活消费支出因素：根据各县2010年农民人均生活消费支出测算各县占比乘以全区总的贫困人口数，权重为15%。

具体计算方式如下：

分配因素	分配过程	权重（%）
贫困指数	通过各县贫困指数计算出的贫困人口分配比例乘以全区总的贫困人口数（Z）	25
贫困村数	各县贫困村占全区总贫困村数的比例乘以全区总的贫困人口数（C）	10
历年贫困人口数	各县历年贫困人口占全区历年贫困人口数的比例乘以全区总的贫困人口数（R）	15
国家连片特困地区及重点县因素	国家连片特困地区及重点县中各县人口占国家连片特困地区及重点县总人口比重乘以全区总的贫困人口数（Q）	15
2010 年农民人均纯收入因素	根据各县 2010 年农民人均纯收入测算各县占比乘以全区总的贫困人口数（S）	20
2010 年人均生活消费支出因素	根据各县 2010 年农民人均生活消费支出测算各县占比乘以全区总的贫困人口数（X）	15
各县贫困人口测算数 P	P=Z*25% +C*10% +R*15% +Q*15% +S*20% +15% X	

根据上述测算方式，得出各市贫困人口。其中，南宁市 62.2336 万人。南宁市再利用相同方法，将贫困人口规模分解到各县区，马山县的人口规模为 14.96 万人。

2. 识别标准单一，仅凭人均纯收入和贫困发生率

（1）贫困户：2736 元收入线

贫困户识别以农户收入为基本依据，以 2013 年农民人均纯收入 2736 元（相当于 2010 年 2300 元不变价）的国家农村扶贫标准为识别标准，综合考虑住房、教育、健康等实际情况，在 2012 年原建档立卡贫困户的基础上，通过农户申请、村民代表大会民主评议、公示公告和逐级审核的方式，整户识别。

马山县根据测算结果，依据识别标准，按人均纯收入由低到高的顺序，依次将农民人均纯收入 2300 元以下的农户分为五保户、低保户、扶贫低保户和扶贫户四种类型。

（2）贫困村："一高一低一无"

贫困村识别按照"一高一低一无"的标准进行，即行政村贫困发生率比全区贫困发生率高一倍以上，行政村 2013 年全村农民人均纯收入低于全区平均水平 60%，行政村无集体经济收入。采取规模控制，将贫困村识别规模逐级分解到乡（镇）。按照贫困村识别标准，符合条件的行政村采取"村委会自愿申请、乡（镇）人民政府审核、县扶贫开发领导小组审定"的流程进行，并报市、自治区扶贫开发领导小组备案。

3. 依照顶层设计标准，建档立卡工作程序基本完备

（1）贫困户建档立卡步骤

a. 规模分解。采取规模控制、逐级分解的办法将贫困人口数逐级分解到村，即自治区将全区 634 万贫困人口分解到市，各市、县、乡（镇）将本级贫困人口数逐级分解到行政村。

b. 初选对象。在县扶贫办和乡（镇）人民政府指导下，按照分解到行政村的贫困人口规模，农户自愿申请，各行政村召开村民代表大会进行民主评议，形成初选名单，由村委会和"美丽广西"乡村建设（扶贫）工作队（以下称为驻村工作队）核实后在所在行政村、自然村（屯）进行第一次公示（公示期 7 天，以下"公示"时间均为 7 天），经公示无异议后报乡（镇）人民政府审核。

c. 公示公告。乡（镇）人民政府对各行政村上报的初选名单进行审核，并抽查核验，确定全乡（镇）贫困户名单，在各行政村、自然村（屯）进行第二次公示，经公示无异议后报县扶贫办。县扶贫办复审后在各行政村、自然村（屯）公告。

d. 系统录入及填写手册。在县扶贫办指导下，由乡（镇）人民政府组织村委会、驻村工作队已确定的贫困户逐户填写《贫困户建档立卡登记表》，并安排乡镇干部进行帮扶，再由村委会或大学生志愿者对已采集的信息录入全国扶贫信息采集系统中，并进行数据审核，信息录入完成后，马山县扶贫办从全国扶贫信息系统中将农户基本信息打印到《扶贫手册》中，由村委会将《扶贫手册》送给农户保管。《扶贫手册》由国务院扶贫办统一监制，广西壮族自治区扶贫办统一印制，各县区负责打印或手写后交予群众。

（2）贫困村建档立卡步骤

a. 规模分解。采取规模控制、逐级分解的办法将全区贫困村规模逐级分解到乡（镇），即自治区将全区 5000 个贫困村分解到市，各市、县将本级贫困村规模逐级分解到乡（镇）。

b. 初选对象。乡（镇）人民政府向各行政村宣传贫困村申请条件和工作流程。各行政村在广泛征求群众意见和村级组织充分讨论基础上，自愿提出申请，报乡（镇）人民政府审核，产生贫困村初选名单。

c. 公示公告。乡（镇）人民政府对贫困村初选名单进行公示，经公示无异议后报县扶贫办，经县扶贫开发领导小组审定后进行公告。

d. 填写登记表。在县扶贫办指导下，由乡镇人民政府组织村委会、驻村工作队和帮扶单位对已确定的贫困村填写《贫困村登记表》。

e. 数据录入。在县扶贫办指导下，乡（镇）人民政府组织人员将《贫困村登记表》录入全国扶贫信息网络系统，并进行数据审核。

（3）贫困县建档立卡步骤

县级建档立卡工作主要用于扶贫开发工作考核、资金绩效管理考核、片区规划实施监测和评估，并为扶贫开发决策提供依据。

a. 工作范围。105 个有扶贫开发任务的县。

b. 监测内容。《县级监测表》包括基本情况、发展现状、基础设施、公共服务、帮扶情况和扶贫成效等内容。监测的标准时点为 2013 年 12 月 31 日，标准时期为 2013 年 1 月 1 日—12 月 31 日。

c. 数据调查及录入。县扶贫办每年负责填写《县级监测表》，录入全国扶贫信息网络系统，并进行数据审核。2013 年数据应于 2014 年 10 月底前完成录入并试运行。

4. 信息化建设起步早，各地开展初步探索

广西壮族自治区是全国第一个上交《数据质量承诺函》的省份，也是全国第一批同步联网运行的省份。在时间紧、任务重的情况下，广西想方设法、克服困难、采取有力措施有效推进工作。特别是在基础信息录入阶段，全区各市、县加班加点，集中开展信息录入工作，狠抓工作进度。如柳州市融水县四荣乡因枯水期经常停电，乡政府为了不影响信息录入工作，专门购买发电机发电，确保信息录入工作顺利进行；融安县泗顶镇镇长为赶信息录入进度，经常加班到深夜。自治区组织了 15 位信息方面专家对全区 1127 个乡镇的 13000 多个行政村表、630 多万贫困人口的 172 万个户表信息逐项核对，连续奋战 5 天 5 夜，提前完成建档立卡信息录入工作任务。同时，建立全区信息录入 QQ 群，全天候解答疑难问题；采取网络视频培训的方式召开全区建档立卡数据审核清洗培训班。为了更好地总结这些经验做法，为今后的建档立卡工作提供借鉴，广西壮族自治区对各县区的做法进行总结，汇编成册并在全区推广，极大地推动了全区建档立卡工作的顺利开展。

但是在实践的过程中，还是遇到了很多问题。一是信息采集不够完整，数据准确性有待进一步提高；二是纸质版报给乡镇，再由大学生村官、暑期兼职等懂电脑的人录入，容易出错；三是村一级工作人员没有数据系统账号，无法查阅系统信息，且没有参与数据录入工作，无法及时发现和校准问题数据。

（二）第一轮识别完成，部分地区初见成效

1. 贫困户、贫困村第一轮识别完成

截至 2013 年 10 月 22 日，广西壮族自治区共识别 5000 个贫困村，172 万贫困户、634 万贫困人口，把规模分解的数字变成了实实在在的农户信息。此外，全区全面完成信息数据录入，提前将基础信息数据上报国务院扶贫办。其中，马山县 11 个乡镇完成了对确定的 75 个贫困村和 38158 户、

149576贫困人口进行公示、公告。同时，完成所有乡镇进村入户登记工作，并填写了《贫困村登记表》《贫困户登记表》；县级进行业务2期，培训24人次；各乡镇组织村委干部培训2期，培训村干部300多人次；各行政村再对包片村干部进行业务培训和指导。已完成录入系统的贫困户有38158户、149576人，自治区下达工作经费75.496万元，分期下拨到乡镇经费49.58万元。

2. 部分地区在宣传发动群众方面进行了创新实践

部分地区非常重视抓好政策宣传和群众发动工作，广泛利用当地各类媒体，通过召开动员会、培训会、进村入户、发放宣传资料、张贴标语、创办专栏、广播电视、手机短信等多种方式进行宣传，营造了良好的舆论氛围。柳州市融安县、三江县发放《致农户的一封信》，并在"一封信"上附录贫困户扶持政策和回执单，要求群众阅后签名并交回扶贫部门。桂林市灵川、灌阳、全州等县通过县级电视媒体、与移动公司签订协议书向农户发送手机短信等方式进行宣传。阳朔县在政府门户网站和《今日阳朔》报纸开设专栏，公告建档立卡相关文件和流程、公示公告识别出的贫困村和贫困户。河池市东兰县三弄乡通过包片干部宣传、驻村后盾单位宣传、山歌对唱宣传、手机短信宣传、水上渡船宣传等"五途径"的方式开展宣传工作。崇左市《左江日报》开设《精准扶贫进行时》专栏大力宣传建档立卡工作。

3. 科学多维识别方式初露苗头

部分地区在识别工作中严格按照程序开展民主评议，确保识别的精准度。钦州市灵山县采用"述贫演讲"开展民主评议。百色市乐业县狠抓"报、查、评、审、批"五个环节，总结出一整套科学规范又简单易行的精准扶贫建档立卡工作程序。平果、田阳县成立贫困人口初选对象评议小组，小组人员由驻村工作队、挂村组员、村干、组长代表、低保户代表、妇女代表等人员组成，确保贫困对象识别公开透明。

一些市、县采用试点先行的方式推进工作，并在全市范围内推广典型经验，取得了很好的效果。桂林市灵川县大境乡作为桂林市建档立卡工作的试点单位率先开展建档立卡工作，因地制宜提出“十步工作法”：“组织领导—宣传发动—普遍调查—规模控制—农户申请—群众评议—初步筛选—深度核查—民主评议—公示公告”；总结出“管理架构五到位”：“组织领导到位、业务指导到位、宣传发动到位、遵守纪律到位、监督到位”；“实施三紧扣”：紧扣“筛选、评议、票决”并在全市推广。百色市提出精准扶贫要做到“精确识别、精选路子、精细管理”，在田东县祥周镇均宁村、陇造村开展试点；田东县还制定了《田东县推进精准扶贫试点工作实施方案》并及时部署，组织帮扶干部与贫困户面对面研究帮扶措施。

（三）“马山事件”成为广西建档立卡精准之路的重要转折

1.“马山事件”反映出的问题

2014年，马山县按照广西壮族自治区《关于进一步加强扶贫对象精准识别和动态管理的实施方案》（桂扶领发〔2014〕5号）的政策要求，印发《马山县农村扶贫对象识别和建档立卡实施方案》（马扶领发〔2014〕2号），开展建档立卡贫困户识别工作，共完成75个贫困村和38158户、149576贫困人口识别并录入系统。

2015年2月，广西壮族自治区在《关于开展2015年扶贫开发信息采集的工作方案》（桂开办发〔2015〕16号）的通知中，要求开展2014年的脱贫工作。马山县按照《关于印发2014年减贫计划的通知》（桂扶领发〔2015〕7号）中减贫人口的要求完成2014年贫困人口的脱贫目标2.65万人，并在系统中勾选。

2015年8月，审计署结合广西区情和地域特点，对贫困人口聚集、脱贫任务艰巨的广西贯彻落实中央精准扶贫政策情况进行了跟踪审计。审计组选取了贫困人口基数大且近年来脱贫任务完成较好的马山县进行抽查，发现该县贫困人口建档立卡工作存在一些问题。

（1）在扶持对象的识别上失准，造成“被贫困”

审计发现，在该县认定的扶贫对象中，有3119人疑似不符合扶贫建档立卡标准，其中有343人属于财政供养人员，有2454人购买了2645辆汽车，43人在县城购买商品房或自建住房，439人为个体工商户或经营公司。

3119人中有111人享受了扶贫政策，共计资金34.54万元。111人中有52人违规享受扶贫资金9.45万元；35人贷款发展种养业，享受扶贫小额贷款贴息2.48万元；2人享受城市居民最低生活保障补助资金0.62万元；15人享受农村低保6.35万元。

（2）在脱贫成效的认定上失准，造成“被脱贫”

为完成上级下达的任务，该县2014年度将人均纯收入低于国家农村扶贫标准2736元的608户、2272人认定为脱贫，占脱贫户数的9.1%、脱贫人数的8.9%。

2. 具体整改，痛定思痛

（1）关于“马山县3119人疑似不符合扶贫建档立卡标准被识别为贫困人口”问题的整改情况

针对这一问题，2015年10月10日至11日，马山县组织工作人员深入农户家中初步核查，认为有3048人不符合建档立卡标准，符合标准的有71人；马山县对3119人中已享受扶贫财政补助资金34.54万元的111人开展核查，其中有59人符合享受扶贫财政补助资金政策条件，有52人违规享受小额贷款贴息和城乡低保补助资金9.45万元，已全部追缴回国库。

2015年10月16日至2016年2月，马山县重新按照《自治区精准识别贫困户贫困村实施方案》（厅发〔2015〕28号）的程序和步骤，对全县贫困村所有农户、非贫困村已建档立卡贫困户和新申请农户开展入户识别、评分、评议和公示；并依据自治区《关于划定精准识别贫困户分数线和建档立卡工作的通知》（桂扶领发〔2015〕9号）的要求，对在马山县识别分数在80分(含80分）以内的农户开展建档立卡；全县建档立卡共计14.64万人中，属于3119人员的共189人（其余不建档立卡的2930人中，有1943人识别分数在80分以上、710人放弃识别，277人在村民小组评议时已采取一票否决）；继续建档立卡的189人中按贫困户分数线划定标准，将25人（识别分在77—80分）划为2014年脱贫户，41人（识别分在73—76分）划为2015年脱贫户，123人（识别分在72分及以下）划为2016年贫困户。

（2）关于"马山县2272人年人均纯收入仍低于国家农村扶贫标准被认定脱贫"问题的整改情况

问题发现后，马山县立即责令扶贫部门会同各乡镇组成11个工作组深入农户家初步核查，认为在2272人中，有595户、2231人收入已达脱贫标准，但也发现有13户、41人收入低于2736元而"被脱贫"。

2015年10月至2016年2月，马山县重新按照《自治区党委办公厅自治区人民政府办公厅关于印发〈自治区精准识别贫困户贫困村实施方案〉的通知》(厅发〔2015〕28号）的程序和步骤开展入户识别、评分、评议和公示；并依据自治区《关于划定精准识别贫困户分数线和建档立卡工作的通知》(桂扶领发〔2015〕9号）的要求，对在马山县识别分数在80分（含80分）以内的农户开展建档立卡；全县建档立卡共计14.64万人中，属于608户(2272人）共281户（982人），其余327户、1290人识别分数在80分以上，已确认退出。重新建档立卡的281户、982人中按贫困户分数线划定标准，将62户、217人（识别分在77—80分）划为2014年脱贫户，51户、172人（识别分在73—76分）划为2015年脱贫户，168户、593人（识别分在72分及以下）划为2016年贫困户。

3. 事件本质，问题明显

2015年9月，国务院扶贫办在北京召开全国扶贫办主任座谈会暨建档立卡"回头看"培训班，要求各省区开展建档立卡"回头看"工作，主要看扶贫对象准不准、看脱贫需求清不清、看帮扶机制实不实、看资金使用准不准、看指标数据全不全、看脱贫成效真不真。同时制定好"回头看"工作方案，做好督查工作，对发现的问题完成整改，提交“回头看”工作总结。这表明国务院扶贫办在当时已经意识到由于种种原因，2014年的建档立卡存在一些不足。马山县2014年的精准识别、精准退出其实是广西、甚至是全国建档立卡工作的一个缩影，暴露出的问题具有代表性和典型性。

（1）政策理解不到位，规模分解方法不科学

广西壮族自治区扶贫开发领导小组《关于进一步加强扶贫对象精准识别和动态管理的实施方案》（桂扶领发〔2014〕5号）指出：按照国务院扶贫办的要求，采取规模控制，逐级分解的办法将贫困人口数逐级分解到村，即自治区将全区634万贫困人口分解到市，市分到县，县分到乡，乡分到村。这种采取规模控制进行识别贫困人口的方法，与现实的贫困状况不完全一致，不能生搬硬套。因为国家对贫困人口实行规模控制，通过自上而下层层分解到市县乡村，这样可能会导致村里的贫困人口实际数和分到的指标数不一致，因此在识别贫困人口过程中，为完成上级下达的任务数只能拼凑人数，这就出现因指标不够分而出现该进的不能进的情况，存在“非贫困户戴帽、贫困户落选”的现象，难以做到精准。

（2）建档立卡识别覆盖的农户面不够宽

一方面，宣传力度不够，农户知晓度不高。在政策设计上，农户要主动申报才进行评议，但同时宣传不到位，且大多数贫困村在山区，农户居住分散，信息共享稀少，大部分困难农户都不知晓此事，因而没有及时申请。另一方面，农户自身意识不足，积极性不高。2014年以前，扶贫政策大多是大面上的，诸如基础设施改善、产业发展项目、扶贫互助资金试点村等，具体到人的扶贫政策只有雨露计划和小额信贷、技能培训。而小额信贷受制于宣传力度小、农户对金融信贷较保守而缺乏活力，技能培训项目较少、实用性不高而受益人次不高，真正让贫困户感受到实惠的只有教育领域的雨露计划。因此，在当时的概念上，“贫困户”几乎与“享受雨露计划”对等，故而有中高职学生的家庭多被认定为贫困户，其他农户主动申请的动力不足。

（3）识别标准不够细化，收入测算在操作中难度大

2014年的建档立卡贫困户认定主要是按照年人均纯收入作为标准。但是在实际操作中收入难以准确测算；收入农户自己算不出来，也很难问出来，因而导致一些隐瞒财产、错算遗算收入的农户被错误纳入。

（4）基层思想重视不够，掌握政策与运用落实的能力有限

在识别贫困户方法上，《广西壮族自治区扶贫开发领导小组〈关于进一步加强扶贫对象精准识别和动态管理的实施方案〉的通知》（桂扶领发〔2014〕5号）指出：农户自愿申请，各行政村召开村民代表大会进行民主评议，形成初选名单。这项工作由村委会来主抓并开展，主要有以下两个原因，导致基层没能准确掌握识别方法和识别程序步骤等，最终识别不够精准。一方面，时间紧、任务重，短时期内各项精准扶贫政策集中出台，一些基层干部传达学习、消化领会、贯彻落实这些政策还不够及时准确；另一方面，贫困村基层组织建设普遍还有差距。贫困村往往生存环境较为恶劣，农村“空心化”现象比较普遍，大量青壮年劳动力常年外出转移务工，吸引本土人才回村任职比较困难，村干部大多文化水平低、年龄偏大，在政策落实方面思想不够重视，能力不强。

（5）缺乏激励和约束机制，少数扶贫干部工作作风不严不实，造成“扶假贫”“假扶贫”

“两委会”和有关乡镇政府当中，少数干部工作不认真、不仔细、不负责，导致扶贫对象登记造册、建卡立档工作走过场，优亲厚友情况严重。一些乡镇干部存在官僚主义作风，对村委的脱贫管理工作仅有电话指挥，导致村委对操作流程的理解模糊，对脱贫户的认定不精准，把明显超过贫困线标准的人员纳入扶贫对象，又把收入低于贫困线以下的人员统计为脱贫对象。有些村工作队没有对登记在册的贫困户进行入户调查，没有掌握在册贫困户的真实情况就给予脱贫，随意性大。这种扶贫造假、掺水的行为充分暴露了一些基层干部工作作风不严不实，扶贫工作基层基础薄弱的问题，同时暴露

出缺乏激励和约束机制，对不严不实的行为未形成监督。

4. 涅槃重生，倒逼改革

“马山贫困人口多、贫困程度深，第一次建档立卡，政策设计有缺陷，操作执行有漏洞，发生这种事是偶然，也是必然。但是在我们看来，是挑战也是机遇，坏事也能变好事。”马山县委书记在此次调研访谈中说到。

“马山事件”是全国建档立卡工作历程中的一个教训，但同时，问题倒逼改革，这也是马山县建档立卡工作涅槃重生的机遇，是全国建档立卡工作走向更精准、实现蜕变改造的起点。第一轮建档立卡暴露出的问题和短板，在2015年的“回头看”和之后多次的“动态调整”工作中，得到不断解决和改善。

针对识别标准和认定程序不够细化的问题，广西反复调研试点，设计出涵盖多项指标、全面真实反映农户生产生活状况的《精准识别入户评估表》，探索出“一进二看三算四比五议”的识别方法，更重要的是，开展农户财产大数据检索，“八个一票否决”大大提高工作效率和识别精准度。

针对覆盖农户面不够宽的问题，新一轮识别要求对贫困村所有农户、非贫困村在册贫困户及新申请贫困户的农户全部入户打分；针对宣传不到位、农户知晓度不高的问题，政策要求村民小组长要逐户登门宣传和发放宣传材料，确保精准识别工作家喻户晓。

针对基层干部工作能力有限、思想重视不够的问题，广西选派5000名第一书记实现贫困村全覆盖，全区累计投入25万名工作队员，全脱产参与精准识别工作，并加强对经办人员的业务培训工作，提高扶贫工作的质量和精准度；同时，从上到下，提高思想认识，层层落实责任，省市县乡村五级书记一起抓扶贫。

针对监管不力，干部作风不严不实的问题。通过识别程序中的“两评议”“两公示”的程序确保公开公平公正，加大扶贫工作宣传力度和查处信访举报案件力度，增强精准识别的透明度。此外，建立严格督查机制和责任追究制度，识别结果存在问题的，按照“谁调查、谁登记、谁审核、谁负责”的原则，严格追究相关人员的责任，为工作队员履职尽责戴上了“紧箍咒”，划定了“警戒线”。

二、2015年至2016年：“回头看”，由不太精准到基本精准的跨越

2015年第一轮“回头看”，广西的重点工作在于建档立卡户识别标准的确立上。其实在“马山事件”发生之前，已经开始通过调研试点来探索识别标准和识别方法，根据实际情况反复设计和调整《精准识别入户评估表》，实现出好一张试卷，统一一把标尺。“马山事件”之后，全区上下更加重视，加入了财产检索方法，增加“一票否决”选项，投入了大批干部力量，多方面全力做好精准扶贫建档立卡工作。马山县在自治区文件《关于印发精准识别贫困户贫困村实施方案的通知》（厅发〔2015〕28号）的要求和指导下，下发《马山县开展贫困户贫困村精准识别工作方案》（马办发〔2015〕66号），严格按照目标任务、时间节点、工作方法、识别程序、建档标准、工作要求等进行，开展新一轮的精准扶贫建档立卡工作。

2015年10月至2016年3月，广西累计完成635万贫困人口、5000个贫困村、6.94万个自然村（屯）、2.46万个移民搬迁村（屯）建档立卡信息采集和信息录入工作。马山县完成7.13万户、31.03万人的精准识别评估，最终建档立卡3.65万户、14.96万人。经过2015年这次“回头看”，全区建档立卡工作达到了基本精准的水平，为精准帮扶、精准脱贫奠定了基础。

（一）反复试点调研摸排问题，精准识别方案几易其稿

2015年7月，广西壮族自治区党政主要领导、党政分管领导分别率队赴贵州、宁夏和甘肃学习考察精准扶贫的经验和做法。学习考察回来后，自治区党委负责同志用整整3天时间，率队深入河池市罗城县走村入户调研精

准识别，召开座谈会听取群众对精准识别的意见建议，结合广西实际，研究制定出一套精准识别方案。自治区政府负责同志到河池市大化县调研精准识别，对识别方案及指标提出具体要求。自治区扶贫办专门组队到贵州省、甘肃省进行了学习考察。2015 年 7—8 月，自治区党委书记亲自调研、亲自审定精准识别贫困户贫困村的设计思路，提出以可衡量的实物指标替代收入指标解决收入难搞准问题，以显性指标替换隐性债务指标问题，村干部不参与打分、杜绝人情分问题，增加自然村屯建档立卡登记以加快自然村屯发展问题，开展农户财产检索、杜绝非贫困户当选贫困户问题等，使精准识别更科学更精准。同时，在方案起草过程中，自治区领导多次深入农村开展评分识别试验。随后，自治区扶贫办、广西调查总队牵头，有关部门参与，在广西东部、南部、西部、北部，各选择 1—2 个贫困县，每个县选择一个贫困村和一个非贫困村，按照评分指标开展了 6 次识别试点，累计对 1000 多户进行了试打分，充分吸纳基层意见，反复对方案进行修改完善。2015 年 9 月 6 日，自治区扶贫开发领导小组全体会议通过《精准识别贫困户贫困村实施方案》，方案科学规范、操作性强，体现了定量与定性相结合、评分与评议相结合、组织监督与群众监督相结合、基层审核与上级审查相结合、传统方式与现代技术相结合的特点。2015 年 10 月 11 日，自治区党委办公厅、自治区人民政府办公厅联合下发《精准识别贫困户贫困村实施方案》（厅发〔2015〕28 号）。

1. 识别对象：贫困户全面摸排，贫困村增加信息采集

（1）贫困村所有农户都入户调查识别，非贫困村只对 2014 年在册贫困户和新申请贫困户的农户入户调查识别

以全区 2014 年底贫困人口 538 万为基础，结合动态管理要求，对贫困村、非贫困村贫困人口进行精准识别。贫困村所有农户都入户调查识别，非贫困村只对 2014 年在册贫困户和新申请贫困户的农户入户调查识别。

本次识别对象包括一般贫困户、扶贫低保户（有劳动能力的低保户）、

低保户（无劳动能力的低保户），五保户不纳入本次识别范围，不作为贫困户建档立卡。

（2）贫困村不再重新识别，增加自然村屯建档立卡登记以加快自然村屯发展问题

2014年识别出来的5000个贫困村已得到国务院扶贫办确认，基层对贫困村识别的准确性比较认可，因此不再识别贫困村。广西在此基础上增加了《自然村（屯）建档立卡登记表》和《自然村（屯）移民搬迁情况登记表》，更利于摸清摸准自然村（屯）基本情况、致贫原因、发展现状和需求，更能因组而异、因村而异、因地制宜设计适合人和村发展的项目，更便于明确行业部门任务，更有效帮助贫困户发展并脱贫。

在建档立卡对象上，贫困村和非贫困村也有所区别。贫困村所有自然村（屯）均要进行信息采集和建档立卡。非贫困村只对贫困发生率在25%以上、或生存条件差不适合人居、或改善基础设施条件较难、或需整屯搬迁的自然村（屯）进行信息采集和建档立卡。

2. 评分表：以可衡量的实物指标替代收入指标，以显性指标替换隐性债务指标

在入户评估的试点过程中，收入难统计、难衡量，无法有效区分贫富，是精准识别面临的一个重要问题。

广西壮族自治区负责同志2015年8月到罗城县调研时，曾到一户贫困户家问："你家年收入多少？"这个贫困户告诉他："女儿女婿每年打工寄回来一点钱。"他又问："一点钱是多少？""一点啦，油盐钱。""一点油盐钱是多少？"他再问，这个贫困户还是回答"一点钱"。

收入农户自己算不出来，也很难问出来。为此，调研组果断去掉了评分指标中的收入项，将难以衡量的收入指标转化为看得见摸得着的实物性指标，如住房、家电、农机、机动车、饮水、用电、道路、健康、读书、劳动力、务工、土地、养殖、种植等可衡量的指标，直观、全面、真实地反映群

众生产生活的状况。每次试点结束后，自治区负责同志亲自审核指标，充分吸纳基层意见，反复对方案进行修改完善，先后将评分指标调整为91项、93项、96项和97项，最后经扶贫领导小组全会讨论后确定为98项指标，确定了《精准识别入户评估表》。

3. 分数线：严把分数划定关，根据贫困规模调整分数线

针对评分表的贫困分数线如何划定的问题，广西采取自下而上的方法，根据贫困规模调整各县的分数线。具体操作步骤如下：

（1）贫困户打分排序。由精准识别工作队员对贫困村所有农户和非贫困村建档立卡的贫困户及新申请贫困户的农户逐户入户调查、综合评分，按分值高低排序。

（2）自治区根据贫困规模划定分数线。自治区根据各县汇总上报的入户调查、综合评分情况，形成精准识别贫困户一分一档统计表，并对照2014年底全区538万贫困人口总规模，按照高考录取方式，划定各市、县（市、区）贫困户和贫困人口分数线。

（3）县确定贫困户名单。各县按照自治区划定的分数线，根据本县农户评估分数排名情况，确定贫困户和贫困人口名单。经行政村审核、公示无异议后，报县扶贫领导小组确认，并在县政府门户网站和行政村、自然村(屯)公告7天。

（4）再次入户建档立卡。待公告结束，各县组织工作队再次入户登记，逐户填写《贫困户建档立卡登记表》，并以贫困户自家房屋为背景给户主拍照存档，所有信息和相片等材料全部建档立卡，做到“一村一册、一屯一档、一户一卡”。这样一来，既确保有效控制贫困人口数量，又精准识别出贫困户。

由于各县的贫困人口规模、贫困发生率等方面的差异，各县的分数线高低不一。本着科学合理、公平公正、公开透明原则，广西壮族自治区多次召集各市和重点县扶贫办召开协调会，以最接近贫困人口总规模为总原则进行划线，最终确定以全区2015年底贫困人口规模453万对应的贫困户分数线62分为基准，原则上以接近各县贫困人口规模进行划线，对分数线偏高的县采取就低划线办法，对分数线偏低的县采取就高的划线办法，对特别低分的县适当提高贫困人口分数线。由于采取一分一档表以整数计分，所划定分数线对应的贫困人口数无法与各县贫困人口规模完全吻合。因此，对各县贫困人口规模进行微调，尽可能缩小各县之间的分数线差距。其中，马山县的分数线为72分，达到这条贫困线的有2.41万户、9.68万人。

4. 对2013年、2014年的建档立卡识别人口重新划线

本次入户调查评分对象涵盖2014年所有建档立卡贫困户，根据人口规模划定2013年、2014年建档立卡户分数线。识别贫困户分数线划定后，2014年在册贫困户分数高出分数线的为脱贫户退出，低于分数线的继续作为贫困户保留。根据《关于划定精准识别贫困户分数线和建档立卡工作的通知》（桂扶领发〔2015〕9号）、《〈划定精准识别贫困户分数线和建档立卡工作的通知〉的补充说明》，各县（市、区）指导乡（镇）和行政村根据划定的2015年分数线，审核确定2015年各行政村贫困户公示名单。同时，组织精准识别工作队员入户对2015年贫困户和2013年、2014年建档立卡户一并建档立卡。南宁市扶贫开发办公室于2016年1月4日下发《关于确定2013年、2014年建档立卡名单的紧急通知》，要求各县区参照2013年、2014年贫困人口规模确定本县区2013年、2014年建档立卡分数线，本县区确定的2013年、2014年贫困人口数要接近或等于自治区下达的2013年、2014年贫困人口规模数。按此要求，马山县参照2013年、2014年贫困人口规模确定的2013年、2014年建档立卡户分数线更改为80分、76分，即评议分为80分以下（含80分）的农户都需要建档立卡，最终确定2013年贫困人口规模为3.51万户、14.54万人，2014年贫困人口规模数为2.89万户、11.77万人（见表5.1）。

表 5.1　马山县精准识别建档立卡户分数线

地区	2013 年底				2014 年				
	贫困人口规模（人）	分数	达到此线户数（户）	达到此线人口（人）	贫困人口规模（人）	分数	达到此线户数（户）	达到此线人口（人）	其中已减贫人口（人）
马山县	149576	79	35178	145420	123970	75	28891	117725	25606

广西把 2013 年、2014 年超过贫困线的建档立卡户称为退出户，按照政策要求，这类贫困退出户继续扶持 2 年、跟踪观察 1 年。在 2 年继续扶持期内，贫困退出户继续享受相关扶贫政策；退出后的第三年为跟踪观察期，在 1 年跟踪观察期内，给予贫困退出户发展生产等方面的指导，巩固脱贫成果。

（二）贫困识别方法创新，程序逐渐规范

1. 注重宣传发动，提高农户意识

按照程序要求，工作队在行政村、自然村（屯）或村民小组分别召开宣传动员会，宣传本次识别贫困户的目的意义、识别程序、步骤和要求。行政村宣传动员会要求村两委干部、村民小组长参加。自然村（屯）或村民小组宣传动员会原则上要求至少三分之二以上的农户代表参加。两次宣传动员会都必须做好参会人员登记和会议记录。宣传动员会上工作队员要向农户发放精准识别贫困户宣传材料。不能到会的农户，村民小组长要逐户登门宣传和发放宣传材料，确保精准识别工作家喻户晓。

为让精准识别工作深入人心，马山县充分利用广播电视、报纸、网络等县属媒体加强宣传，借助县直部门单位电子屏及县城内大屏幕 LED 等电子设备进行广泛宣传。此外，乡镇还通过挂宣传标语，发放精准识别贫困户宣传资料，启动宣传流动车深入乡镇加大宣传力度，使精准识别政策、目的和意义深入人心、家喻户晓。2015 年 10 月到 2016 年 3 月精准识别期间，全县发放《精准识别贫困户宣传资料》近 15 万份，发放《精准识别贫困户宣

传资料》近15万份、《100问和“三讲”提纲宣传手册》5300多册，张贴悬挂宣传标语累计6520条，电子屏幕宣传253处，报纸宣传4300多份，广播电视宣传报道122篇，《建档立卡培训资料》3200多份。通过开展大宣传大培训，很大程度上改变了过去干部群众知晓率、参与率不高的情况，让党员干部真正掌握了识别工作流程及科学的工作方式方法，让群众最大限度地了解、理解、支持、参与和监督识别工作。

2. 贫困户识别方法：“一进二看三算四比五议”

在具体识别操作中，自治区财政安排800万元，统一印制精准识别所需的上亿张表格及有关材料，并统一派车送到各市县。采取“一进二看三算四比五议”识别法，按照“两入户、两评议、两审核、两公示、一公告”程序，自下而上，不合并步骤，不简化流程，对贫困村所有农户、非贫困村在册贫困户及新申请贫困户的农户进行识别，得分越低越贫困。

一进：工作队员入户与户主及其他家庭成员进行交流，了解家庭情况、生活质量状况、子女读书情况、家庭成员健康情况等。

二看：看室内，即看住房、家电、农机、交通工具等生产生活设施；看室外，即看水电路、农田、山林、种养等发展基础和状况。

三算：算农户收入、支出、债务等情况。

四比：与本村（屯）农户比住房、比收入、比资产、比外出务工等情况。

五议：议评分是否合理，是否漏户，是否弄虚作假，是否拆户、分户、空挂户，家庭人口是否真实等情况。行政村两委组织召开联席评议会，由村第一书记或村支部书记或村委会主任主持，评议代表9—15人（单数），由驻村干部、住村退休干部、村里德高望重的老人、老党员、人大代表、政协委员、妇女代表、村教师、村两委干部、村民小组长等组成。

3. 入户评估打分，全由工作队员完成

以村民小组为工作单元，工作队员以2—3人为1组（设组长1名），由1名村两委成员或村民小组长引导入户，运用“一进二看三算四比五议”的方法入户调查评分。

贫困村：工作队员对所有农户入户调查，对照《精准识别入户评估表》逐项评分，并经户主签名确认。调查完成后，按分值高低排序填写《精准识别入户评估得分统计表》。

非贫困村：工作队员对在册贫困户和新申请贫困户的农户入户调查，对照《精准识别入户评估表》逐项评分，并经户主签名确认。调查完成后，按分值高低排序填写《精准识别入户评估得分统计表》。

为了防止出现“人情分”现象，广西还规定入户调查评分全部由精准识别工作队员来完成，村干部不参与打分，每张评分表都需经户主和工作队员签字确认。

识别过程中，一些农户不配合，工作队员白天去，他们躲出去；晚上去，又早早关灯睡觉。为此，工作队员只有第二天一早去农户家门口守着，非常辛苦。还有一些农户为了当上贫困户，在工作队员入户前，偷偷把家电藏到床底下或搬去亲戚家，或将牲畜牵走，为把这些情况摸清、核清，工作队员往往要跑上好几趟。

在进行村民小组评议、公示时，工作队员入户评分没有发现的问题，群众在评议、公示时都会举报、提出异议，工作队员会按程序再次入户核实，重新打分，所以该加、该减的分一分也少不了，确保了识别结果公平公正。

4.“两评议、两公示”，确保公正透明

广西在完成入户调查评分后，采取“两评议、两公示”的程序，增强精准识别的透明度。“两评议”：第一次是村民小组评议，第二次是行政村两委评议。分别由村民小组长或村两委干部和村第一书记或村支部书记或村委会主任主持，评议代表由驻村干部、村两委干部、村民小组长、住村退休干部、村里德高望重的老人、老党员、人大代表、政协委员、妇女代表、驻村工作队员等5—9人（单数）组成，对本组农户评分的真实性、合理性，是否有漏户、拆户、分户、空挂户现象，家庭人口是否准确等情况进行评议，评议后分别填写《村民小组精准识别入户评分评议表》《行政村精准识别入户评分评议表》，评议代表要在评议表上签名或按手印确认。

“两公示”：第一次在村民小组公示农户分数，第二次在行政村、自然村（屯）或村民小组公示贫困户名单（在下一步之后）。对公示有异议的，由工作队员深入调查核实，进行妥善处理。评议公示结束后，由村两委将评议结果报（乡）镇党委、政府。

马山县以及各乡镇均设置监督电话，本轮识别期间共接到电话 736 个，主要是关于识别评分表具体指标项的理解。例如，工作人员在采集家庭收入时，主要问：“种植一亩玉米地要算多少钱?”“贫困户孩子在外面打工，不给家里钱，怎么算?”也有一些农户对工作队员入户评分存在质疑，问：“这个识别是真的吗？有必要动真格吗?”或是识别得分在 72 分边缘或不符合纳入标准的农户，不服气评估结果，打电话举报等，工作队员都一一进行调解。

马山县百龙滩龙昌村一户村民 2015 年识别得分为 74 分，因识别分数在 73—76 分，划分为 2015 年退出户。2017 年动态管理时不符合返贫条件，2020 年通过防贫监测纳入脱贫不稳定户。

2015 年精准识别时，这户家庭人口 5 人，户主在镇内务工，配偶在家种养，家庭成员还有户主大儿子（长期患病），次子就读初中，户主母亲年老体弱。该户也曾提出疑问，家庭既有老人，也有学生、病人，应该识别为贫困户，不应该是 2015 年脱贫户。经工作队反复核实识别分数无误后，向贫困户解释，2015 年退出户也可以继续享受扶持政策，而且以后生活出现变故后，也可以按程序认定返贫。该户了解扶持政策后，对精准识别工作表示理解。2020 年 4 月，马山县通过防贫监测排查，发现该户大儿子病情恶化、转为恶性肿瘤，小儿子升学就读中职二年级，大儿子年内个人自付医疗费用超过 2 万元，且后期还要继续多次化疗。立即将医疗数据反馈乡镇，按程序纳入脱贫不稳定户管理，及时落实低保救助、医疗、产业、教育、防贫保险金等扶持政策，后期还会继续对该户进行跟踪监测扶持，直至解除返贫风险。

5. **财产检索，审核汇总，建档立卡**

乡镇党委、政府按各行政村两委报送的农户评分评议情况，逐村填写《精准识别贫困户两分一档统计表》，汇总后连同农户名单一起报送县领导小组，县领导小组审核汇总各乡镇报送数据。广西统一组织开展了财产核查，把农户名单送公安、国土、房产、工商、财政等有关单位进行农户财产检索，明确农户拥有房地产、车辆、公司、体制内财政供养人员等八种情况，对拥有上述财产的农户在识别时原则上采取“一票否决”，直接剔除。

马山县依据自治区、市领导小组通知的贫困户和贫困人口分数线，确定本县贫困户数和贫困人口数。根据本县各乡镇农户评分排序情况，确定各乡镇贫困户数和贫困人口数。各乡镇根据本辖区各行政村农户评分排序情况，对在分数线以下的农户进行抽验审核，审核后确认各行政村贫困户名单。各行政村两委组织村干部、村民小组长等对乡镇确认本村的贫困户名单进行再次审核，并在各行政村、自然村（屯）、村民小组等村民活动较集中地方进行公示（公示期 5 天）。贫困户名单公告结束后，各乡镇填写贫困人口分布表报县汇总，县汇总后报市、自治区备案。同时，县领导小组组织工作队再次入户对贫困户进行登记，逐户填写《贫困户建档立卡登记表》，完善贫困户信息。

6. **2014 年精准识别与本轮识别有较大差别**

2015 年“回头看”行动中的建档立卡贫困户识别和 2014 年的建档立卡识别在识别对象、贫困户标准、识别方法、识别步骤、指标涉及、入户产出、入村产出、识别效果等方面都有较大的差别，具体如表 5.2 所示。

表 5.2　两次精准识别的差别

内容	2015 年识别	2014 年识别
识别对象	贫困村名单不变，不重新识别，同时对自然村（屯）建档立卡 贫困户只识别一般贫困户、扶贫低保户（有劳动能力）和低保户（无劳动能力），不识别五保户	贫困户（扶贫户、低保户、五保户）、贫困村（行政村）
贫困户标准	自治区根据全区贫困人口规模划定各市、县（市、区）贫困户贫困人口分数线，确定贫困人口	低于 2013 年家庭农民人均纯收入 2736 元
识别方法	采取自下而上综合评分识别，在分数线以下的农户按程序认定为贫困户	贫困户指标自上而下逐级分解，行政村评议、乡镇审核、县确定
识别步骤	宣传动员，入户调查评分，“两评议、一公示”、核实汇总分数，审核确定贫困户和建档立卡六步骤。与 2014 年比增加入户识别和村民小组评议环节	规模分解、初选对象、公示公告（一评议二公示一公告）、填写手册和数据录入五步
指标设计	对户表、村表、自然村（屯）表指标进行丰富完善，信息量可充分反映贫困户贫困村贫困状况，精准帮扶决策依据更科学准确	户表、村表指标不足，信息量不够，信息量不能充分反映贫困户贫困村贫困状况，精准帮扶决策依据不充分
入户产出	《精准识别入户评估表》、《贫困户建档立卡登记表》、贫困户照片	《贫困户建档立卡登记表》
入村产出	《贫困村建档立卡登记表》《村民小组（自然村〔屯〕）建档立卡登记表》《自然村（屯）移民搬迁情况登记表》	《贫困村建档立卡登记表》
财产检索	由全区统一收集各财产登记部门信息，对识别评分在 80 分以下的人员开展财产检索比对工作，反馈疑似财产信息，反馈基层再次入户核对，排除不符合户	对登记的建档立卡贫困人口信息未开展财产检索工作
识别效果	按分数高低确定贫困户，有效杜绝识别不准状况。信息量更大、决策依据更科学准确	贫困户指标逐级分解，无法覆盖全部贫困户，难杜绝识别不准状况

（三）增派人力保障，改进工作方式

1.25 万名工作队员参与精准识别，“1+N”模式打造“一村一团队”

2015 年 10 月中旬开始，自治区、市、县用三个月时间，新选派 3500 名贫困村第一书记（原已选派 1500 名），具体负责所驻村精准识别工作，实现 5000 个贫困村全覆盖。在选派第一书记的基础上，全区 263 个区直单位及各市直、县直单位分别根据本单位派出第一书记的人数，再按照 1∶3 至 1∶5 的比例增派工作人员，全区累计投入 25 万名工作队员，全脱产参与精准识别。

马山县为了做好精准识别工作，首先从建立健全工作机构入手，一方面，结合全县的“美丽广西”乡村建设（扶贫）工作，各贫困村第一书记、扶贫专干及后盾单位严格按照 1∶3，甚至有些村按照 1∶4 的比例配备工作队，充实人员力量，组建 152 个驻村工作组，分别进驻 152 个行政村（其中一个是光明山林场），协助开展精准识别工作。另一方面，马山县各乡镇组建了“1+N”模式的“一村一团队”，即贫困村由党组织第一书记任团队队长，由后盾单位驻村工作人员、乡镇工作队、扶贫专干、乡村建设（扶贫）工作队成员任队员；非贫困村以乡村建设（扶贫）工作队员或乡镇领导班子成员任队长，由县、乡镇包村工作队员等任队员，分别负责所包村的精准识别工作。

在本轮精准识别中，马山县全县共投入精准识别工作队员 2654 人，其中第一书记 90 人、自治区派出人员 60 人、市派出人员 209 人、县派出人员 475 人、乡镇派出人员 714 人、村两委干部 1106 人，形成一级抓一级，层层抓落实的工作局面，也涌现出了众多先进典型。

自 2015 年精准识别工作启动以来，时任百龙滩镇兽医站兽医的韦军同志主动请缨，担任起镇扶贫工作站专职副站长的重要职责。为把扶贫对象识真、识准，韦军同志严格对照 98 项指标，坚持不合并步骤、不简化流程，

对贫困村所有农户、非贫困村在册贫困户和新申请的农户挨家挨户调查，逐事逐项评分，组织确定了全镇精准识别建档立卡贫困户1352户、5540人，为精准制定帮扶举措打下了坚实基础。2019年6月3日，已经连续14天奋战在扶贫一线的韦军同志，因劳累过度突发脑出血疾倒在了工作岗位上，后因发现抢救及时，才能幸免于生命危险。49岁的他在病床上醒来的第一时间，还想着以奖代补的材料做得怎样了，易地搬迁的进展如何……2020年底，全镇顺利实现贫困村全部摘帽、贫困人口全面脱贫。成绩的取得，离不开这位“铁人”站长的辛勤耕耘和默默付出。

梁基明同志是南宁市委组织部派到乔利乡东良村担任贫困村党组织第一书记的。2015年10月，刚到东良村，梁基明同志就接到了广西开展史上最严格的“精准识别”任务。该村制定了本村的精准识别工作实施方案，分别成立了政策指导组、后勤保障组、信访答疑组和6个精准识别组。东良村是乔利乡精准识别全乡试点村，梁基明同志提出了“如果评估评议出现有异议，屯级将是问题的起源”，做好屯一级的公平就会减少行政村一级的矛盾。为了做到屯屯统一标准，该村采取试点村+试点屯的方法，先设定了东良村新屯作为试点屯，通过对试点屯的识别评分，统一了各识别组对16项基础分评分要素和两大加减分项指标，从而为全村10个屯精准识别评分的公平公正打下了坚实的基础。通过12名精准识别工作队员的倾力付出，用时1个多月，东良村顺利完成了861户、3838人的入户识别和信息采集工作，精准采集76760条家庭信息，共精准识别861户、3838人。

2. 多轮多次培训，吃透摸透政策，改进工作方式

为防止信息传递走样，广西壮族自治区实施一竿子培训到村。2015年10月12日至16日，广西壮族自治区党委、政府召开由自治区、市、县、乡、村五级领导干部参加的全区精准扶贫攻坚动员大会暨贫困村党组织第一书记培训会，自治区党委书记做动员讲话，自治区主席主持，全面吹响新一轮精准脱贫攻坚战号角。为有序推进贫困户、贫困村、自然村屯、移民搬迁村（屯）建档立卡，2015年12月22日至23日，自治区组织召开全区精准识别建档立卡培训电视电话会，自治区副主席全程主持并做重要讲话，自治区、市、县、乡、村五级领导和工作队员约5万人参加培训，一竿子培训到村。自治区发改委、扶贫办、民政厅、住建厅、统计局、国家调查总队等单位的专家对涉及本部门建档立卡户表、村表、屯表和移民搬迁表的指标内容进行专题培训。其间，还组织市、县扶贫部门120多名骨干到南宁市邕宁区参加现场培训，现场观看建档立卡操作宣传片、现场观摩建档立卡登记、现场聆听专家对指标的讲解等，回去后成为本辖区建档立卡工作的培训骨干。2016年1月中旬，根据市、县的需求，自治区派业务骨干和专业技术人员分赴各市县开展精准识别建档立卡信息采集和信息系统操作现场培训，针对户表、村表等指标进行一一答疑和解释。

广西壮族自治区扶贫开发办公室印发的《精准识别贫困户贫困村100问和进村入户“三讲”提纲宣传手册》内包含“本次识别对象与2014年有何不同”“为什么要采用综合评分法识别贫困户”“精准识别贫困户需经过哪些程序”“‘两入户’的产出分别是什么”“如何理解拆户、分户、空挂户现象”“精准识别入户评估表具体指标如何评估填写”等全面的问题及其标准答案，为驻村干部提高自身对工作内容的理解以及解答农户疑问提供简单清晰的方法。

精准识别建档立卡结束后，2016年2月24日至28日，自治区趁热打铁，召开了全区贫困村党组织第一书记、工作队长脱贫攻坚精准帮扶培训会，再用整整5天时间，对3.7万人进行了精准帮扶培训，对自治区出台的“1+20”脱贫攻坚文件进行了专题解读，进一步提升了全区各级干部、贫困村第一书记和驻村工作队员用好政策、精准帮扶的能力。

（四）建档立卡实现基本精准水平，财产检索与信息化应用实现创新

1. 贫困户、贫困村第一次动态调整完成，实现基本精准水平

2015 年 10 月至 2016 年 3 月，广西累计完成 635 万贫困人口、5000 个贫困村、6.94 万个自然村（屯）、2.46 万个移民搬迁村（屯）建档立卡信息采集和信息录入工作。马山县识别工作开展以来，县精准识别贫困户贫困村工作领导小组牵头组织各乡（镇）党委、政府、贫困村党组织第一书记及各后盾单位，乡镇扶贫工作站、扶贫专干及后盾单位、乡镇工作队及 152 个行政村两委等近 2000 多人深入贫困村屯和非贫困村屯开展精准识别工作，运用“一进二看三算四比五议”方法进村入户精准识别贫困户，对贫困户认真评估，逐项评分，累计完成。入户调查评分 71316 户，入户评估总人数 310334 人。其中，贫困村 75 个、48895 户、212173 人，非贫困村 77 个、22421 户、98161 人（新申请贫困户 6236 户、29549 人）。进行了两轮财产核查，根据财产核查的结果，对确有核查出的财产信息，家中又无特殊困难情况的 1239 户进行了一票否决，并下发告知书，最终建档立卡 3.65 万户、14.96 万人。通过此轮识别，马山县的精准识别建档立卡实现了由不太精准到基本精准的跨越，为精准帮扶、精准脱贫奠定了基础。

2. 开展农户财产大数据检索，创新“八个一票否决”

2015 年“马山事件”披露出马山县扶贫对象识别不准确，扶贫对象中有财政供养人员、有购买汽车家庭、有在县城购买商品房或自建房家庭、有个体工商户或经营公司家庭、不符合贫困户标准等问题。为杜绝类似情况再发生，自治区党委办公厅、自治区政府办公厅联合下发了《精准识别贫困户贫困村有关问题的补充通知》（厅发〔2015〕30 号），明确了八种在识别时原则上采取“一票否决”的情况。

3. 探索联网数据采集和处理平台，畅通信息采集和上传渠道

马山县以开展精准识别工作为契机，在县财政极其困难的情况下，筹措了 100 多万元，在全区唯一一个县组织研发了精准识别专用软件系统——马山县精准扶贫业务信息采集平台，建立精准扶贫“云 + 端”模式信息平台。配备终端采集本 800 台，并按照一机一账户开通终端使用账户；配置了 152 套无线路由设备，畅通信息采集和上传渠道，实现了信息的即时录入、统计和分析，提高对贫困户信息的汇总、分析和比对的效率，方便了各级对精准识别工作进度的把握，为分类开展帮扶工作和针对性脱贫提供可靠的依据，改变了过去单一、机械、烦琐、耗时、耗人、耗物的传统模式，提高工作效率和识别的准确率。

工作人员在平台前端，可以通过“平板电脑 +APP”的模式实现终端数据采集工作；在平台后端，可以通过实时在线的云端实现数据的即时处理。马山县通过建设信息平台可高效地将各项具体工作建立在大数据的采集、分析和应用之上，大大推进精准识别工作，同时为扶贫、脱贫真正做到“对症下药，药到病除”夯实工作基础提供了有力保障，还有利于互联网 + 脱贫新模式的探索创新。

4. 逐渐建立完善激励和约束机制，形成较为完整的监督体系

建立经费保障机制。区、市、县选派的第一书记和扶贫专干按原来的管理规定落实保障；区、市增派的精准识别工作队员驻村期间，由派出单位参照贫困村党组织第一书记驻村待遇，给予伙食补助，因工作需要往返单位发生的住宿费、交通费、公杂费由派出单位按照差旅规定报销。各乡镇做好驻村工作人员的食宿安排，原则上以安排在村里食宿为主。县财政根据实际情况给予一定的经费保障。

建立严格督查机制，严格请销假、考勤制度。县委、县政府督查室、县纪委、县两重两问办根据时间节点开展督查，对精准识别工作存在的问题进行纠正或问责，并在全县范围内进行通报，明确整改时限，确保操作程序规范、时间进度跟得上，确保识别工作公开透明、公平公正。县委把精准识别的实绩，作为各乡镇和县直各部门（单位）领导班子和领导干部、工作人员2015年度考核的重要内容。对在识别工作中有实招、干实事、见实效的先进单位和个人，给予通报表扬；对工作不力、进展缓慢的单位和个人，给予通报批评、黄牌警告，并要求限期整改；严重的在年度考核中评定为基本称职（基本合格）或不称职（不合格）。

建立责任追究制度，识别结果存在问题的，按照“谁调查、谁登记、谁审核、谁负责”的原则，严格追究相关人员的责任，并视情节轻重给予党纪、政纪处分，为工作队员履职尽责戴上了“紧箍咒”，划定了“警戒线”。从自治区到县分别开展统一督查、检查、核查指导工作5次以上，其中自治区级专项检查3次，并将督查情况在全区通报，累计问责处理干部93人，其中县处级干部6人，科级及以下干部82人。其中，对3个县区的相关负责人进行了严肃问责，其中2个县区的扶贫办主任被免职。

三、2016年至2019年：开展动态管理，实现比较精准水平

经过2015年“回头看”，马山县建档立卡已经实现基本精准水平，但是在操作层面还存在一些问题。一方面，识别和退出仍然采用严格的规模限制，从而产生诸多问题。退出限制方面，自治区下发《自治区扶贫开发领导小组关于严格做好2016年度贫困退出工作的通知》（桂扶领发〔2016〕20号），要求严控脱贫指标。识别限制方面，一是受规模控制影响，部分在贫困分数线的临界农户未能纳入；二是受时间和人员限制，未能对非贫困村的农户进行全覆盖识别；三是对系统人数与规模数的差额，由各地按照广西壮族自治区扶贫办印发《关于建档立卡数据进行调整和清洗的通知》（桂扶领办发〔2016〕13号），通过“村报—乡核—县定”的简易程序补齐，重点对居住在有地质灾害隐患或自然条件恶劣、且有搬迁意愿的群众，或家庭有重病病人、残疾人户等优先纳入进来，从操作层面来说变得不严谨了。

另一方面，梳理统计数据的工作滞后，部门之间存在一定的信息壁垒。精准识别工作中采集数据相当庞大，涉及项目繁多，马山县信息管理中心工作人员人手明显不够，亟须快速补充专业素质高的信息员人才。此外，各帮扶部门存在的信息壁垒问题，亟须搭建各部门数据信息共享分析机制。

马山县按照自治区和南宁市的部署安排，2016 到 2019 年的建档立卡重点工作主要有三个方面：动态调整（精准退出和应纳尽纳、老人户处理）、数据质量提升和信息员队伍建设。

（一）动态调整重点在于脱贫管理和应纳尽纳

1. 脱贫标准多维，工作程序科学

（1）贫困户脱贫：实行脱贫“双认定”，验收工作队按照贫困户“八有一超”（“八有”指有稳固住房、有饮用水、有电用、有路通自然村、有义务教育保障、有医疗保障、有电视看、有收入来源或最低生活保障；“一超”指家庭人均纯收入超过国家扶贫标准）脱贫标准组织认定，由验收工作队长和贫困户户主双方签字确认，并按程序评议、公示后才可确定脱贫，才能在大数据平台上销号。

（2）贫困村脱贫摘帽：将原“一低四有四通三解决”概括为“十一有一低于”（“十一有”指有特色产业、有住房保障、有基本医疗保障、有义务教育保障、有路通村屯、有饮用水、有电用、有公共服务设施、有电视看、有村集体经济收入、有好的两委班子；“一低于”指贫困发生率低于 3%），按照乡（镇）初验上报、县级审核公示、市级复核审定、自治区抽查反馈、市级公告退出五步程序进行摘帽。

（3）贫困县脱贫摘帽：将原“一低四通五有”概括为“九有一低于”（“九有”指有特色产业、有住房保障、有基本医疗保障、有义务教育保障、有路通村屯、有饮用水、有电用、有公共服务设施、有社会救助；“一低于”指农村贫困发生率低于3%），按照县级申请、市级初审、自治区审定（审核）、向国家报告、自治区批准退出五步程序进行。

2016年的动态调整主要针对的是贫困人口、贫困村退出，将2016年的两批脱贫人口进行系统标识和信息更新。

脱贫标准方面，在“八有一超”“十一有一低于”“九有一低于”的基础上，2016年重点强调了脱贫3100元的年人均收入标准，按照《2016年广西壮族自治区扶贫对象脱贫摘帽核查验收工作方案》（桂扶领办发〔2016〕57号）要求，2014年、2015年、2016年脱贫户（退出户）的年人均纯收入均须超过3100元。各市县及时核查全国系统相关信息，如未达标需及时如实更新信息。县、村、户级登记表都进行了补充完善，例如《贫困户建档立卡登记表》中新增了“特色产业类型”指标，《贫困村建档立卡登记表》中新增了“义务教育保障”“两委班子建设”等的指标，《贫困县建档立卡登记表》中新增了“义务教育”“饮水安全”“文化建设”指标。

2017年，自治区下发《自治区扶贫开发领导小组办公室关于做好2017年度贫困户脱贫摘帽“双认定”工作的通知》（桂扶领办发〔2017〕60号），提出了“计划任务脱贫户”“奋斗目标脱贫户”（不含在计划任务内的脱贫户）的说法。马山县为确保贫困人口退出精准度，在贫困户脱贫“双认定”中，乡镇审核公示前后由定点帮扶单位进行全覆盖核验；在县级审定公告之前，由县挂点的处级领导带队，抽调135人，组成11个县级核验组，对脱贫成效进行核验，核验比例达到50%以上。

2018年，马山县下发《马山县关于开展2018年全县贫困人口动态调整工作的通知》（马扶领办发〔2018〕18号），提出落实《中共中央、国务院关于打赢脱贫攻坚战三年行动的指导意见》，脱贫摘帽标准开始将“八有一超”的脱贫标准对标“两不愁三保障”，贫困户脱贫摘帽实地核查验收主要衡量“两不愁三保障”、有安全饮水、有电用、“一超”指标，参考有稳定收入来源、有路通、有电视看指标。

2. **突破规模限制，实现应纳尽纳**

虽然2015年“回头看”和2016年动态调整中已经提到应纳尽纳，但是操作层面执行的少。返贫户和新增贫困户的管理按照《自治区党委办公厅自治区人民政府办公厅关于印发〈精准识别贫困户贫困村实施方案〉的通知》（厅发〔2015〕28号）规定的方法、程序，对因灾、因病等原因返贫的贫困户，以及符合贫困户识别标准的新增贫困户全部纳入信息管理系统，新增贫困户以应纳未纳的农户为重点对象。

2017年则针对“应纳尽纳”提出了具体的操作办法。自治区制定出台了《广西壮族自治区建档立卡扶贫对象动态管理办法（试行）》（桂扶领发〔2017〕8号），成为全国率先出台动态管理办法的省区。该办法以“两评议两公示一检索一公告”为基础，明确了贫困户新识别、脱贫户返贫、错评户剔除以及财产检索、信息录入等建档立卡工作程序和要求，为开展自治区扶贫对象动态调整工作提供了制度保障和具体指导。针对本次动态调整工作，2017年7月起，自治区先后制定出台《关于进一步做好贫困人口动态调整工作的通知》（桂扶领办发〔2017〕34号）、《关于贫困人口动态调整工作的补充通知》（桂扶领办发〔2017〕48号），南宁市出台《南宁市关于开展全市贫困人口动态调整工作方案》（南扶领办发〔2017〕22号），明确贫困人口动态调整基本原则，统一制定了市、县、乡、村、屯五级工作流程图。其中，市级有8个流程，县级有11个，乡镇有12个，行政村有11个，村民小组（自然屯）有5个。马山县根据自治区和南宁市关于开展贫困人口动态调整的工作部署出台了《马山县关于开展全县贫困人口动态调整工作方案》（马扶领办发〔2017〕11号），规范了工作开展，确保了工作质量。

（1）“应纳尽纳”贫困户。在自治区2015年底精准识别工作的基础上，对照2017年贫困户脱贫摘帽“八有一超”标准（主要是“两不愁三保障”），将建档立卡外未达到标准的农户按规定程序纳入建档立卡范围，做到“应纳尽纳、应扶尽扶”。

对于新识别贫困户，重点关注非贫困村、深度贫困地区、整屯易地扶贫搬迁自然村屯等区域，重点瞄准2015年底精准识别时未建档立卡的困难"临界户"，精准识别后因灾、因残、因病、因学等原因陷入贫困的农户，居住于非贫困村、精准识别时未提出书面申请且家庭确实困难的农户，防止遗漏。马山县参考2015年精准识别贫困户划定建档立卡分数线的做法，结合各乡镇上报的动态调整工作情况，确定此次动态调整分数线。按照《动态管理办法》要求，原则上识别分数在70分以上的农户以及现任村两委干部不得纳入"应纳尽纳"贫困户，但未达到2017年贫困户脱贫摘帽"八有一超"标准（主要是"两不愁三保障"），且家庭确实困难的，须逐级上报，经市扶贫开发领导小组同意，方可建档立卡。

（2）整屯搬迁应纳尽纳。对纳入整屯易地扶贫搬迁的农户，对照2017年贫困户脱贫摘帽"八有一超"标准（主要是"两不愁三保障"），将建档立卡外未达到标准的搬迁户，按规定程序纳入建档立卡范围，做到不漏一户、不落一人。

（3）认定返贫退出户。对全区2014年及2015年共182万退出人口进行返贫筛查，对照2017年贫困户脱贫摘帽"八有一超"标准（主要是"两不愁三保障"），将因灾、因残、因病、因学等原因返贫，未达到标准的退出户，按规定程序认定返贫，实现退出户动态调整。

（二）"老人户"作为动态管理专项问题得以解决

在建档立卡贫困户中，有很大比例是一到两口人的老人户。这些户籍单设的老人户，形成原因主要有三点：一是为了享受各类补助政策而分户、拆户形成的；二是长期以来，农村世代形成的生活习惯，子女一结婚就分设门户，户口与老人分开，也独自建新房与老人分开住；三是子女考上大专院校出去上学后，大多留在外地工作，家里只剩老人独自过活。这些老人户均有子女。子女有的单独立户，有的在外打拼，既有赡养义务，也有赡养能力。

老人只因独立户口在农村独自居住而成“老人户”。因此，广西壮族自治区组织人员对“老人户”问题进行全面研究，制定了“老人户”问题指导意见，下发《关于明确建档立卡“老人户”动态管理有关问题的通知》（桂扶领办发〔2018〕27号），指导全区对“老人户”问题进行了集中解决。2018年6月26日，《关于印发马山县建档立卡“老人户”动态管理工作方案的通知》（马扶领办发〔2018〕17号）对建档立卡“老人户”作出了明确界定和处理办法。

1.“老人户”的概念明确界定

建档立卡“老人户”是指有子女，但与子女分开单独识别纳入全国扶贫开发信息系统且整户无劳动力的建档立卡贫困户（含2014年、2015年退出户，2016年以来脱贫户和未脱贫户）。

2. 具体情形与处理意见

（1）对于不按自治区2015年底精准识别规定错评为建档立卡的“老人户”，即在识别时，在“子女家庭中评估得分70分以上或子女已在乡镇以上定居的，老人单独设立户口”这一项目中没有加分的“老人户”，而且若增加10分后，该“老人户”总分超过80分的，原则上按《自治区扶贫开发领导小组关于印发〈广西壮族自治区建档立卡扶贫对象动态管理办法（试行）〉的通知》（桂扶领发〔2017〕8号）规定的错评剔除程序进行剔除。

（2）对于子女均出嫁、入赘（上门）或常年在外工作的独居建档立卡“老人户”，经村级评议公示、乡（镇）审核、县扶贫开发领导小组研究同意后，可继续建档立卡，并根据实际情况按规定给予帮扶。若在各级评议、审核时，发现其常年在外工作的子女有赡养能力或符合“八个一票否决”情形的，可根据《动态管理办法》，将建档立卡“老人户”做人员减少处理。

（3）对于在本地有子女（不含出嫁、入赘）是建档立卡贫困户的建档立卡“老人户”，原则上根据实际情况，结合当事人意愿，在系统中将建档立卡“老人户”与是建档立卡贫困户的其中一户子女户进行并户操作，并根据并户的子女户贫困现状进行分类管理。具体分为两种情况：一是其子女户已脱贫的，并户后按整户重新作脱贫认定。如认定符合脱贫标准的，按整户作脱贫管理；如认定不符合脱贫标准、家庭仍困难的，可在每年贫困人口动态管理时，按程序进行整户返贫管理，并继续帮扶。二是其子女户未脱贫的，并户后按未脱贫户进行管理，按整户进行帮扶，待符合脱贫标准时，按整户作脱贫认定。

（4）对于在本地有子女（不含出嫁、入赘），但其子女均不是建档立卡贫困户的建档立卡“老人户”，原则上根据实际情况及当事人意愿划入其中一户子女户重新进行评估识别。若识别符合建档立卡贫困户标准的，可根据《动态管理办法》，将其子女户一起建档立卡，作贫困户家庭成员增加处理；若识别后不符合建档立卡标准的，可根据《动态管理办法》，将建档立卡“老人户”做人员减少处理。

在具体操作中，马山县对于不符合建档立卡贫困户识别标准的“老人户”，并没有“一剔了之”；对于子女均出嫁、入赘或常年在外的独居建档立卡“老人户”，也没有“一兜了之”，更主要的工作是加强了对其子女的法治教育，通过宣传教育、采取签订赡养协议等办法，促进其子女履行法定赡养义务，确保老人老有所养、老有所依。

在2018年对“老人户”动态管理的工作中，马山县共剔除3户、5人，保留324户、409人，与非贫困子女户重新识别后一起建档立卡4户、6人，整户减少129户、182人。

（三）全国率先组建信息员队伍，实现数据清洗及信息维护常态化

2017年8月10日，《自治区扶贫开发领导小组办公室关于进一步做好村级扶贫信息员配备有关工作的通知》（桂扶领办发〔2017〕59号）下发，广西在全国率先组建了一支覆盖自治区、市、县、乡、村五级，共约1.7万人的扶贫信息员队伍。

1. 区、市、县、乡、村五级人员配备，工作职责严明

一是在人员配备方面。要求市级配备 2 名以上、贫困县 3 名以上、非贫困县 2 名以上、有扶贫开发任务的乡镇 1 名以上、有扶贫开发任务的行政村 1 名以上扶贫信息员。其中，明确贫困村必须有 1 名专职，非贫困村可由定员半额补贴村干部兼任，但贫困户 100 户以上的贫困村也必须有 1 名专职。马山县于 2016 年 6 月率先开始聘用信息员，健全县、乡、村三级扶贫信息网络，加快扶贫信息队伍建设，共面向全县公开招聘县、乡、村三级扶贫信息员 191 名，其中县级 10 名、乡镇 29 名、村级 152 名。

二是在工作职责方面。明确扶贫信息员发挥扶贫数据信息审核录入、扶贫对象动态管理线上工作的、为各级党委政府提供各类脱贫攻坚数据的作用。为了进一步规范广西村级扶贫信息（档案）员队伍管理，明确工作职责，自治区扶贫办于 2018 年专门下发了《关于印发〈村级扶贫信息（档案）员“三做三不做”〉的通知》（桂扶领办发〔2018〕31 号）。

（1）“三做”

做扶贫数据信息的审核录入工作。审核和录入建档立卡贫困户、贫困村的基础数据信息及动态管理等数据信息，确保数据信息准确。

做扶贫数据信息的维护分析工作。定期和不定期排查扶贫数据信息与实际不一致的问题，并及时更正；为扶贫考核、评估、督查、巡视、审计、民主监督和日常工作需要提供准确数据信息，并根据需要对相关数据信息进行统计分析，为领导决策提供参考。

做精准扶贫档案工作。按照《广西壮族自治区精准扶贫档案管理办法》和自治区下发的村级精准扶贫档案归档清单，做好精准扶贫档案的收集、整理、保管和应用工作。

（2）“三不做”

原则上，村级扶贫信息员不做以下三项工作：不做帮扶联系人；不做扶贫数据信息采集工作；不做与精准扶贫无关的档案工作。

（3）业务培训方面

从 2018 年起，自治区扶贫办每年拿出 200 多万经费，专门对市、县、乡三级扶贫信息员进行业务培训，每年自治区层面培训人数 2700 余名。自治区培训结束后，各县对所辖县的乡、村扶贫信息员做进一步的业务培训。马山县制定《马山县聚焦打好脱贫攻坚战加强干部教育培训工作方案》，扎实推进全县聚焦打好精准脱贫攻坚战加强干部教育培训工作。为加强对全县 191 名扶贫信息员的教育培训和管理，2018 年内共组织了 2 次 4 天的扶贫信息员业务培训班，培训内容包括脱贫攻坚讲话精神、扶贫政策解读等理论知识；农户信息采集录入、信息审核、数据分析和监测方法等电脑基本操作技能；以及精准扶贫档案材料的收集和整理等专业办法。

（4）资金政策支持方面

自治区规定各地可采取绩效考核等管理模式，给村级扶贫信息员适当发放绩效奖励，充分调动村级扶贫信息员的积极性，保持村级扶贫信息员队伍的稳定。原则上每个乡镇每年的村级扶贫信息员流动幅度不超过 20%。马山县为了稳定扶贫信息员队伍，激励他们的工作干劲和成效，争取到县财政资金 80.1 万元，用于增加 2018 年行政村扶贫信息员驻村补助及全县扶贫信息年终绩效奖金。

2. 信息员制度实施形式多样，各地广泛实践探索与创新

（1）选聘配备类

河池市东兰县：以购买服务形式面向社会公开招聘扶贫信息员，目标人群为有志加入政府部门工作并且学历在大专以上的本地待业人员。乡、村扶贫信息员选聘工作由乡镇负责。

南宁市西乡塘区：将扶贫信息员招聘与贫困户转移就业工作相结合，在招聘专职扶贫信息员时优先聘用贫困户子女，鼓励贫困户参与到扶贫工作中来，增强其对扶贫工作的认同感，既增加了贫困户的收入，也有效确保了扶贫信息员队伍的稳定。

（2）工资保障类

贺州市平桂区：按学历确定扶贫信息员工资标准，其中本科学历每月应发工资3515元，含五险（养老、医疗、失业、生育、工伤保险合计369.08元），实发工资3145.92元；大专、中专学历每月应发工资3461元，含五险（养老、医疗、失业、生育、工伤保险合计363.41元），实发工资3097.59元。

富川瑶族自治县：除每月发放扶贫信息员基本工资2300元外，每月还发放300元的“乡镇补贴”。按照信息员周末加班情况给予每人每周100元的加班补贴。乡镇为扶贫信息员提供住宿用房。

（3）业务培训类

贵港市港北区：将扶贫信息员培训纳入干部队伍全年培训计划一并统筹推进，组织扶贫信息员共同参与外出调研、学习进修。邀请多部门主要领导、高校教授给扶贫信息员授课，组织扶贫信息员系统学习扶贫业务知识，经培训考试合格后颁发信息员证书。

河池市金城江区：分批次对各乡镇、行政村信息员进行“一对一”指导教学。每年组织全体信息员进行考试，考试合格的颁发上岗证，考试不合格的进行再培训，并延缓续签合同。

（4）管理运用类

马山县：出台《马山县扶贫信息员（档案员）工作职责及管理考核办法》，对扶贫信息员（档案员）的职责与任务、日常管理、考核与责任等内容作出了具体规定，做到了有律可循、有法可依。

天等县：出台《天等县扶贫信息员管理办法》，进一步规范村级扶贫信息员工作，对工作表现好的村级扶贫信息员优先列为村两委后备干部。

浦北县：扶贫信息数据质量与下乡补助挂钩；扶贫信息员所负责的扶贫信息数据质量差的，年底不得参与评优评先。

3. 数据清洗及信息维护常态化，实现数据质量持续改进

2016年开始开展广西脱贫攻坚大数据平台建设，直到2018年广西脱贫攻坚大数据平台初步建成并在全区开展试点工作，全区扶贫信息化水平不断提高，逐步走向了“无纸化”扶贫，对数据信息的分析和运用水平不断提升；数据质量持续改进，部门数据共享比对不断加强，建立了部门数据共享联席机制，要求每年至少开展两次集中的数据比对工作，平时根据需要随时进行共享比对。

（1）姓名和身份证清洗。2016 年以后信息管理系统中的姓名与身份证信息与公安部门进行比对，将通过电子版的形式下发到各地，各地要根据错误清单核实并及时修改。

（2）指标逻辑关系的清洗。对信息管理系统中存在明显逻辑关系错误、部分指标为空、重复录入等情况开展清洗工作。存在逻辑关系错误的指标信息需修改，例如，贫困人口性别与户主关系不一致的错误、贫困户中多户主和无户主、务工时间与务工情况不符、农户空挂等问题数据。

（3）2016 年后信息管理系统中已根据贫困户脱贫双认定“八有一超”的标准设定了自动校验功能，系统中校验未达标的农户将不能通过脱贫标识，但仍需对信息管理系统中已标识的 2016 年脱贫户的信息进行核实并修改。由于广西壮族自治区数据是导入全国系统的，若收入不更新会在系统后台出现收入逻辑关系错误，每年均会有变动的指标必须及时更新。贫困户、脱贫户中有发生变化的信息须在全国系统中更新，特别是在校生状况、收入情况等。

（4）贫困户家庭成员自然增减管理。根据贫困人口嫁娶、出生、死亡等实际情况，对贫困人口进行增加或剔除。

2017 年以后数据清洗重点主要是以下三个方面：

a. 建档立卡户家庭成员核准。贫困户家庭成员以贫困户家庭实际居住人口（指居住在同一住宅内，常住或者与户主共享开支或收入的成员）为准，户口本登记的家庭成员仅作为参考。各地入户采集信息时重点核查是否存在不按实际居住人口识别的现象。如贫困户的女儿已嫁出但户口未迁出、被识别为该户建档立卡家庭成员；贫困户的媳妇已嫁入但户口未迁入、而未予以建档立卡等。

b.退出户、脱贫户"两不愁三保障"数据核准。重点核查2014年和2015年退出户、2016年脱贫户在全国扶贫开发信息系统中仍显示"两不愁三保障"未达标情况，如显示仍属于饮水困难、饮水不安全、住危房、未享受大病医疗保险、家庭人均年纯收入未达当年扶贫标准等。针对此类数据，进一步核实，并根据农户家庭实际情况在系统上进行更新。

c.异常数据核准。对数据空项、指标间逻辑关系不符合校验规则等异常数据进行核实并校正，如身份证号异常、贫困人口性别和与户主关系不一致、务工时间与务工情况不符、主要指标项为空等。

（四）建档立卡实现比较精准水平，工作亮点与工作成效显著

1.动态调整，建档立卡实现比较精准水平

（1）脱贫退出方面

2017年广西实现98万贫困人口脱贫，贫困发生率从7.9%下降到5.7%。其中，马山县有11个贫困村摘帽，3641户、15109人脱贫，贫困发生率降为11.56%。2018年全区实现116.2万贫困人口脱贫，1452个贫困村顺利摘帽。其中，马山县严格开展贫困村、贫困人口脱贫摘帽认定工作，通过"二上二下一微调"程序制订贫困人口、贫困村的脱贫摘帽计划，顺利实现了3641户、15109贫困人口、11个贫困村脱贫摘帽，贫困发生率降至5.91%。

（2）动态调整方面

广西严格按照国务院扶贫办关于贫困人口动态调整工作统一部署和要求，坚持应纳尽纳、应返尽返，下足"绣花"功夫做好贫困户应纳尽纳、整屯搬迁应纳尽纳、退出户认定返贫、剔除（清退）错评贫困户工作，按时按质完成了贫困人口动态调整工作，广西净增加贫困人口22.8万。其中，马山县2017年新应纳尽纳868户、3236人，认定返贫447户、1829人，剔除

252 户、1217 人。同时，通过对贫困人口的自然增减进行普查后，全县建档立卡贫困人口共净增加 970 户、4034 人。2018 年广西全区新识别贫困户 3.56 万人，脱贫户返贫纳入 1.36 万人，将 379 个识别为深度贫困村的非贫困村纳入建档立卡贫困村管理。其中，马山县根据自治区关于贫困人口“新识别、返贫、错评剔除”的工作程序和步骤，积极开展贫困人口动态调整工作，完成了新识别贫困户 169 户、628 人；剔除错评贫困户 165 户、847 人；认定返贫户 65 户、262 人，返贫率 0.26%（历年脱贫人口是 99553 人）。

（3）信息采集录入方面

全区完成全部 634 万建档立卡贫困人口、5379 个建档立卡贫困村的基础信息和地理位置坐标采集、更新和录入工作，以及 2018 年脱贫户和退出贫困村脱贫措施采集和录入。马山县为做好扶贫对象信息与国扶系统、《帮扶手册》相一致，相继下发了《关于开展扶贫对象信息一致性核查整改工作的通知》《关于全面开展贫困人口基础信息普查校正工作的通知》等文件，抓好新增贫困人口信息采集、贫困村信息更新、项目实施信息完善等工作，确保数据信息真实准确。同时，通过加强基础数据的分析和监测，结合区、市反馈的数据问题清单，定期开展数据清洗工作，从贫困人口基础信息完善、采集指标间逻辑关系、异常数据信息等方便分析，对可疑数据清单进行核准和修正，年内共补充完善贫困人口基础信息 15 万多项，更新就业务工、在校生、结对帮扶工作等信息约 7 万多条，切实抓好贫困人口基础数据实时更新工作。同时，加强对数据的比对和分析，与教育、住建、民政、就业、社保、残联等部门信息比对，找出疑似数据问题清单 1 万多条，反馈乡镇并联合部门核实修正国扶系统信息。

2. 打破规模限制，实现应纳尽纳、应扶尽扶

2017 年 7 月 15 日，《自治区扶贫开发领导小组办公室关于进一步做好贫困人口动态调整工作的通知》（桂扶领办发〔2017〕34 号）仍在强调规模限制：以市为单位统筹开展贫困人口动态调整工作，在确保动态调整后各市建档立卡贫困人口不低于2013年底贫困人口规模的前提下，由各市根据实际情况，调整下辖县（市、区）贫困人口规模。其中，动态调整后市建档立卡贫困人口数低于2013年的规模或超过3%的，须即时向自治区报备。此外，对动态调整后的2016年脱贫县、脱贫村进行评估测算，对2016年底贫困发生率超过3%或2017年底贫困发生率有可能超过3%的，须即时向自治区报备。

但是，为贯彻落实2017年7月26日国务院扶贫办关于贫困人口动态调整视频会议精神，同日随即下发了《自治区扶贫开发领导小组办公室关于贫困人口动态调整工作的补充通知》（桂扶领办发〔2017〕48号），对于规模限制实现了第一次突破，具体提出了两个要求：

（1）严禁设定调整规模

贫困人口动态调整必须坚持实事求是原则，凡符合扶贫标准的农户要全部纳入扶贫对象落实帮扶，凡脱贫不稳、不实的退出户均要予以返贫，切实做到“应纳尽纳、应扶尽扶”，严禁设定贫困人口调整规模。自治区开展专项督查将重点核查各地是否控制调整规模，是否存在“应纳未纳、应返未返”现象。

（2）防止“唯分数论”

各地要结合本地实际情况，在2015年底精准识别所确定的分数线的基础上，更加科学合理地划定此次动态调整的贫困户分数线，原则上此次划定的分数线不能低于2015年底的分数线。入户识别得分是精准识别贫困户的主要依据，但不能“唯分数论”，不能以分数作为唯一识别标准，要坚持实事求是，对因特殊情况确属生活困难的农户，但识别得分高于分数线的，也要按规定程序予以纳入，确保不漏一户、不落一人。

3. 创新方式，科学制订年度脱贫计划

创新实行“二上二下一微调”脱贫计划制订工作流程，采取自下而上的方式，把主动权下放给各地，科学制订2018年脱贫摘帽指导性计划。

（1）自下而上，摸清底数。由乡镇包村干部、驻村第一书记、驻村工作队员组成工作队，与村两委干部、村民小组（屯）长、村民代表，以自然村屯为单位全面摸底、充分商议，提出2018年计划脱贫户和计划摘帽村。经乡镇初审、县级审核、市级复核后，确定2018年贫困人口脱贫和贫困村摘帽的初步计划并上报自治区，完成“一上”工作步骤。

（2）科学分析，精细调整。自治区扶贫开发领导小组办公室根据各设区市上报的贫困人口脱贫和贫困村摘帽初步计划，结合建档立卡系统中贫困户“两不愁三保障”等关键指标，对各地在建档立卡系统中标识的计划脱贫户信息进行科学分析测算，并组织区直有关行业部门共同研究，调整完善2018年全区贫困人口脱贫和贫困村摘帽初步计划下发各市，做到既尊重基层意见又科学合理，完成“一下”工作步骤。

（3）实事求是，逐级确认。各地根据自治区“一下”的调整情况，将贫困人口脱贫和贫困村摘帽初步计划分解到行政村。各行政村研究提出意见后逐级向上反馈，经乡镇、县、市研究后，各市汇总形成本市贫困人口脱贫和贫困村摘帽计划上报自治区，完成“二上”工作步骤。

（4）统筹兼顾，确定计划。自治区根据各设区市“二上”报送的贫困人口脱贫和贫困村摘帽计划，组织开展抽查，并再次召集区直各相关部门分析研究，以尊重基层意见为主要原则，统筹考虑全区贫困县脱贫计划，提出2018年全区贫困人口脱贫和贫困村摘帽指导性计划，按程序报自治区扶贫开发领导小组审核批准后，下发各设区市、县（市、区），完成“二下”工作步骤。

（5）尊重事实，开展微调。组织各地在10月开展脱贫计划微调工作，针对“预测年内确实无法达到脱贫摘帽标准的计划脱贫户和计划摘帽村，和年初未列为计划脱贫对象但预测年内可以达到脱贫摘帽标准的贫困户和贫困村”等对象，对年度脱贫计划进行微调，使之符合年底实际情况，并逐级上报审核。在尊重客观事实的基础上，自治区统筹提出微调意见，按程序报自治区扶贫开发领导小组批准后下发各设区市、县（市、区），完成“一微调”工作步骤。

4. 细化帮扶手册填写内容，随时掌握扶贫对象变化信息

《广西脱贫攻坚精准帮扶手册》是广西在全国扶贫信息系统中针对扶贫对象基础信息的基础上，为及时掌握贫困户实时变更信息，抓好扶贫政策落实而研究印制的帮扶工具。在2016—2018年，采取纸质版一式2份，扶贫对象和帮扶干部各保存一份，2019—2020年保留贫困户保存一份，帮扶干部利用平台系统数据进行采集登记。帮扶干部定期每月到扶贫对象家中，了解农户家庭生产生活情况，宣传各项扶贫惠民政策，协助申请扶贫资金，并详细记录扶贫户家庭每月的收支情况，以便了解“两不愁三保障”的达标情况，为脱贫攻坚战打好数据基础。

2016年8月，自治区扶贫开发领导小组印发了《关于进一步完善和加强精准帮扶基础工作的通知》（桂扶领发〔2016〕14号），明确要求建立贫困户家庭收支台账和帮扶工作台账，每一个贫困户都要有统一的《广西脱贫攻坚精准帮扶手册》（以下简称《帮扶手册》）和《广西脱贫攻坚精准帮扶联系卡》（以下简称《帮扶联系卡》），即“一户一册一卡”。《帮扶手册》主要包含乡（镇）党委、政府，帮扶联系人，贫困户“三承诺”；贫困户家庭基本情况；帮扶联系记录；年度帮扶及收入计划；贫困户收入登记；帮扶政策摘录等内容，其中《贫困户家庭基本情况》《贫困户收入登记表》中需填写的信息指标均按照录入全国扶贫开发信息系统中的指标设计制定。按照《帮扶手册》中的解释，贫困户家庭稳定总收入由生产经营性收入、生产经营性支出、工资性收入（劳务收入）、财产性收入、转移性收入（政策性稳定脱贫收入）组成，不计入家庭稳定脱贫收入项目如危房改造补贴、城乡居民基本医疗保险报销金额等也一并登入《帮扶手册》，但不作为脱贫收入的参考。《帮扶手册》一年一印，贫困户、帮扶联系人各执一份（贫困户执红色封面，帮扶联系人执蓝色封面，2019年起取消蓝色封面本，改为广西扶贫APP录入），各项记录由双方同时逐一签字确认，并妥善保管。《帮扶联系卡》主要列示帮扶对象（贫困户）和帮扶联系人联系方式，挂在贫困户家中。每年由自治区统一制发《帮扶手册》和《帮扶联系卡》后，帮扶联系人每年要到贫困户家中四次以上，未脱贫户每月入户一次，检查上次入户以来贫困户收支变化的登记情况，《贫困户收入登记表》每月（2018年后改为每季度）均由帮扶联系人和贫困户同时签字确认。《帮扶手册》作为最基础的建档立卡信息采集载体，解决了贫困户家庭收支记录不详细、不完整，贫困户相关数据信息缺失等问题，实现了精确量化贫困户家庭收入。

四、2019年至2020年底：两类人群识别，开展长效管理监测

经过多轮多次动态调整，广西建档立卡已达到比较精准水平，但仍存在以下几个问题。第一，部门协调沟通和数据共享能力较弱。一是在手册填写中，因各部门没能按季度准确报送本单位所发放的惠民政策到户清单，导致政策性收入很难及时准确填写。二是在数据问题清洗过程中，公安、教育、残联、卫计、社保、民政、搬迁、住建、扶贫等部门相互沟通协调不够，导致相同指标上报数据相互矛盾等问题。例如，由于住建部门没有及时更新数据，显示还有150个危房户，但是扶贫办系统里只有120户，其余30户则变成了“脱贫户住危房”。

第二，数据质量仍可进一步提升，扶贫对象信息采集准确度有待提高。国扶系统需要采集的信息种类较多，一些贫困户家庭情况复杂，帮扶干部信息采集质量参差不齐。目前，国扶系统中仍存在贫困户家庭成员增减不及时、就业务工、学生就读、参保养老、收支数据等信息与事实不符的问题。

第三，档案管理环节薄弱。由于帮扶干部能力参差不齐、有些帮扶干部业务繁忙，特别是医务人员和教师队伍，企业员工等，未能经常参与卡册填写业务培训。培训、指导不到位，部分帮扶干部《帮扶手册》填写不规范，有的村级屯级评议会记录太过简单，动态调整和双认定有关记录不全。有的

村没有扶贫专用档案柜，档案材料归档不规范，档案管理依然较薄弱。

针对以上问题和现阶段的主要任务，广西开展了2019年的“回头看”工作和动态调整，重点开展对“两类人群（脱贫不稳定户和边缘易致贫户）”的识别监测，以及强化信息技术运用，增强部门信息比对和信息共享。

（一）超前探索，摸排监测三类不稳定人群

对于掌握在贫困线附近状态不稳定的人群动态，建立稳定脱贫和防止返贫监测机制方面，2019年5月，南宁市就已经有了一些具有前瞻性的创新探索，下发《关于开展建立三个数据库工作的通知》，对三类人员进行摸排监测。

1. 建立脆弱人群数据库，主要聚焦易返贫人群

排查建档立卡户范围内，脱贫后易返贫的人群：家庭出现重大变故，因病、因灾，有大额医疗支出，家庭年人均纯收入低于5000元，可以根据各业务部门系统进行筛选排查。通过排查，把建档立卡中的状态不稳定退出户和脱贫户筛选确认后，纳入脆弱人群数据库。

2. 建立特殊人群数据库，排查档外生活困难户

排查非建档立卡的生活困难户，重点排查六类人群：低保户、住危房户、大病慢性病户、残疾人户、无劳动能力户、独居老人户。“三保障”状态不稳定的、生活确实困难的农户，纳入特殊人群据库。

3. 建立边缘户数据库，监测边缘易致贫户

排查精准识别中各县区划定的2013年分数线上浮15分内的生活困难户。重点排查：低保户、住危房户、大病慢性病户、残疾人户、无劳动能力户、独居老人户六类人群。“三保障”状态不稳定的、生活确实困难的农户应纳入边缘户数据库。

（二）脱贫户全面覆盖，档外户重点排查

南宁市的这次探索为“回头看”打下了基础和铺垫。2019年8月，广

西壮族自治区印发《广西脱贫攻坚“回头看”专项行动工作方案》（桂扶领办发〔2019〕60号），开展脱贫攻坚“回头看”专项工作，重点在脱贫不稳定户和边缘易致贫户这两类人群的摸排和监测上。全区共组织包括帮扶干部、第一书记、驻村工作队员、村两委干部、村民小组（屯）长等的15.37万工作人员进村入户，逐户排查、核查问题，更新数据信息，梳理汇总存在的风险或问题清单。直至2020年的动态管理，除了常规工作，这两年的工作重点是在减少贫困存量的基础上，着力巩固脱贫成果，防止返贫和新增致贫，通过建立防止返贫监测和帮扶机制，确保在全面建成小康社会道路上不落一户、不落一人。

在2019年开展脱贫攻坚“回头看”专项行动后，马山县根据排查出的脱贫不稳定户和边缘易致贫户，充分研究落实具体扶持政策，制定《马山县扶持脱贫攻坚重点关注人群实施方案》（马扶领办发〔2019〕25号），将边缘易致贫户、脱贫不稳定户纳入重点关注人群范围。边缘易致贫户扶持政策包括医疗救助、义务教育资助、住房安全保障三项（仅限选择一项），边缘易致贫户在2019—2020年享受和2014年、2015年退出户同等待遇政策扶持，脱贫不稳定户按原有政策加强扶持。同时确保重点关注人群低保应保尽保，若仍无法解决农户实际困难的，力争社会救助帮扶。2020年，自治区出台《广西壮族自治区巩固脱贫成果精准防贫工作实施办法》（桂扶领发〔2020〕2号）和《关于建立防止返贫监测和帮扶机制的指导意见》（桂扶领发〔2020〕6号）等文件。马山县迅速跟进，制定印发相关方案，进一步强化精准防贫工作制度，明确认定标准，列出符合纳入防贫对象的六种情况；细化认定程序，通过“线上线下”同步排查、比对建议名单、县级审定等步骤规范实际操作，并明确每月组织1次排查认定；扩大防贫举措范围，在“三保障”政策基础上，增加产业、小额信贷、就业防贫措施。

1. 脱贫不稳定户，“六看”“六巩固”

全面排查有可能导致脱贫户返贫的问题，对脱贫户逐户开展“六看”，即看“三保障”和饮水安全是否稳定解决，看产业是否持续发展，看就业是否保持稳定，看家庭是否有刚性大额支出，看内生动力是否充分激发，看扶持政策是否保持稳定，通过“六看”找出存在的风险。经过全面摸排，自治区共排查出具有返贫风险的脱贫户20810户（其中：因大病返贫风险7144户、因学返贫风险2670户、因灾返贫风险264户、因残返贫风险2965户、因突发事件返贫风险772户、因产业失败返贫风险3367户、其他返贫风险5963户）。

在2019年下半年和2020年的动态管理工作中，各县将“回头看”专项行动中找出存在风险的脱贫户，且经核实家庭年人均纯收入低于5000元的脱贫户，确定为脱贫监测户，并在信息系统中进行标注。通过全面排查摸底，共纳入脱贫监测户2.06万户、8.46万人。其中，马山县有返贫风险脱贫户1480户、6240人。

相关行业部门根据梳理出的风险点和问题清单，精准施策，实现“六巩固”，即巩固“三保障”和饮水安全等基础保障，巩固产业扶贫成果，巩固就业扶贫成果，巩固综合保障扶贫防线，巩固脱贫动力，巩固政策落实。

2. 边缘易致贫户，排查新致贫问题

全面排查有可能导致非建档立卡农户新致贫的问题，对重点户逐户调查“三保障”及饮水安全等情况，将生活困难的列为疑似边缘户帮助解决实际困难。操作层面上，村工作队从以下农户中研究确定本村重点排查户：

（1）建档立卡户以外的低保户、特困供养户、残疾人户、无房户、危房户；

（2）向各级政府反映生活困难、提出享受扶持政策诉求的农户；

（3）近两年因自然灾害、意外变故等原因造成生活困难的农户。

村工作队对重点排查户逐户调查“三保障”及饮水安全等情况，将生活困难的列为疑似边缘户，录入广西扶贫APP，逐级提交。县级扶贫开发领导小组审定边缘户名单后，组织相关行业部门精准施策，帮助解决实际困难，有效消除致贫风险。2020年的动态调整中要求，评估原有脱贫不稳定户和边缘易致贫户的风险变化，并在系统中标注“是否消除返贫（致贫）风险”。

经过重点摸排，全自治区共排查出具有致贫风险的边缘户33721户（其中：因大病致贫风险14485户、因学致贫风险4909户、因灾致贫风险280户、因残致贫风险5294户、因突发事件致贫风险1396户、因产业失败致贫风险236户、因失业致贫风险3281户、其他致贫风险9443户）。在2019年下半年和2020年的动态管理工作中，各县将“回头看”专项行动中排查出的边缘户，且经核实家庭年人均纯收入低于5000元的边缘户，相关信息录入全国扶贫开发信息系统通过全面排查摸底，共纳入边缘户3.34万户、12.3万人。其中，马山县有致贫风险的边缘户663户、2305人。各相关部门精准施策，帮助解决实际困难，有效消除致贫风险。

3. 开展“三非”工作，关注档外贫困人群和地区

自治区扶贫开发领导小组办公室为了进一步摸清广西扶贫开发任务较重的非贫困县、贫困人口较多的非贫困村和生活比较困难的非贫困户脱贫攻坚相关底数需求，为制定相关扶持政策奠定基础，下发了《关于做好扶贫开发任务较重的非贫困县、贫困人口较多的非贫困村和生活比较困难的非贫困户脱贫攻坚相关需求底数排查工作的通知》，简称为“三非”工作。

（1）非贫困县

广西壮族自治区在全区确定了8个非贫困县，主要排查“四建一通”公路项目、农田水利设施项目建设需求情况。

（2）贫困人口较多的非贫困村

主要排查非贫困村实施“四大战役”建设情况和篮球场、文化室、戏台等文化体育设施建设情况。

（3）生活比较困难的非贫困户

主要排查“三保障”单项需求情况，要求上报备案的生活比较困难的非贫困户，可单项享受“三保障”（或义务教育保障，或基本医疗保障，或住房安全保障）政策。

马山县优先从全区未脱贫人数达250人（含）以上，且贫困发生率高于3%的非贫困村中考虑，其他非贫困村如在“三保障”、饮水安全、村级集体经济等方面短板突出的也可以考虑，并于5月至6月，组织全县按村级初选、乡镇审核、县级审核并报自治区审定的工作程序，排查认定了10个贫困人口较多的非贫困村；确定生活比较困难的非贫困户160户、619人。

在认定工作完成后，广西壮族自治区扶贫办下发了《扶贫开发工作任务较重的非贫困县贫困人口较多的非贫困村和生活比较困难的非贫困户八条扶持政策》（桂扶领发〔2019〕10号），在确保贫困县、贫困村脱贫攻坚进度的前提下，整合资源、统筹推进自治区确定的8个扶贫开发工作任务较重的非贫困县、200个贫困人口较多的非贫困村脱贫攻坚工作，支持一批经自治区备案的生活比较困难的非贫困户解决一些现实困难，主要政策包括：安排资金倾斜支持、优先安排“四大战役”项目资金、支持基础设施建设、支持创建现代特色农业核心示范区、支持文化体育设施建设、支持发展村级集体经济、实行差异化扶持政策、强化组织保障力度。

（三）强化信息技术运用，增加部门信息比对

广西自2018年已经开始18个部门的信息比对工作，到2019年3月20日《广西壮族自治区建档立卡扶贫对象信息比对工作方案（2019年修订）》（桂扶领办发〔2019〕19号）一文下发，增加到19个部门的信息比对，发挥出了更大的价值。为全面、准确地开展扶贫信息比对工作，自治区采取单项比对和综合比对两种方式进行，单项比对由各有关部门自行完成，综合比对主要由自治区扶贫办组织完成。

1. 疑似户数据比对，提高识别精准度

广西壮族自治区充分运用大数据等先进信息技术，以自治区扶贫开发领导小组名义组织19个行业部门（具体包括扶贫办、公安厅、民政厅、教育厅、市场监管局、住房城乡建设厅、自然资源厅、财政厅、人力资源社会保障厅、医保局、党委编办、公积金中心、司法厅、税务局、林业局、水利厅、残联、易地安置中心、人民银行南宁中心支行），采取集中比对与分散比对的方式，将建档立卡扶贫数据与相关行业部门数据进行交叉比对分析，找出疑似“错评”“错退”“漏评”问题数据，并梳理形成信息比对结果，及时反馈各市、县核实。重点核查住危房、有患大病重病成员或家庭有残疾人等，但未建档立卡的疑似“漏评”户信息；家庭成员具有财政供养、购买商品房、有小汽车、有登记为个体工商户或私营企业主、有购买城镇职工养老保险、有20万元以上大额贷款（用于生产经营或购房）或5万元以上个人其他消费类贷款等疑似“错评”户信息；住危房、未解决安全饮水、医疗保障等问题的疑似“错退”户信息。具体核实方法和内容如下。

（1）疑似漏评类

低保人员：根据民政部门反映的低保类型属于A、B类但未纳入建档立卡的农户进行核查；

住危房：根据住建部门反映的四类对象《未纳入建档立卡贫困户住危房名单》中的低保户和贫困残疾人户进行核查；

医疗支出费用高：根据与卫健部门对比的《未纳入建档立卡的农村户口人员参加城乡居民基本医疗保险负担医疗费用超过3000元（含）信息比对表》进行核查；

残疾人户：核查残疾等级为“一级、二级”的非建档立卡户。

（2）疑似错评类

车辆：《公安车辆》为所有建档立卡贫困户购买车辆的信息，包括车辆类型、车牌号码、机动车状态、登记日期等。《车税信息》为所有建档立卡贫困户缴纳车辆购置税的信息，包括车辆类型、缴费日期和缴费金额等。两个表结合使用，相互佐证。

工商：根据工商部门提供的《工商涉及贫困户》进行核实，重点核实企业类别为个体户、内资企业、私营企业、外资企业的信息；比对内容中包括了农民专业合作社，若某贫困人口只是集体入股的农民专业合作社，各地核实后可不做剔除认定。

不动产信息比对：核实建档立卡贫困人口中有不动产登记（已电子信息化的）人员信息。

财政供养：根据《贫困户涉及享受财政供养》《编制信息》《人社厅—建档立卡贫困人口参加城镇企业职工基本养老保险信息比对》《地税局—个税申报》这四个表的清单均有享受财政供养人员或收入较高的信息，可结合起来核查。

大型农机具：根据《贫困户涉及农机》《贫困户涉及林权流转》核查建档立卡贫困户中有购买3万元以上大型农机具、有参与林权流转等信息。

贷款：根据《贫困户涉及享受贷款》核实建档立卡贫困人口中有获得发放额20万元（含）以上的个人经营性贷款、个人住房贷款或发放额5万元以上其他消费类贷款（除个人住房贷款、国家助学贷款）的信息。

服刑人员：根据《服刑人员信息》核查建档立卡贫困人口中正在服刑和正在司法行政强制隔离戒毒所接收强制戒毒的人员信息，该项共包括犯罪记录、戒毒、社区矫正三项内容。若确属服刑收监人员，各地要及时做好贫困人口清退或“判刑收监”的家庭成员减少工作；若属于监外执行、实际仍共同生活的则不需要做人员减少。

外嫁女：《外嫁女信息》通过全国扶贫开发信息系统中年龄在35岁，“与户主关系”等于之女且无“与户主关系”等于之女婿的信息，查找是否有疑似已外嫁但未及时做家庭成员自然减少的。

(3) 疑似错退类

义务教育辍学：根据《义务教育阶段辍学信息》比对的是在义务教育阶段年龄内，学籍系统显示不在校的贫困人口信息，重点核实已脱贫人口、2018年计划脱贫人口（表中重点帮扶对象）是否确实存在义务教育阶段辍学的情形。

住危房：根据《存量危房表》核实表中属于建档立卡贫困户且已脱贫的仍住危房的人员信息。

医保：根据《人社—建档立卡贫困人口参加城乡居民基本医疗保险信息比对》核查已脱贫贫困人口在脱贫年度是否参保，若在脱贫年度未参保，是否已交2018年城乡居民基本医疗保险。

饮水：根据《贫困户基础信息饮水达标情况核查》核查已脱贫人口、2018年计划脱贫人口（表中重点帮扶对象）但未解决饮水问题的情况。

2. 帮扶措施一键导入，提高工作效率

2019年，各县工作队组织教育、医保、卫健、民政、林业、交通、公安、住建、人社、农业、扶贫、易地安置、农信社、农行、邮储银行等部门，将建档立卡户2014年1月至2019年8月政策享受数据信息导入广西脱贫攻坚大数据平台，形成帮扶措施，全区共完成6197万个帮扶措施信息核实、采集和录入。

在此基础上，村工作队利用广西扶贫APP，进村入户核查建档立卡户家庭情况、“三保障”和饮水安全情况与建档立卡数据信息是否相符，建档立卡数据信息是否完整、是否存在逻辑错误。核实后，扶贫部门和行业部门对各自系统数据信息进行更新。比对核查过程中共发现问题、更新修正建档立卡数据1440.86万条，通过信息比对和核查整改，提高了动态管理工作的针对性和有效性，进一步提高了贫困人口精准识别度。同时，推动部门数据之间的互联互通，有利于解决信息不一致的问题，提高了建档立卡数据质量。

此外，广西脱贫攻坚大数据平台和扶贫APP不断完善，贫困人口信息采集和更新工作机制建立完善。广西根据国家数据质量规则，实现了每天定期分析数据问题，做到常态化数据清洗，数据质量进一步提升。

（四）建档立卡实现相对精准水平，防贫返贫长效监测机制建立

1. 两类人群识别完成，建立精准防贫长效机制

截至2020年底，自治区共认定两类人群65474户、249744人，解除两类人群31142户、119152人。其中，马山县共认定脱贫不稳定户（脱贫监测户）1480户、6240人，边缘易致贫户663户、2305人，占全县建档立卡总人口14.96万人的5.71%；解除风险边缘易致贫户155户、545人，脱贫不稳定户767户、3429人；落实医疗保障、教育保障、住房保障、产业奖补、就业安置、低保救助、防贫综合保险等多项防贫举措，实现精准防贫措施100%全覆盖。

2. 动态管理顺利完成，建档立卡实现相对精准水平

（1）扶贫对象动态调整和标注。自治区2019年最终高质量完成125万贫困人口脱贫、1268个贫困村摘帽工作；新识别贫困人口134人，建档立卡贫困人口自然净减少1.55万人（其中自然增加2.47万人，自然减少4.02万人），2020年共完成24万贫困人口脱贫、660个贫困村摘帽工作，已全部按时在系统中标注。其中，马山县通过“二上二下一微调”程序制定贫困人口、贫困村的脱贫摘帽计划，并严格按入户核验、村民小组评议、行政村评议及公示、乡镇审核及公示，县级审定公告等工作程序，2019年最终实现全县6269户、23213人实现脱贫摘帽，全县贫困发生率降为0.84%。全县35个贫困村“十一有一低于”全部达标，并通过南宁市、自治区的抽查核验。2020年共完成0.3908万贫困人口脱贫、2个贫困村摘帽工作。

（2）扶贫对象信息采集、更新和录入。自治区完成10.53万新增家庭成员基础信息采集和录入；完成全区634万建档立卡贫困人口和5379个贫困

村基础信息更新。其中，马山县贫困人口自然增加4118人、减少5983人。同时，做好“一户一册一卡”工作，全县2019年组织“一户一册一卡”业务培训12次，培训帮扶干部8306人次，发放《帮扶手册》2.44万册，发放《帮扶联系卡》6717张。

（3）建档立卡数据核实核准。采取实地入户核查与系统数据分析、行业部门数据比对相结合的方式，对所有建档立卡贫困人口和贫困村信息进行核实核准。其中，马山县完成县强基础、补短板工作排查出疑似问题数据1170条的核实处理工作。

3. 行业部门精准施策，各项帮扶落地有声

马山县在建档立卡精准识别、退出、动态调整的基础上，针对贫困对象精准施策，举措落地有声，精准使用中央、区、市和县本级扶贫资金，全力打好脱贫攻坚“四大战役”“五场硬仗”。将农户按未脱贫户、已脱贫户、极度贫困户、脱贫不稳定户、边缘易致贫户、非贫困户等类别分类管理，进行差异化政策扶持，使资金资源有的放矢。规范整理50类行业部门政策性收入数据，按季度导入广西扶贫大数据平台APP，供帮扶干部核对贫困户享受的政策及金额；每月定期将动态调整户、贫困户家庭成员增减信息推送给行业部门，供行业部门掌握贫困户变动情况，调整落实政策。全区2019年度市县党委和政府扶贫开发工作成效考核中，马山县在33个国家扶贫开发重点县考核结果中被评为综合评价好等次，在综合评价为好等次的20个县区中排名第四（厅发〔2020〕23号）。同时，马山县积极创新扶贫思路，“马山模式”凸显始终坚持统筹推进大扶贫工作思路，谋划和打造系列马山模式，扩展扶贫成效和马山影响力。

一是“两不愁”全面达标。特色产业覆盖建档立卡贫困户达到96.23%，75个贫困村农民专业合作社等新型经营主体全覆盖，贫困村均有不少于5名创业致富带头人，创业就业政策和扶贫搬迁后续扶持有效落实。

二是“3+1保障”全面落实。全县所有农户全部实现了住房安全有保障；

健康扶贫“198”政策高位落实；控辍保学措施有力，无建档立卡贫困学生因贫辍学失学，学生补助落实到位，义务教育巩固率达 98.5%，连续 5 年共有 11 名考生考上清华、北大；全县所有农户饮水安全全面保障。

三是农村居民人均可支配收入增幅高于全国、全区、全市水平。2019 年农村居民人均可支配收入 11844 元，同比增长 10.5%，增速比 2018 年提高 1.2 个百分点，分别高于全国、全区、全市 0.9、0.5、0.3 个百分点。

四是易地扶贫搬迁安置点后续扶持“创富田园、幸福菜园”项目实现有劳动力的搬迁户 1 人以上稳定就业，获得国家、区、市媒体刊登报道；拆旧复垦“1234567”工作法得到自治区、南宁市红榜通报、推广。

五是用好用足粤桂扶贫协作资金，精准实施粤桂扶贫协作项目，创新打造粤桂“手携手 · 圆梦想”易地扶贫搬迁工程省级示范点；一年内建成并投入使用马山电白小学，创造了马山学校建设速度历史之最。

六是加方乡龙岗村创建全国首个集“扶贫车间、扶志超市、扶智课堂”于一体的“三扶”综合中心，有效激发了贫困户内生动力，做法经验在全区推广。

七是大力推进电子商务进农村，75 个贫困村电商服务站点全覆盖，马山获得“全国电子商务进农村综合示范县”称号。

八是率先出台扶贫产业发展激励政策，累计发放贫困户发展种养产业“以奖代补”资金 2.97 亿元，受益贫困户 9.88 万户（次）。多措并举推进大石山区特色产业和绿色产业发展，先后获评为“全国休闲农业和乡村旅游示范县”“2017 年度广西科学发展进步县”“广西特色旅游名县”。

九是连续三年筹办“共筑梦想 · 爱在马山”扶贫慈善公益行动和开展“千企扶千村”活动，共有 124 家民营企业参与结对帮扶，有近 800 个爱心企业和爱心人士扶贫捐款 10046 万元。

十是马山县通过承办中国—东盟山地马拉松赛、环广西公路自行车世界巡回赛、中国—东盟山地户外体育旅游大会和全国少年攀岩锦标赛等重大体育赛事活动，推进中国首个攀岩特色体育小镇建设，全县一二三产业深度融合发展，接待游客人数年均增长超过50%，体育旅游带动全县贫困人口脱贫率达20%以上，“体育+文旅+扶贫+县域经济”马山模式成为扶贫新品牌。人民日报海外版在头版头条等三个版面长篇报道马山“体育+”带来的新变化，将马山的脱贫成果及其带来的深刻启示评为“中国九个脱贫传奇”之一。

第六章　地方实践之贵州威宁

建档立卡是脱贫攻坚的生命线。精准扶贫建档立卡是涉及“跨领域、跨部门、跨层级”的重大政策问题。党中央、国务院高度重视精准扶贫工作。习近平总书记强调，扶贫要实事求是，因地制宜。要精准扶贫，切忌喊口号，也不要定好高骛远的目标，要把扶贫攻坚抓紧抓准抓到位，坚持精准扶贫，倒排工期，算好明细账，决不让一个少数民族、一个地区掉队。

国务院于2011年印发了《中国农村扶贫开发纲要（2011—2020年）》，明确提出“建立健全扶贫对象识别机制，做好建档立卡工作”；2015年，《中共中央、国务院关于打赢脱贫攻坚战的决定》再次要求积极“抓好精准识别、建档立卡这个关键环节，为打赢扶贫攻坚战打好基础”。现实中，国务院扶贫办自2015年起多次出台相关政策，开展数次纠正建档立卡贫困户瞄准偏离的“回头看”行动，推动建档立卡工作由不太精准走向相对精准。

近年来，贵州省深入贯彻习近平总书记关于扶贫工作的重要论述精神，认真落实中央关于脱贫攻坚的决策部署，把建档立卡工作作为落实精准扶贫、精准脱贫基本方略的重要抓手，不断提升建档立卡数据质量，从2014年开始，在探索创新和总结经验教训中不断完善机制、不断进步，贫困人口识别、帮扶、管理、退出和信息数据从原来的不太准确、基本准确、比较准确到现在的相对准确，为高质量打赢脱贫攻坚战奠定了坚实的基础。

威宁彝族回族苗族自治县是贵州的西大门，总面积6298平方公里，辖41个乡镇（街道）、619个村（社区），平均海拔2200米；2019年末总人口157.2万人，其中少数民族37.5万人、占总人口的23.85%，居住着汉族、彝族、回族、苗族等19个民族，是全省面积最大、海拔最高、人口众多的县，也是全国13个乌蒙山片区连片特困地区县、国家扶贫开发工作重点县，全省14个深度贫困县之一。全县共有建档立卡人口73092户、343466人，314个贫困村，其中一类贫困村141个，二类86个，三类87个，深度贫困村84个，贫困乡镇26个，一类乡镇2个、二类乡镇16个，三类贫困乡镇8个，省级极贫乡镇1个，市级7个。6年来，累计实现贫困人口脱贫31.5万人，出列贫困村272个，贫困乡镇摘帽26个。在脱贫攻坚进程中，创造了“四看法”等经验，得到了党和国家领导人的认可，创造了“凝心聚力、苦干实干、攻坚克难、努力争先”的威宁精神。威宁自治县作为全国832个贫困县最后退出的贫困县，于2020年11月23日经国务院批准，正式退出贫困县。

威宁自治县的建档立卡之路从2006年一路走来，并不是一帆风顺，遇到了诸多的困难与挑战，其历程具有很强的典型性，值得深度挖掘与总结，为“十四五”阶段的工作提供借鉴启示。

一、威宁自治县建档立卡发展历程概述

威宁自治县建档立卡工作开始较早，从2006年开始，但当时的建档立卡仅是各村分别填报相关表格并存档，内容比较单一，并无系统管理。威宁自治县以人均纯收入为界定，简单将贫困人口分为两类：一是每年人均纯收入在625元以下为绝对贫困人口；二是每年人均纯收入在625—830元为低收入贫困人口，标准较为粗糙。人们并无精准概念，也没有相关意识。

2009年开始，国务院扶贫办推出全国扶贫开发信息管理系统，该系统为单机版并未联网打通，通过各村采集信息、乡镇录入、数据备份后上交县

扶贫办，县扶贫办汇总后通过联网传输到国家服务器的端口。

2014 年，国务院扶贫办出台《扶贫开发建档立卡工作方案》，正式拉开建档立卡工作的新篇章，明确了贫困人口、贫困村、贫困乡镇的识别标准与程序，通过规模分解，由国家分解到各省，省分解到各市，市再分解到各县，逐级分解。2014 年，贵州省分配到威宁自治县的贫困人口规模为 30.53 万，但威宁自治县自我审核贫困人口人数为 34.68 万。由于超过国家规模，贵州省采取省里内部消化的方式，将这 4.15 万人设定为省定贫困人口，与国家贫困人口享受相同待遇，补助资金由贵州省统一安排。

虽然 2014 年国家到省以及县出台了建档立卡的详细标准与内容，但是当时并未引起人们的重视。一方面，驻村干部对于文件了解不深，对文件的具体内容落实不到位，在确定建档立卡贫困户时，往往依据邻里邻亲关系来判定，村民大会也是村干部几人根据主观经验上报贫困户，甚至出现一天内建档立卡系统激增 800 人，第二天又清退 1000 人的事情发生，名单波动较大。此外，一些干部重视程度不足，在统计名单时，往往将低保名单或医保名单直接用作建档立卡名单。据统计，2014 年建档立卡识别的准确率不足 50%。另一方面，村民对于建档立卡也没有任何概念，不知会享受到具体哪些政策，对识别工作也抱有消极态度。2015 年下半年精准扶贫政策开始以后，有孩子的家庭切实享受到政策带来的好处后，这一政策开始深入人心。

2015 年，受广西“马山事件”的影响，威宁自治县领导、建档立卡工作人员明白了工作的重要性，特别是威宁自治县迤那镇五星村标志性提出“四看法”，使得基层对于建档立卡工作有了一个较为清晰的认识。

在系统方面，2014—2015 年，贵州省运用自己省开发系统，该系统与国服系统功能一致，但与国扶系统互通较为烦琐。直到 2016 年 6 月，进一步精准识别工作开始时，系统才统一为全国扶贫开发信息系统，该系统具备全国联网的动态管理功能，从此建档立卡信息系统步入正轨，后续仅进行小范围或细节方面的调整。

2016年6月5日，威宁自治县出台政策文件《威宁自治县进一步精准识别贫困户工作方案》，标志着威宁自治县建档立卡工作步入正轨。威宁自治县按照文件标准，不设规模，应识尽识，运用“四看法”打分体系和人均纯收入两大指标对全县进行全面摸排，同时与其他部门数据互通，进行财产比对，对以前的建档立卡工作进行了大规模的数据清洗，实现了建档立卡的基本精准。

2017年，威宁自治县在进一步精准识别的基础上进行查漏补缺，做到有错必纠，应纳尽纳；对于识别清退，区分“排他性因素”和识别建档的先后，判断是否清退，进一步打牢精准扶贫基础。

2018年，威宁自治县根据贵州省出台的贵州省脱贫攻坚存在问题整改“1+5”，开展五个专项治理行动，即贫困人口漏评错评专项治理、贫困人口错退专项治理、农村危房改造专项治理、财政扶贫资金专项治理、扶贫领域腐败和不正之风专项治理，对全县建档立卡数据进行了大清洗，从而实现了建档立卡的比较精准。

2019—2020年，威宁自治县建档立卡工作一方面集中于“两不愁三保障”补短板，在比较精准的基础上，精准施策实现行业部门精准。另一方面，建档立卡信息数据质量的提升和档案管理的加强是威宁自治县这两年最核心的工作。通过多轮“回头看”和动态管理全面排查并及时修正数据，强化多次走访提升数据质量，及时补充完善档案资料，实现“墙上挂的、袋里装的、系统录的、群众说的、实际有的”五统一，进一步实现建档立卡的相对精准，为打赢脱贫攻坚战打下坚实基础。

二、不太精准阶段：2014年以前

威宁自治县建档立卡工作最早从2006年开始，那时对精准尚无概念，建档立卡成效不明显。

工作程序方面。建档立卡整体工作较为单一，各村通过简单地搜集较为贫困的村民信息，填入纸质版表格，做相应记录存档，并无系统管理。

识别标准方面。以每年人均纯收入作为唯一指标，简单将贫困人口分为两类：一是每年人均纯收入在625元以下为绝对贫困人口；二是每年人均纯收入在625—830元之间为低收入贫困人口，分类较为粗糙，并无具体的指标体系。

信息系统方面。从2009年开始，国务院扶贫办推出全国扶贫开发信息管理系统，该系统为单机版，并未实现数据互通，主要作为系统备份数据。各村负责采集信息，乡镇负责录入并把数据备份，然后交给威宁自治县扶贫办，县扶贫办进行汇总，通过该系统U盾，最后联网传到国家服务器。

主观意识方面。一方面，由于识别标准、识别程序、帮扶措施的不太精准，相关工作人员对建档立卡工作不了解；另一方面，因为对该项工作不够重视，认为建档立卡工作仅仅为了统计信息，进一步导致贫困人口对建档立卡及其帮扶措施并无任何认识，并未起到帮扶成效。

整体来看，不太精准阶段的建档立卡工作政策出台较少，工作成效不够突出。这种情况一直持续到2014年国务院扶贫办印发《扶贫开发建档立卡工作方案》，建档立卡工作才开始步入正轨。

三、基本精准阶段：2014年至2015年

国务院扶贫办于2014年4月2日和5月12日分别印发了《扶贫开发建档立卡工作方案》（国开办发〔2014〕24号）和《建立精准扶贫工作机制实施方案》（国开办发〔2014〕30号），标志全国建档立卡工作正式步入正轨。

按照《国务院扶贫办关于印发〈扶贫开发建档立卡工作方案〉的通知》（国开办发〔2014〕24号）要求，扎实做好全省扶贫开发建档立卡工作，为精准扶贫工作奠定坚实基础。贵州省扶贫办结合贵州省实际情况，出台《贵州

省扶贫开发建档立卡工作实施方案》(黔扶领办通〔2014〕4号)和《关于下达我省贫困人口和贫困村识别规模的通知》(黔扶通〔2014〕30号),明确建档立卡识别方法和步骤。

(一)精准识别:建档立卡识别方法和步骤①

2014年4月20日,为认真贯彻落实党的十八届三中全会精神,根据《中共中央办公厅、国务院办公厅印发〈关于创新机制扎实推进农村扶贫开发工作的意见〉的通知》(中办发〔2013〕25号)和《贵州省推进精准扶贫工作实施方案》要求,结合威宁自治县实际,中共威宁自治县委、威宁自治县人民政府印发《威宁自治县"六个到村到户"暨精准扶贫工作实施方案》的通知(威党发〔2014〕1号),紧紧瞄准农村年人均纯收入低于2736元(相当于2010年2300元不变价)的贫困人口,对有劳动意愿和劳动能力的贫困人口采取扶贫措施进行帮扶,对无劳动能力的纳入民政低保进行救助。通过"六个到村到户"暨结对帮扶到村到户、产业扶持到村到户、教育培训到村到户、农村危房改造到村到户、扶贫生态移民到村到户和基础设施建设到村到户,对贫困农户实施精准扶贫,改"大水漫灌"为"滴灌",不断提高农村贫困人口基本生活保障水平,持续有效增加收入,增强自我发展能力,稳定解决温饱并实现脱贫致富,确保2014年减贫6万人,到2020年与全省全国同步实现小康。

1. 贫困农户建档立卡方法与步骤

(1)确定识别标准

扶贫标准:按国家现行扶贫标准即2013年末家庭年人均纯收入低于2736元,并且具有劳动意愿和劳动能力的农村居民,认定为扶贫对象。凡

① 参见《贵州省扶贫开发建档立卡工作实施方案》(黔扶领办通〔2014〕4号)和《关于下达我省贫困人口和贫困村识别规模的通知》(黔扶通〔2014〕30号)。

高于 2736 元的，则认定为脱贫对象。2015 年后标准改为人均纯收入和“四看法”打分两个指标综合认定。

扶贫对象：农村居民中有劳动能力和劳动意愿的贫困人口（包含有劳动意愿和劳动能力且有子女上学的农村低保户，不包含丧失劳动能力、无劳动能力的低保户和五保户）是扶贫对象。劳动年龄为男 16—65 岁、女 16—60 岁。同时，对于农村贫困家庭中的在校学生，一并纳入扶贫对象统计范围。

农村居民：农村居民应该同时具备四个条件，即现有户口登记在村委会、依法承包农村责任田、承担农村公益事业劳务、没有享受城镇居民社会保障和福利待遇。扶贫对象登记按户籍人口登记。

（2）明确建档立卡程序

一是规模分解。县扶贫办商县统计局、国家统计局威宁调查支队，结合各乡镇减贫情况、发展基础等因素，认真参照《贫困人口规模分解参考办法》中“县乡到村规模分解”方式，将全县 37.38 万（含 2014 年减贫的 6.73 万人）贫困人口规模分解落实到 35 个乡（镇）4 个办事处，各乡（镇、办事处）再按照同样方法将贫困人口规模逐级分解到所辖行政村。

二是初选对象。在县扶贫办指导和乡（镇）人民政府领导下，按照分解到村的贫困人口规模，农户自愿申请，各行政村召开村民代表大会进行民主评议，形成初选名单，由村委会和同步小康驻村工作队核实后在村民活动相对集中、知晓率较高的地方进行为期 7 天的一榜公示，经公示无异议后报乡（镇）人民政府审核。

三是审定公告。乡（镇）人民政府对所辖各村上报的初选名单进行严格审核，确定全乡（镇）贫困户名单，在各行政村和乡（镇）政府所在地进行为期 7 天的二榜公示，经公示无异议后报县扶贫办复审，复审结束后在各行政村及县政府网站进行公告，并报上级扶贫办备案。

四是结对帮扶。县委组织部应统筹安排有关帮扶资源，研究提出对贫困户的结对帮扶方案，切实结成帮扶对子，明确结对帮扶关系和帮扶责任人。

五是制订计划。在县扶贫办的指导下，由乡(镇）人民政府组织村委会、同步小康驻村工作队和帮扶责任人帮助分析贫困户致贫原因，结合贫困户需求和实际，围绕农户增收、培训转移、生产生活条件改善等方面，从切实解决贫困群众反映最迫切、最现实问题，制订帮扶计划，以结对帮扶、产业扶持、教育培训、农村危房改造、扶贫生态移民和基础设施建设为抓手，做到帮扶到村到户。

六是填写手册。在县扶贫办指导下，由乡（镇）人民政府组织村委会、同步小康驻村工作队和大学生志愿者等对已确定的贫困户填写《帮扶本》。《帮扶本》由国务院扶贫办统一监制，省扶贫办统一印制，县扶贫办统一领取，乡（镇）人民政府负责发放，贫困户、村委会各执一册，在此基础上，乡（镇）建立贫困户登记簿。

七是数据录入。在县扶贫办指导下，乡（镇）人民政府组织村委会、同步小康驻村工作队和大学生志愿者等将《贫困农户登记表》录入全国扶贫信息网络系统，进行数据审核。

八是联网运行。做好贫困对象录入数据省内试运行工作。

九是数据更新。在县扶贫办指导下，由乡（镇）人民政府组织村委会和同步小康驻村工作队等及时更新贫困户信息，并录入全国扶贫信息网络系统，实现贫困户动态调整。

2. 建立健全扶贫对象进退机制

(1）民主评退。依照扶贫对象识别程序、方法和标准，每年 1 月 31 日前，由各乡（镇）人民政府和包片驻村干部，组织村支两委、“帮联驻”干部、大学生村官、扶贫志愿者以及作为扶贫义务监督员的村民代表开展扶贫对象进退识别工作。主要以村民小组为单位进行组内村民收入评定，对上年度家庭年人均纯收入低于或超过 2736 元的村民，经过“三榜公示”无异议后，按程序报经乡（镇）人民政府审核，扶贫办确认后实行进退，并同步在贫困人口信息管理系统及时进行更新，逐步实现与公安、民政、卫生等部门信息网的实时共享。

（2）返贫核查。对因病、因灾等导致返贫的农村居民，由乡（镇）人民政府和包片驻村干部，组织村两委等相关人员入户核实、公示后，经乡（镇）人民政府审核，扶贫办确认，及时认定为扶贫对象。

（3）落实政策。对识别出来的有劳动能力的扶贫对象，及时纳入帮扶范围，落实帮扶责任人并按规定落实扶贫政策；属于民政救济范围的，及时给予救助；已脱贫的扶贫对象，取消其享受的扶贫政策。

3. 贫困村建档立卡方法和步骤

（1）明确识别范围

贫困村识别范围覆盖全县35个乡（镇）、4个办事处（不含社区）。同时，要将已纳入国家和省“十二五”整村推进贫困村名单的纳入贫困村识别范围。

（2）明确识别标准

识别标准：执行国家对贫困村“一高一低一无”的识别总体要求和省有关要求，结合威宁自治县实际情况，按行政村贫困发生率高于27%、行政村2013年全村农民人均纯收入低于4819元、行政村无集体经济收入的标准执行。

类别统筹：在识别贫困村时，原则上一类贫困村要向一类贫困乡（镇）集中，二类贫困村要向二类贫困乡（镇）集中，三类贫困村向三类贫困乡（镇）集中。

（3）明确建档立卡程序

一是规模分解。当时，省最新下达威宁自治县的贫困村规模为314个，其中：一类贫困村141个；二类贫困村86个；三类贫困村87个。贫困村识别要采取规模控制，结合各村贫困发生率、发展基础等因素，由县扶贫办将省分解到威宁自治县的贫困村规模，按照贫困村识别标准分解到乡（镇）。

二是初选对象。乡（镇）人民政府向各村宣传贫困村申请条件和工作流程。各村在广泛征求群众意见和村级组织充分讨论基础上，自愿提出申请，报乡（镇）人民政府审核，形成贫困村初选名单。

三是审定公告。乡（镇）人民政府对贫困村初选名单审定后进行为期7天的公示，经公示无异议后报县扶贫办，经县扶贫开发领导小组审定后进行公告。

四是结对帮扶。县委组织部应统筹安排有关帮扶资源，研究提出对贫困村的结对帮扶方案，切实形成帮扶对子，落实结对帮扶责任单位。

五是制订计划。在县扶贫办指导下，由乡（镇）人民政府组织村委会、同步小康驻村工作队和帮扶单位结合贫困村需求和实际，围绕“四在农家·美丽乡村”基础设施建设六大行动计划，制订贫困村帮扶计划。

六是填写登记表。在县扶贫办指导下，由乡（镇）人民政府组织村委会、同步小康驻村工作队和帮扶单位对已确定的贫困村填写《贫困村登记表》。

七是数据录入。在县扶贫办指导下，乡（镇）人民政府组织有关人员将《贫困村登记表》录入全国扶贫信息网络系统，逐级进行数据审核。

八是联网运行。做好贫困村录入数据省内试运行工作。

九是数据更新。在县扶贫办指导下，由乡（镇）人民政府组织村委会、同步小康驻村工作队及时更新贫困村信息，并录入全国扶贫信息网络系统，实现贫困村信息动态管理。

4. 贫困户、贫困村识别标准及规模调整原因

贫困户、贫困村识别标准及规模调整的出发点：一是国务院扶贫办、国家统计局发布的各省农村贫困人口数据是基于7.4万户农村居民家庭抽样数据的推算数，不能有效反映农村贫困户情况。二是鉴于国家实行以贫困人口、贫困村规模为主的扶贫资金分配机制和减贫结果为导向的扶贫工作考核机制，以及贵州全省贫困面较大、贫困程度较深，是全国扶贫攻坚主战场这一省情，结合贵州省贫困人口建档立卡工作实际，争取国家扶贫资源加大对贵州省的政策倾斜。

（二）精准识别："四看法"贫困户动态管理指标体系

中共中央办公厅、国务院办公厅《关于创新机制扎实推进农村扶贫开发工作的意见》（中办发〔2013〕25号）提出："建立精准扶贫工作机制。国家制定统一的扶贫对象识别办法。"中共贵州省委办公厅、贵州省人民政府办公厅《关于以改革创新精神扎实推进扶贫开发工作的实施意见》（黔党办发〔2014〕23号）提出："要着力建立扶贫对象识别机制、帮扶机制、精准管理和进退机制，重点抓好贫困人口准确识别、建档立卡、'六个到村到户'和动态管理等工作。"

威宁自治县迤那镇在扶贫攻坚实践中创造了精准扶贫"四看法"。

威宁自治县根据《关于印发〈贵州省以乡（镇）为单位创建精准扶贫建档立卡示范点工作方案〉的通知》（黔扶通〔2015〕67号），出台《以乡（镇）为单位创建精准扶贫建档立卡示范点工作方案》（威扶领〔2015〕6号），在全县开展精准扶贫建档立卡示范点创建工作，全面推进全县精准扶贫建档立卡工作迈上新台阶、实现新突破。

大力推广迤那镇五星村建档立卡工作经验，通过集中力量、树立样板，引领和辐射带动，实现打造一点、建成一批、带动一片的良好工作态势。创建工作分三个阶段，第一阶段为样板示范点创建阶段，根据前期建档立卡工作开展情况，选择迤那镇、黑石头镇作为省级样板示范点，率先实现精准扶贫建档立卡工作规范化、标准化和常态化，树立真实具体、可学可比的标准化参照样板。同时，通过实战，培养一批业务能力过硬的统计人员，为全面推进示范点创建工作奠定坚实的基础。第二阶段，按照样板示范点的标准，选择观风海镇、小海镇等基础工作相对较好的乡镇完成本县示范点创建工作。第三阶段为全面推进阶段，在总结示范点经验的基础上，以点带面、全面推进全县精准扶贫建档立卡工作，使建档立卡数据质量普遍提高、纸质档案进一步规范。

（三）行业部门精准

2014年，威宁自治县根据中共中央办公厅、国务院办公厅印发的《关于创新机制扎实推进农村扶贫开发工作的意见》（中办发〔2013〕25号）和《贵州省推进精准扶贫工作实施方案》要求，按照省委十一届四次全会、县委十一届五次全会及全县“六个到村到户”暨精准扶贫工作启动大会部署，为顺利推进全县“六个到村到户”暨精准扶贫试点工作，结合威宁自治县实际，印发《威宁自治县“六个到村到户”暨精准扶贫工作实施方案》（威党发〔2014〕1号），以贫困乡（镇）、贫困村和贫困户为单位，以对贫困人口精细化管理、对扶贫资源精确化配置、对贫困农户精准化扶持为内容，开展“六个到村到户”精准扶贫工作，确保贫困村、贫困户扶贫措施全覆盖。

1. 产业精准：划分地形类别，因地制宜实施产业帮扶

威宁自治县紧紧围绕马铃薯、畜牧业、烤烟、蔬菜、水果、中药材、核桃、生态林业8大产业，辅助发展茶叶、苦荞等区域性优势产业，按照三个地形类别，因地制宜，突出重点，统筹规划，分类指导，加快形成一批特色优势产业村、种养户，确保产业项目落实到村到户，扶持到人。

一是凉山类型区。这一区域主要以扶持发展马铃薯产业、畜牧产业为突破口，结合实施苦荞产业和生态林业产业，走一户一业为主、几业辅助的脱贫路子，同时支持建立马铃薯、畜牧等专业合作社带富脱贫，走产销一体化产业脱贫之路。

二是半凉山类型区。这一区域主要以扶持发展马铃薯产业、烤烟产业为突破口，辅助发展干果产业、水果产业、中药材产业、茶叶产业，玉米产业等，积极引导发展农产品加工业和物流业，走以产为主，加工物流相辅助的脱贫路子，同时支持建立马铃薯、烤烟、干果、水果、中药材等专业合作社带富脱贫，扶持发展加工龙头企业，走产加销一条龙产业脱贫之路。

三是河谷类型区。这一区域主要以扶持发展烤烟产业、蔬菜、水果产业为突破口，辅助发展干果和适宜的区域性特色产业，走多业并举的脱贫路子，同时支持建立烤烟、水果、蔬菜等专业合作社带富脱贫，走精品种养，适度规模、深度加工的发展脱贫之路。

2. 教育精准：实行“一户三人”培训计划，严格审核管理

2014年，威宁自治县紧紧围绕贫困乡村“一户三人”培训计划（1户1人接受中职以上学历教育或者1户1人接受培训后转移就业或者1户1人掌握农村实用技术），各乡（镇）包村干部、驻村干部进村入户，对贫困对象进行摸底调查，摸清每个村6—16周岁、16—22周岁、22—60周岁三个年龄段贫困人员数量。对6—16周岁的贫困对象加大义务教育力度，办好贫困乡村学生营养午餐，加快农村寄宿制学校标准化建设，继续实施好乡村学校特岗教师计划；对16—22周岁的贫困对象利用教育“9+3”计划，将中职招生向贫困家庭倾斜，免除中等职业教育学校家庭经济困难学生和涉农专业学生学费，落实好贫困地区高等教育定向招生计划等政策，并通过“雨露计划圆梦行动”，对农村贫困家庭子女考入二本以上大学的给予专项扶贫资金补助；对22—60周岁的贫困对象通过“雨露计划”“阳光工程”等项目，开展农业实用技术、产业化技能培训和劳务输出，把“室内授课”与“现场指导”有机结合起来，采取“一师双教”（学校教师同时承担义务教育、职业技术教育任务）等形式培训，真正构建参与式、互动式、启发式的培训新模式。

2015年，威宁自治县出台《关于精细组织实施2015—2016学年度教育精准扶贫学生资助工作的紧急通知》（威党办发〔2015〕148号），针对威宁自治县部分乡镇在近期组织的教育精准扶贫资助贫困学生工作的具体实施中，存在政策把关不严、开展贫困识别程序不规范的问题，极有可能导致贫困户的进退和建档立卡中出现不公平不公正现象。为此，经研究，决定暂停当前的《扶贫手册》审核程序，冻结贫困户档案的调整和录入，分三步实施资助贫困学生的审核工作。

一是各乡镇党委（政府）、街道党工委（办事处）牵头，各教管中心、学校、扶贫工作站协助，依据11月底前的贫困户档案对高中以上符合条件的贫困学生统一审核识别并统一送交自治县扶贫办盖章；二是对贫困户户主档案中有学生未进入系统的，由学生本人向学校提出申请后，再由学校统一汇总交乡镇党委（政府）、街道党工委（办事处）按"两公示一公告"工作流程审核，符合条件的按照《省教育厅省财政厅省扶贫开发办公室省人力资源和社会保障厅关于组织实施2015—2016学年教育精准扶贫学生资助工作的补充通知（会签稿）》规定程序再次组织受理；三是需整户纳入或退出的，经由各乡镇党委（政府）、街道党工委（办事处）在自治县扶贫办指导下严格控制规模并按"两公示一公告"程序审批办理。

3. 危改精准：严格标准程序，确保危改到村到户

2014年，威宁自治县提出确保农村危房改造到村到户。一是按照《贵州省农村危房评定标准》，对最困难农户的最危险房屋优先解决，改造对象在全县2013年摸底在册的新增危房户中确定。二是一级危房改造主要以"原址重建"为主，二级、三级危房采取"局部改造"的方式进行修缮。自然村寨一级危房超过10户以上的，原则上统一规划，集中改造，建房设计规划由建设规划部门批准。三是建房面积一般控制在40—60平方米（不含附属设施）。需要拆除重建房屋的要符合乡村总体规划，要远离地质灾害隐患点，要依山而建，突出地域特色。所有拆除重建房屋都要按7度以上抗震设防要求进行建设。四是严格执行目标任务下达、改造任务告知、农户申请受理、民主评议、张榜公示、批准改造、签订资金使用协议的农村危房改造工作程序，全程接受农民群众和社会监督。五是做到驻村帮扶到户、责任包保到户、技术指导到户、资金直补到户。

2014年全县共完成11828户农村危房改造。引导农村危房改造户按小康房建设标准，向特色小城镇、工业园区、产业园区集中。并根据农村散居现状，结合移民搬迁、土地置换、土地整理，科学引导农户向交通便利、适于农村生产生活、生态环境良好的地段进行民居集中建设。

4. 结对帮扶精准：结对帮扶到村到户

2014年，威宁自治县按照贵州省的统一安排开展干部结对帮扶工作。切实做到“一村一同步小康工作队、一户一脱贫致富责任人”，实行定点、定人、定时、定责帮扶。各帮扶单位、企业、学校要明确一名分管领导专门负责结对帮扶工作，适时组织相关人员深入帮扶村寨和农户，切实摸准村情、找准贫困原因和发展瓶颈，制订、完善贫困村发展规划，明确帮扶重点，制订帮扶计划和帮扶措施。县直各单位(部门）要充分发挥资金、项目、技术、信息和协调优势，对重点、难点贫困村进行重点帮扶。各企业要充分发挥有资金、有技能、有就业岗位等优势，通过资金扶持、技能指导、劳动力转移等进行帮扶，促进贫困群众增产增收。各教管中心和学校要充分发挥懂文化知识、师资力量足、有培训阵地等优势，对贫困群众进行技能培训。各帮扶干部要充分利用节假日、双休日，深入贫困家庭，帮助贫困户找准贫困原因，明确帮扶重点，制订帮扶计划，提供必需的资金、项目支持，切实帮助贫困户发展1—2个致富项目、掌握1—2门致富技能，各帮扶干部每月深入帮扶农户开展走访、帮扶活动1—2次。

采取“百个单位扶村、百家企业帮村、百所学校助村”结对方式，把全县所有县直单位、垂管单位、规模以上企业、教管中心和各中小学与全县所有贫困村结成帮扶对子。同时，从县乡机关、事业单位选派多名懂农业生产、熟悉农村工作的年轻干部，组建“同步小康驻村工作组”进驻所有贫困村开展帮扶工作。确保每个贫困村都有1个联系或挂帮单位、1个同步小康驻村工作组。采取“1+N”“1+1”“N+1”结对帮扶模式，按照“4321（县级干部至少联系4户贫困户、科级干部至少联系3户贫困户、股级干部至少联系2户贫困户、一般干部至少联系1户贫困户）”和“2名村干部帮扶1家贫困户、3名致富党员帮扶1家贫困户”结对方式，把全县近万名县乡机关、企事业单位干部、村干部和贫困村致富党员与贫困户结成一对一帮扶对子。确保每家贫困户都有1个帮扶直接责任人。

2015年4月1日，威宁自治县人民政府印发《威宁自治县2015年精准扶贫结对帮扶到村到户工作实施方案》的通知（威委〔2015〕41号），按照“县级领导联乡、科级单位帮村、干部职工结对贫困户”的帮扶模式，采取“4321”（县级干部至少帮扶4户贫困户、科级干部至少帮扶3户贫困户、股级干部至少帮扶2户贫困户、一般干部至少帮扶1户贫困户）的帮扶方式，通过每户发放便民连心卡、开展一场政策宣讲，制订一个帮扶计划，建立一个帮扶台账，建立一套帮扶机制等六个方面，切实帮扶群众。将全县2015年需要脱贫的20236户贫困户、8.5万贫困人口与万名干部结成帮扶对子，确保村村有帮扶责任单位，户户有帮扶责任人，从而实现6个乡镇通过省级“减贫摘帽”验收和3个乡镇通过市级“减贫摘帽”考核验收；90个贫困村出列；减少农村贫困人口8.5万人的目标。

2015年6月8日，威宁自治县人民政府出台《关于印发威宁自治县领导干部遍访贫困村贫困户实施方案的通知》（威党办发〔2015〕70号），按照“4321”走访要求，组织万名干部对全县595个村（社区）、51876户贫困户、20.03万贫困人口，实行全覆盖遍访。同时，按照“三进三增”的要求，即采取进村组、进农户、进田间的方式，达到增强感情、增加收入、增进和谐的目的，深入实施精准扶贫、精准脱贫，全面推进扶贫攻坚，确保实现同步小康，构建和谐威宁。

（四）信息系统精准

2014年4月8日，贵州省扶贫办出台《关于成立建档立卡和信息化建设工作领导小组的通知》（黔扶通〔2014〕26号）。领导小组主要负责组织调查研究；审定建档立卡和信息化建设工作方案；协调解决工作中的重大问题。领导小组下设立办公室，办公室主要职责为负责建档立卡和信息化建设的具体工作，包括方案设计，帮助国务院扶贫办完成系统开发，进行宣传培训、督促检查、工作调度、考核评估、协调服务和日常管理等。领导小组下设9个督察组，分别负责9个市（州）、仁怀市、贵安新区、威宁县相关工作的督促检查，并及时将工作情况反馈领导小组办公室。

在信息录入管理方面，威宁自治县印发《威宁县扶贫开发建档立卡数据录入实施方案》的通知，明确建档立卡对象包括：贫困户（30.53万人）、贫困村（314个）。通过建档立卡，对贫困户、贫困村进行动态跟踪，了解贫困状况，分析致贫原因，摸清帮扶需求，明确帮扶主体，落实帮扶措施，实施动态管理。对扶贫开发工作开展监测和评估，分析掌握扶贫开发工作情况，为扶贫开发决策和考核提供依据。2014年10月23日，在威宁县范围内建立贫困户、贫困村电子信息档案，并向贫困户发放《扶贫手册》。以此为基础，构建全国扶贫信息网络系统，为精准扶贫工作奠定基础。

同时，威宁自治县出台《关于开展2015年扶贫开发信息采集工作的实施方案》，在进一步核对、修改和完善扶贫开发建档立卡2013年度基础数据的基础上，采集2014年度扶贫对象（包括贫困户、贫困村、贫困县）相关信息，全面掌握2014年各地对建档立卡扶贫对象的帮扶情况，制订各地2015年度帮扶项目计划。

1. 精准信息录入

一是完善扶贫开发建档立卡2013年度扶贫对象数据。对已经建档立卡的贫困村、贫困户基础信息中的漏项及错误数据继续开展数据清洗，对于组名中含有其他符号的要进行规范，补充录入26个贫困乡镇基础信息数据。

二是补充完善贫困乡村简介及帮扶计划数据。对已建档立卡的贫困乡镇、贫困村，要严格按照省扶贫办下发的铜仁市江口县凯德街道办黑岩村帮扶模板，补充完善贫困乡、贫困村简介及制订帮扶计划，录入贵州省精准扶贫信息平台。

三是采集2014年度建档立卡扶贫对象动态信息。在贫困乡镇、贫困村、贫困户已经录入2013年基础信息的基础上，要将2014年发生变化的基础信息分别录入贵州省精准扶贫建档立卡数据库，实现对扶贫对象的动态监测。

四是采集2014年度帮扶措施及受益扶贫对象信息。2014年帮扶措施及受益扶贫对象信息主要指标见《2014年度扶贫开发项目实施及建档立卡扶贫对象受益情况表》，内容包括项目类别、项目名称、总投资和构成、受益贫困户信息等。各地要围绕“四在农家·美丽乡村”六项行动计划，将2014年当年落实到贫困乡、贫困村、贫困户的专项扶贫、行业扶贫和社会扶贫帮扶项目录入贵州省精准扶贫建档立卡数据库。

五是采集2015年度帮扶计划信息。2015年度帮扶计划信息主要指标见《2015年度扶贫开发到户项目计划表》，内容包括项目类别、项目名称、项目预算（含分项资金预算），各地要围绕“四在农家·美丽乡村”六项行动2015年度工作计划和县委政府年度工作计划，将2015年帮扶项目分解落实到贫困乡镇、贫困村、贫困户。

六是对建档立卡贫困户开展计划脱贫标注。围绕2014年帮扶措施落实的实际，以及2015年各项帮扶措施计划，对2014年、2015年计划脱贫人口分别开展标注工作。等待省扶贫办制定贵州省贫困户动态管理指导意见，对2014年、2015年计划脱贫人口开展脱贫管理，实现农村贫困人口的动态管理。

2. 精准信息管理

建立扶贫开发统计与贫困动态监测制度，规范贫困信息的采集、整理、反馈工作，及时客观反映贫困状况、变化趋势和扶贫开发工作成效，对贫困人口实行动态管理，对脱贫户（对于没有帮扶措施的原则上不允许脱贫，五保户和低保户不允许脱贫）及时进行脱贫管理（对2014年脱贫的无帮扶项目的贫困户可再稳定帮扶一年）。

（五）监督奖惩激励制度

2014年1月19日，贵州省扶贫开发领导小组按照《中共贵州省委办公厅、贵州省人民政府办公厅关于对国家扶贫开发工作重点县加快脱贫攻坚步伐进行奖励的意见》（黔党办发〔2011〕1号）规定，出台《关于表彰奖励2013年度“减贫摘帽”国家扶贫开发工作重点县暨贫困乡镇的决定》（黔扶领〔2014〕1号）。为肯定成绩，激励先进，推动“减贫摘帽”工作健康发展，经向社会公示，决定表彰奖励威宁、正安、石阡、印江、三都、三穗等6县和遵义市平正乡等172个贫困乡镇。其中，威宁、正安、石阡、印江、三都、三穗等6县各奖励财政专项扶贫资金1000万元，遵义市平正乡等172个贫困乡镇按其贫困类别对应奖励；对上述6县172个贫困乡镇党政班子，分别一次性各奖励项目资金50万元和10万元。对“减贫摘帽”复查合格的国家扶贫开发工作重点县和贫困乡镇，继续按规定给予奖励。

2014年5月28日，贵州省扶贫办出台《关于印发贵州省精准扶贫建档立卡工作督查指导方案的通知》（黔扶通〔2014〕49号），督查各地建档立卡前期准备及贫困户、贫困村的识别工作开展情况；督查各地在组织、扶贫等有关部门指导下，是否落实“六个到村到户”、是否落实“四在农家·美丽乡村”基础设施建设六大行动计划；督查贫困户《扶贫手册》的填写及贫困户、贫困村、贫困乡、片区县和重点县的数据录入的“失真率（是否出现逻辑性错误）”及录入进度，确保按时完成录入任务；督查建档立卡的纸质档案管理情况（贫困户、贫困村、贫困乡），县级、乡镇级是否按要求规范建立档案；贫困户、贫困村数据录入系统试运行，省扶贫办对各地录入数据开展审核；督查指导片区和贫困县、贫困乡、贫困村、贫困户、扶贫手册数据更新情况。

威宁自治县出台《关于对“六个到村到户”暨精准扶贫建档立卡工作进行动态跟踪督查考核的通知》（威考办字〔2014〕2号），采取听取汇报、查看资料、进村入户实地调查、走访农户等方式对精准扶贫建档立卡工作进行督查考核，根据具体情况进行综合分析后，实事求是、客观公正地对县扶贫办和各乡（镇、街道办事处）精准扶贫建档立卡工作开展情况分别作出“非常满意、满意、较满意、基本满意、不满意”五个等次的定性评价，由县实绩考核办折算成分值后，纳入年度工作实绩考核总分。

对考核中发现的问题，及时向相关单位、乡（镇、街道办事处）主要领导、分管领导反馈，督促限期进行整改，并对整改情况进行跟踪督查落实。在规定时限内未按要求整改落实到位的，将对相关责任人启动预警，直至组织处理。

（六）工作成效

2014 年，威宁自治县对象识别工作严格按照全省统一的“九个步骤”，严格执行贫困人口“两公示一公告”要求，全县贫困人口最终识别总数为 11.56 万户、30.53 万人。2014 年底，30.53 万贫困人口信息已录入贵州省精准扶贫信息平台，同时将 2014 年省扶贫办下达威宁自治县 6.73 万人的减贫人口任务分解下达到各乡镇（街道）。2015 年初，省扶贫办下达威宁自治县减贫任务为 4.81 万人，结合威宁自治县实际，确定威宁自治县 2015 年减贫任务为 8.5 万人。截至 2015 年 11 月底，全县已上报减贫人口数为 8.07 万人。

2015 年以来，威宁县扶贫办将贫困人口信息和工商、财政、车管、房产等部门数据进行对接、比对，核查出全县贫困人口中有买车、购房、办企业及领财政工资人口 4306 人，经核查，情况属实、不符合贫困标准的有 2243 人，威宁自治办将情况上报省扶贫办，将不符合贫困标准的人员进行统一删除。

结合贵州省开展的精准扶贫建档立卡“回头看”以及遍访贫困村贫困户工作，对全县建档立卡数据进行再核实，把真正符合标准的纳入系统，将不符合贫困标准的在档人员删除。同时，结合省教育厅、省扶贫办有关教育扶贫要求，要求各乡镇对建档立卡对象漏登、错登在读学生信息核实后，进行补充登记和修改。真正做到动态管理、精准管理。

四、比较精准阶段：2016 年至 2020 年

比较精准阶段与基本精准阶段相比，2014 年的贫困户识别采取指标自上而下逐级规模分解到乡、村，一定程度上存在乡镇与乡镇之间、村组与村组之间贫困差距过大的问题。而 2016 年识别的要求是不设规模，应识尽识。以县为单位，统一标准、统一尺度，打破乡与乡之间、村与村之间规模界限，不设底数、不设上限，据实识别贫困人口。按照“四看法”采取自下而上综合评分识别，村级将贫困户识别评分情况汇总到乡（镇），乡（镇）汇总到县，自下而上逐级报送《核查识别贫困户评分统计汇总表》，县（区）扶贫开发领导小组办公室对各乡（镇）报送的《核查识别贫困户评分统计汇总表》进行汇总分析，以国家扶贫部门和统计调查部门认定到县区的 2015 年末贫困人口数据为参考依据，结合实际统一划定“四看法”贫困人口分数线，把在划定分数线以下的农户按程序认定为贫困户，同时准确核定贫困户家庭收入。

（一）精准识别

2016 年 6 月 5 日，威宁自治县印发《威宁自治县进一步精准识别贫困户工作方案》的通知（威党办发〔2016〕74 号），在全县范围内开展严肃认真的精准识别核查工作，进一步找准贫困对象，弄清贫困原因，摸清贫困底数，切实打好筑牢精准扶贫基础，确保贫困人口精准识别“符合标准的一户不漏，不符合标准的一户不进”。

1. 精准识别对象

一是农村有劳动能力且有劳动意愿，提出贫困识别申请的家庭；二是已纳入精准扶贫建档立卡系统管理的家庭（含 2014 年以来标注脱贫家庭）；三是民政部门长期保障对象和重点保障对象。

2016年全县贫困人口19.1万人，其中因灾致贫0.25万人，因残致贫0.48

万人，因学致贫 2.56 万人，因病致贫 1.15 万人，缺技术致贫 2.49 万人，缺资金致贫 8.26 万人，缺劳力致贫 2.15 万人，其他原因致贫 1.76 万人。

同时，威宁自治县为落实国家“五个一批”脱贫政策，对 2016 年约 19.15 万贫困户脱贫方向进行精准分类，通过发展生产脱贫 7.53 万人，易地搬迁脱贫 3.45 万人，生态补偿脱贫 0.42 万人，发展教育脱贫 3.58 万人，社会保障兜底 4.17 万人。

2. 精准识别原则

2016 年，威宁自治县按照“去规模、严标准、两本账、严程序”的原则抓好精准识别工作。

（1）去规模

不设规模，应识尽识。以县为单位，统一识别口径、标准、方法，打破乡（镇、街道）之间、村（社区）之间识别规模限制，不设底数、不设上限，据实识别贫困人口。

（2）严标准

坚持标准，整户识别。严格对照“五看法”识别标准和年人均可支配收入低于 2968 元的贫困标准，以户为单位，把农村贫困家庭整户纳入对象管理。据统计，2016 年威宁自治县共有 9.7 万户农户提出贫困申请，对所有申请农户按照进行“五看法”评分，按照收入测算表进行收入测算。按 19.15 万现有贫困人规模，“五看法”评分为 58 分。58 分以下所有提出申请的农户通过民主评议后，符合贫困户标准的对象，就能进入建档立卡系统。

（3）两本账

级差管理、分账建设、分类施策、精准帮扶。一是建档立卡账。以省级扶贫、统计调查部门认定的 2014 年末全县 30.64 万贫困人口和 2015 年末全县 19.15 万贫困人口数为准，通过“五看法”，比差确定建档立卡系统的相对贫困家庭。二是基本账。运用“收入核算法”和“支出倒算法”，将人均可支配收入低于 2968 元的贫困家庭找出来，进行单独登记，专账管理。

（4）严程序

严格程序、规范操作。严格按照“宣传发动、农户申请、入户调查、评议公示、划线认定、对象公示、审定公告、备案录入”整套程序，统一开展识别工作。

3. 精准识别方法

2016 年，威宁自治县在进一步精准识别贫困户方面，方法较原先有了新的重点和方向。

一是关于民政“长期保障户”和“重点保障户”的问题。第一，民政部门整户施保的“长期保障对象”和“重点保障对象”家庭，全部照单对应纳入扶贫部门，包括“五保户”、“低保户”或“低保贫困户”；第二，民政部门没有整户施保的“重点保障对象”家庭，由核查人员按照本次贫困对象识别标准和方法进行识别，符合条件的整户纳入低保户或低保贫困户，不符合条件的一人也不能纳入。

二是在确定五保户和低保户的基础上，对系统中的一般贫困户、低保贫困户和新提出申请农户进行核查和识别。以农户收入为基础依据，综合考虑其住房、教育、健康、子女赡养能力等情况，运用“五看法”的标准，进行量化评分。各乡（镇、街道）可根据本地的经济社会发展水平，划定能真实反映贫富情况、符合实际的“五看法”贫困线分值。

三是对故意隐瞒收入、不愿提供实情的农户。通过走访其左邻右舍，了解其家庭生活质量、住房、家电、农机、交通工具、子女读书、家庭成员健康等情况，通过对比（与本村、本组农户比住房、比收入、比资产、比外出务工等）、支出倒算等识别方法，掌握其真实贫富程度，打出合理分值，此外，本次核查识别县扶贫开发领导小组把入户调查农户名单、家庭成员身份证号等交由本级公安、房产、工商、财政等有关部门进行财产检索，核查农户是否拥有房地产、车辆、开办公司及财政供养人员等情况，对拥有上述财产的农户直接剔除。

四是坚持整户识别。家庭贫困人员的界定要以户籍登记人口为基础，综合考虑是否与户主在一起长期生活，是否由家庭供养等因素。

五是对易地扶贫搬迁对象、有高中（中职）及以上在校贫困生家庭、有“特惠贷”的家庭和“三变”改革辐射的对象。此次核查要重点对待，在同等条件和同样分值下，对以上四类人员要优先纳入系统。对已经在建档立卡系统中的以上四类人员，在核查过程中若发现不符合贫困条件，达不到贫困标准，要予以清除。

4. 精准识别步骤

第一步：宣传发动。综合运用广播、电视、报刊、标语、宣传单、口袋书和群众会、村民代表会等多种方式，广泛宣传进一步精准识别贫困户的重要意义、识别对象、识别标准以及识别时间程序等，以户为单位发放进一步精准识别贫困户告知单，确保核查识别工作家喻户晓。

第二步：农户申请。鼓励条件较差家庭主动申请贫困识别，尤其对整户外出的家庭要逐户取得联系，告知本次识别政策，动员其申请贫困识别（对整户外出的家庭，可通过电话、信函、邮件等方式提出识别申请）。

第三步：入户调查。对精准扶贫建档立卡系统中的家庭（含2014年以来标注脱贫对象）和本次提出识别申请的家庭，要组织工作组逐户核查识别。一是运用《“五看法”评分表》对照基础设施、住房环境、产业发展，劳务经营等指标逐项进行评分。识别人员和识别对象要对评出的分值签字确认。二是运用“收入核算法”与“支出倒算法”同步将核查识别对象家庭人均可支配收入统计核算出来，进行造册登记。三是同步填写《毕节市贫困户调查登记表》。

第四步：评议公示。一是民主评议。以村为单位召开由村民代表、驻村工作队、村两委干部、包村干部等人员参加的评议会，对本村所有识别家庭得分的真实性、合理性进行民主评议，同步核实是否存在漏户漏人、人为拆分户等情况。二是村级公示。评议结束后，将评分情况在村内显眼位置进行公示，公示期为5天，公示内容包括识别户得分情况、监督反映联系人、联系方式等。公示期间要以村民组为单位组织群众看榜，并做好公示、看榜记录。对公示期内村民有异议的，要及时组织工作组进行复核。

第五步：划线审定。村级公示结束无异议后，由村（社区）将识别、评议结果报乡（镇、街道）审核。乡（镇、街道）对村级识别、评议结果审核汇总后，报县识别工作办公室，由县识别工作办公室对乡（镇、街道）报送的审核结果进行汇总、分析，提请扶贫部门行文划定本县“五看法”贫困户识别分数线。

第六步：对象公示。乡（镇、街道）根据县级确定的贫困分数线由低到高确定扶贫对象和拟退出对象，在乡（镇、街道）、村（社区）同步进行第二次公示，公示时间为5天。对公示中有问题反映的，要深入了解，进行比对，按民主评定程序再调查、再核实、再评定。

第七步：审定公告。村、乡（镇、街道）公示无异议后，逐级汇总上报县扶贫办审核认定，并在县政府网站进行公示，公示时间5天。

第八步：录入备案。乡（镇、街道）根据县扶贫办审核认定文件，将扶贫对象信息录入建档立卡系统。一是原系统中的贫困户本次识别仍为贫困户的，继续保留在系统中并完善详细信息；本次识别为非贫困户的，按程序从系统中清退。二是原系统中已标注脱贫、本次识别为非贫困户的，继续保留为脱贫对象；本次识别为贫困户的，按返贫程序重新纳入未脱贫管理。三是没有在原系统中、本次识别新纳入的贫困户，及时将基本信息录入系统并完善纸质档案。

第九步：分账管理。将识别对象人均可支配收入核算结果低于2968元的贫困家庭实行专账（单独建立数据库存）管理。相关部门结合自身业务需要，做好贫困人口信息与行业部门信息比对工作，充分运用识别结果，共同推进精准扶贫、精准脱贫。

5. 摸索“333444”工作方法，明确“谁识别、谁把关、谁负责”

在2016年进一步精准识别贫困户过程中，威宁自治县扶贫办摸索出了“333444”工作方法，即三清三问：清人口底数，问户籍情况；清“九类”人群，问特殊情况；清项目资金，问家庭收入。三抓三促：抓业务培训，促工作效率；抓问题导向，促疑难化解；抓督查问责；促任务落实。三看三核：看地理环境，核贫困程度；看“五看”体系，核贫困得分；看产业状况，核扶持效果。四动四加强：干部主动，加强责任意识；示范带动，加强学习意识；部门联动，加强配合意识；宣传发动，加强参与意识。四查四完善：查文件资料，完善识别方案；查业务开展，完善指标体系；查到岗到位，完善队伍建设；查工作作风，完善工作机制。四快四确保：快速召开会议，确保及时启动；快速组建队伍，确保人员到位；快速制定方案，确保有章可循；快速划拨资金，确保运转经费。切实按照“该进的一户不漏，该出的一户不留”，明确要求“谁识别、谁把关、谁负责”，实现识别结果公正客观，使识别结果掷地有声，使结果经得起历史和人民的检验。

6. 查漏补缺，完善精准识别

2017年7月，在总结2014年以来建档立卡工作经验的基础上，为进一步做好贫困人口精准识别查漏补缺工作，贵州省印发、威宁自治县转发《进一步做好贫困人口精准识别查漏补缺工作的实施方案》(黔扶通〔2017〕38号、威扶开〔2017〕28号)，对全国扶贫开发信息系统业务管理子系统内的贫困人口再次进行核准，对建档立卡信息系统以外的农村人口进行精准识别查漏补缺，将符合现行国家农村扶贫标准的农村贫困人口全部纳入建档立卡，切实做到有错必纠、应纳尽纳。特别是非贫困县和非贫困村符合纳入条件的农户，做到不漏一户、不落一人，进一步打牢精准扶贫基础。

第一，在2016年进一步识别基础上，识别范围更加全面具体。一是符合现行农村扶贫标准的农村居民；二是对2014年以来脱贫人口因学、因病、因残等达不到“两不愁三保障”要求的返贫人口；三是没有解决“三保障”

问题的农村低保、五保、残疾人家庭；四是尚未解决“三保障”问题的就地“农转非”家庭。（纳入档外对象识别的“农转非”家庭必须符合4个条件，即整户转、至今原地居住、没有享受城镇居民政策“三保障”问题没有解决。对于家庭部分成员就地“农转非”，实际仍居住在一起，没有享受城镇居民政策，只因当时户籍政策限制，已转人员没有进入建档立卡系统的，应确保“整户纳入”。）

第二，识别清退明确“排他性因素”与识别建档的顺序问题。一是“排他性因素”在先，识别建档在后。因农户刻意隐瞒收入、家庭情况等原因造成误识别纳入建档立卡的农户，必须召开村民大会（村民代表大会）进行评议，根据评议结果按识别程序，通过“两公示一公告”，取消该户建档立卡贫困户资格，并从全国扶贫开发信息系统业务管理子系统中予以清退，当地人民政府有责任追回被清除的农户违规享受的帮扶资金或物资。二是识别建档在先，“排他性因素”在后。对于按标准、依程序识别为建档立卡贫困户后，通过帮扶、自身努力发生“排他性因素”的农户不做清退，达到脱贫标准后及时依程序脱贫。

第三，按照“一比对、两公示、一公告”进行。在识别之前，各乡镇将新增拟纳入建档立卡系统人员，按照表格要求统一上报后，进行县级比对，剔除不符合标准的人员后再逐级上报比对，待省反馈名单后，再公示、公告。此次“回头看”查漏补缺要重点关注低保户、无户籍人员、漏报人员。

第四，退出人员主要考虑条件特别好的那类，有争议的暂时不处理。

第五，大稳定、小调整。此次查漏补缺主要为大稳定、小调整，虽说不设规模，但适当把握度，对于应清退人员不宜做大规模的删减。

（二）精准退出

威宁自治县出台《威宁自治县扶贫开发领导小组关于贫困退出有关事项的紧急通知》（威扶领〔2016〕17号），与2014年、2015年相比，对于贫困人口、贫困村、贫困乡镇的退出工作做到了程序与标准的进一步精准。

1. 贫困人口精准退出标准与程序

（1）贫困人口精准退出标准：“定性、定量、无偏科”

一是定量。贫困户的退出必须超过国家扶贫标准（指2010年2300元不变价的扶贫标准，2013年为2736元，2014年为2884元，2015年为2968元，2016年为3146元，2017年为3335元，2018年为3535元，2019年为3747元）。二是定性。以“两不愁三保障”为核心的“五看法”进行贫困指数画像，即贫困户退出按照精准扶贫“五看法”综合评估分值在60分以上，在贫困户年人均纯收入超过国家扶贫标准线，真正实现“两不愁三保障”和达到“四有五覆盖”标准后，按程序退出。三是无偏科。贫困户在家庭年人均收入稳定超过当年扶贫标准线，“两不愁三保障”中有一项未实现，有“偏科”的，不得对贫困户做脱贫处理。

2017年，按照精准退出、错退率、群众满意度等核心指标，深入开展贫困退出大筛查，切实解决贫困户退出不够精准的问题。一是健全动态管理机制。以乡镇（街道）为单位，深入开展核查，将因灾、因病、因学新增贫困户和返贫、漏评贫困户按有关要求和时间节点纳入建档立卡系统，并明确帮扶责任人，真正做到“不落一人”。二是强化部门协作机制。以贫困户建档立卡数据为基础，涉及“两不愁三保障”的有关部门协作联动，确保教育、医疗、危房、饮水、兜底等部门数据信息纵横一致，互联互通。三是完善脱贫滚动计划。各乡镇（街道）要依据“32669”脱贫攻坚行动计划，认真分析贫困状况，实事求是制定脱贫滚动计划。

（2）返贫人口和新增贫困人口纳入管理

威宁自治县严格按照贫困人口识别标准、方法和程序，对返贫人口和新增贫困人口迅速纳入动态管理。对以下4种对象进行识别纳入管理，并全部录入信息系统：一是当年农户家庭年人均纯收入低于扶贫标准线的；对高于扶贫标准线的，要按照上级指示，抓住问题本质，围绕“两不愁三保障”去看实物指标，结合实际纳入管理。二是因灾、因病、因学等原因致贫返贫的贫困户；三是符合扶贫条件的农村低保家庭；四是符合贫困人口识别标准的新增贫困人口。此外，重点关注符合扶贫条件的农村低保家庭、残疾人口家庭以及虽然收入达标，但"两不愁三保障"问题未解决的贫困家庭。对有"九类人员"家庭，（2017年对有"四类人员"，指有小轿车［生产用车除外］、有商品房、有国家公职人员、有工商注册登记［对于这类家庭应根据实际情况区别对待］）原则上不予纳入建档立卡系统，对确实贫困的家庭，按照实事求是的原则，按规定完成识别程序后，迅速纳入建档立卡系统，实行动态管理。

（3）贫困人口精准退出程序："四步法"

2016年，威宁自治县针对贫困人口精准退出，提出内业筛核、外业程序、签字确认、完善档案"四步法"。一是内业筛核。各乡镇（街道）对2016年度拟脱贫退出的6.12万人进行全面筛查，一村一户的清洗（对2017年拟脱贫退出的5.5万人进行全面筛查，到村到户清洗，在5.5万县级脱贫任务的基础上，选择脱贫成效明显的1.93万人作为省级脱贫对象）。二是外业程序。开展入户调查，坚持走"两公示一公告"的民主程序，让贫困户自己认定。三是签字确认。坚持谁审核、谁签字、谁确认、谁负责的原则，严防数字脱贫和被脱贫，实行严格的问责制度。四是完善档案。第三方评估的好坏很大程度上取决于档案资料。各地要严格执行精准扶贫建档立卡"一户一档"要求，做到户有卡、村有册、乡有簿、县有档，完善农户从识别进入到脱贫退出全部档案资料，补充更新系统信息，确保线上业务系统和线下纸质资料的准确一致，切实做到识别纳入有依据，动态调整有凭据，脱贫退出有证据。

2. 贫困村、贫困乡镇精准退出标准与程序

（1）贫困村退出执行国家退出标准

一是标准。以贫困发生率低于3%为主要衡量标准，贫困村退出要统筹考虑村集体经济、村内基础设施、基本公共服务、产业发展等综合因素即达到“五通四有”标准。二是程序。贫困村退出，按照贫困村申请、乡镇审批、县级核准、签字确认、省市级备案的程序，对2016年已脱贫的贫困村进行退出管理。

（2）贫困乡镇退出执行省级标准

以贫困发生率年度下降4.3个百分点以上、农村居民人均可支配收入达到年度考核标准（2016年度考核标准以省统计局预计的为准，约为7000元；2017年约为7600元），按照“乡镇申请、县级审核认定、签字确认、省市备案”的程序进行。

（3）贫困县退出基本条件。从定量角度，综合贫困发生率低于3%。同时，漏评率、错退率须低于2%，群众认可度须高于90%。从定性角度，贫困县退出需要综合脱贫攻坚工作部署、重大政策措施落实、基础设施和公共服务改善、后续帮扶及脱贫成果巩固提升长效机制的建立等情况。

（三）信息系统与档案资料

根据习近平总书记2015年在中央扶贫开发工作会议上的重要讲话精神以及贵州省委对扶贫工作的重要部署，践行新思路、新理念、新发展的扶贫工作思路，围绕精准扶贫、精准脱贫的目标，2015年7月，省大数据产业发展领导小组印发了《关于开展“提升政府治理能力大数据云应用示范工程”创建工作的通知》（黔数据领〔2015〕5号），明确把“扶贫云”作为13朵示范云之一进行打造。通过信息化的手段和方式促进精准扶贫、精准脱贫。

通过大数据建设，实现扶贫数据的汇聚，实现对贫困户的精准识别、精准帮扶和精准服务以及对扶贫工作的精准管理、精准考核和精准督查，提高扶贫工作效率，实现扶贫资源优化配置，为领导提供科学的辅助决策。以贵州省扶贫云建档立卡数据为基础，采集贫困户和贫困村的位置、影像、图片、视频等数据，同时汇聚市委组织部、国土、民政、医疗、社保、教育、农商行、通信等部门的扶贫相关数据，形成精准扶贫大数据平台。

1.“扶贫云”建设

“扶贫云”就是以精准扶贫、精准脱贫为目标，以构建“大数据＋制度＋政策”的制度框架平台为核心，按照“扶贫＋”的思路，运用“互联网＋”等云计算技术，融合扶贫部门和各有关部门的数据资源，用大数据甄别贫困人口，用大数据管理扶贫项目和资金，用大数据开展贫困监测和评估，用大数据实现精准扶贫和精准脱贫，并通过“云上贵州”的统一门户，为各级决策层、各级扶贫部门提供决策支持，为各级监管部门提供资源协助，为贫困群众和社会公众提供信息服务，形成全省扶贫工作统一的数据支撑平台、项目申报平台、资金争取平台、脱贫管理平台、绩效评估平台、任务督查平台、工作考核平台，建成全国扶贫系统的省级样板。

（1）“扶贫云”建设目标

基本建成结构合理、功能完善、安全稳定、监管有效、服务全面、覆盖全局的“扶贫云”工作体系，做到连接国家、省、地、县、乡、村扶贫工作机构，融合各方资源，达到“共搭平台、共享资源、广开渠道、精准扶贫”的目标，达到扶贫政务管理、决策支持、公共服务的网络化运行，实现精准扶贫、精准脱贫。

各级决策部门通过“扶贫云”可以按权限进行决策分析、指挥调度等，实现精准扶贫“按照军事作战原则，实行挂图作战”。各级扶贫部门通过“扶贫云”可以按权限进行建档立卡、项目资金等业务办理、提交审批事项、分析调度业务工作、挖掘汇总统计数据、开展绩效评估监测等，确保精准扶贫的各项政策有效落实。各级各有关部门通过“扶贫云”落实“五个一批”和精准扶贫、精准脱贫“十项行动”，精准有效实施扶贫特惠政策，形成专项扶贫、行业扶贫、社会扶贫的大扶贫格局。各级监管部门通过“扶贫云”监管扶贫项目、资金，保证扶贫资金安全、有效运行。贫困群众通过“扶贫云”申报扶贫项目、获取扶贫信息资源、进行互动交流、提交投诉建议、参与监督等，增强摆脱贫困的意识，提高扶贫脱贫的参与度。社会公众通过“扶贫云”获取扶贫信息资源、互动交流、开展众筹、扶贫济困等，构建大扶贫的网络格局。

（2）“扶贫云”主要任务

一是围绕精准识别，建设数据支撑平台。建成全省统一的贫困人口建档立卡数据库、资金管理数据库、项目GPS地理信息数据库、项目影音数据库、贫困村贫困户遍访数据库、行业扶贫比对数据库、各市县经济的发展统计数据库等服务“扶贫云”的基础信息数据库。

二是围绕精准帮扶，建设项目申报平台。按照“省市备案、县级审批、乡镇报账、乡村实施”的原则，建成以GIS为基础，全省统一的扶贫项目申报、评估、立项、审批、资金拨付、报账、实施、监管、验收、评估为一体的项目管理平台。

三是围绕精准施策，建设资金争取平台。建设连通国务院扶贫办信息管理系统的资金争取平台，根据国务院扶贫办各阶段、各时期的重点工作，及时以网络的方式，向国务院扶贫办上报建档立卡数据、扶贫项目数据、资金安排数据、培训情况数据、移民搬迁数据等信息，争取国务院扶贫办各类扶贫资金的支持。

四是围绕精准管理，建设脱贫管理平台。建成以全省贫困人口建档立卡数据为基础，关联民政、金融、财政、人社、卫计、教育、统计等相关行业部门数据，以减贫计划为依据，以分类帮扶为措施，以到村到户扶贫项目和资金为支撑，以大数据分析为依托，以贫困县、贫困乡、贫困村、贫困户为重点的脱贫动态管理指挥平台。

五是围绕精准评估，建设绩效评估平台。按照大数据的方法，在全省统一开展贫困监测、绩效评价，重点监测、评估省、市、县、乡、村、片区贫困人口脱贫情况、扶贫措施瞄准度、扶贫项目资金成效、扶贫产业对脱贫的贡献程度等，为各级决策层、各级扶贫部门提供决策支持，为各级监管部门提供资源协助，为贫困群众和社会公众提供信息服务。

六是围绕精准检查，建设任务督查平台。建成以预警功能为主，联动省委、省政府督查工作部门，检查全省各级各部门推进扶贫开发重大事项、落实“1+6”及“1+10”等系列扶贫开发政策、扶贫开发重点工作的进度、措施、成效的实时督查监控平台。

七是围绕精准考核，建设工作考核平台。建成对接组织、目标、督查等部门，以扶贫工作为重点的工作考核平台，作为各级各部门干部提拔任用、工作绩效评价的重要依据。包括建成各级各部门推进扶贫开发工作台账、领导干部“定帮联驻”工作台账、遍访贫困村贫困户工作台账、各行业部门落实扶贫任务工作台账等。

2. 精准系统管理

2016 年 8 月 16 日，贵州省出台《关于切实加强贵州“扶贫云”建档立卡系统管理及贫困户信息录入的工作要求》，进一步提升了建档立卡系统管理的精准性。

（1）建立县、乡、村三级系统联网管理

一是实行县、乡、村系统账号权限管理。县级账号包括县辖区内信息汇总统计、信息查询、信息修改等功能；乡级账号包括乡辖区内信息汇总统计、信息查询、信息修改（经市授权，可对贫困户进行添加、删除以及贫困人口增减）等功能；村级账号包括村辖区内信息汇总统计、信息查询、非核心信息修改等功能。二是实行系统账号分级独立管理。在原已有市县乡账号的基础上，为避免同一账号不同乡村共同使用，增设每个乡村均有各自独立账号管理本行政辖区内的贫困农户建档立卡信息。三是实行系统账号实名制专人管理。各县、乡、村要均明确账号管理人员，实行专号专人管理。县级账号由县扶贫办业务股室相关人员管理，乡级账号由乡镇扶贫工作站相关人员管理，村级账号由能操作微机的村干部或村第一支书、驻村（包村）干部管理。账号实行实名制管理，落实痕迹追查制度，因工作调整更换账号管理员人员的，要上报县扶贫部门备案。

（2）建立贫困人口信息动态化管理

一是贫困户信息更新实行月报告调整制度。更新内容主要是贫困户基本信息和帮扶信息。贫困户基本信息为户主基本信息和家庭成员基本信息，更新时间为每月25日至30日。二是贫困户信息和帮扶信息更新以《毕节市贫困户调查登记表》的内容为基础，实行动态管理下的定期完善调整制度。三是信息采集录入和调整更新严格按照“谁签字谁负责、谁录入谁负责”的原则，以村为单位对贫困户动态信息和帮扶信息进行采集，经相关人员签字和审核后，按权限进行调整更新。

（3）建立贫困家庭进入清退定期规范化管理

一是建档立卡系统每半年开放一次整户纳入和整户清退功能，对贫困家庭和非贫困家庭进出实行定期动态化管理，时间为每年的2月和8月。二是整户纳入和整户清退的家庭要严格按照《毕节市进一步精准识别贫困户工作指导方案》（毕节办字委〔2016〕16号）的标准和程序执行，严禁降低标准和简化程序。三是以村为单位将需整户纳入和整户清退的家庭汇总，经村党支部书记、村主任、第一支书（或包村干部）签字确认，报乡镇扶贫工作站和乡镇分管领导审核，并送县区扶贫部门审定备案后，由乡镇扶贫工作站在系统中对整户纳入和整户清退家庭进行添加和删除。

（4）建立脱贫农户退出返贫定期规范化管理

一是年度计划脱贫农户经评估考核，实现有效脱贫的，按程序纳入相应年度脱贫管理。脱贫退出程序每年执行一次，时间为次年的2月。二是对因病、因学、因灾等原因造成返贫的农户，要严格按照《威宁县进一步精准识别贫困户工作实施方案》的识别程序调查、评议、公示、公告、审核无异议后，以村、乡、县为单位逐级汇总报市、省扶贫部门备案，再按返贫操作程序在每年度2月或8月贫困户动态调整时重新纳入。

（5）建立系统责任追究管理

贵州“扶贫云”建档立卡系统毕节模块部分按行政区划实行实名管理制

度，严格按照“谁管理、谁负责，谁录入、谁负责”的原则，落实痕迹倒查责任追究制。账号管理人员未经批准严禁将账号及登录密码转给或告知他人，严禁私自添加、删除贫困农户及家庭成员，严禁私自修改、增加、删除贫困农户及家庭成员信息。账号管理人员要切实按照相关规定，做好系统信息的维护及保密工作，如不按规定执行，造成相关损失或泄密的将提请纪委和相关部门进行查处。

3. **信息录入、备案及完善**

2016年“进一步精准识别贫困户”工作贫困对象公示公告锁定后，各乡镇加强贫困人口信息的备案录入，确保了贵州“扶贫云”建档立卡系统中贫困农户信息不缺项、不漏项、不错项，数据资料真实可靠，做到了系统数据与纸质档案资料的有机统一。

（1）贫困农户基本信息录入

一是除新纳入贫困家庭外，原系统中已有的贫困户不需要重新录入，在系统中调出进行修改、完善、更新即可，避免二次录入，造成信息重复登记。二是系统中2014年、2015年已脱贫农户，本次识别返贫或被脱贫的，也不需要重新录入，先点取消脱贫返回到未脱贫模块后，再对相关信息进行修改、完善和补充即可。三是因“购车、购买商品房、财政供养和工商注册”四类原因比对删除的家庭，如因比对错误、其他原因造成误删而此次识别确需重新纳入的，要逐级汇总上报，提请省办进行后台痕迹处理后，方可再次录入。

（2）民政保障对象家庭贫困属性划分

为确保有劳动能力的民政保障对象家庭均能享受相关措施帮扶，切实通过自身努力实现增收致富。一是民政部门的“长期保障对象”对应照单纳入建档立卡系统“五保户”。二是民政部门整户施保的“重点保障对象”家庭：有劳动能力的，照单纳入建档立卡系统“低保贫困户”；没有劳动能力的，照单纳入建档立卡系统“低保户”。三是民政部门没有整户施保的“重点保障对象”家庭，按贫困标准和程序进行整户识别，符合贫困条件的：有劳动能力家庭，纳入建档立卡系统“低保贫困户”；没有劳动能力家庭，纳入建档立卡系统“低保户”。四是民政部门的“一般保障对象”家庭，按贫困标准和程序进行整户识别，符合贫困条件的纳入建档立卡系统“低保贫困户”。

（3）补齐2014年、2015年已脱贫人数

根据上级要求，建档立卡系统中各地2014年、2015年脱贫管理模块已脱贫人数要与上级分配（测算）认定的年度脱贫人数相一致，由于返贫或其他原因造成缺少（规模不足）的，要调整补齐。调整补齐年度脱贫人员时把握好移民搬迁对象、子女有就读高中（中职）以上的家庭、“特惠贷”对象同等条件下优先纳入的原则，家庭经济条件比2968元稍高，“五看法”分数线在72分上下的，放在2014年、2015年脱贫管理中。

（4）贫困家庭纸质档案一户一档整理完善

2016年识别工作结束后，各乡镇进一步完善贫困家庭纸质档案的收集、整理、分类、归档工作，档案资料分村级公共档案和农户家庭档案两部分。村级公共档案，要按照黔扶通〔2015〕115号《关于推进精准扶贫档案工作的实施意见》《贵州省精准扶贫档案管理办法》进行分类、归档；农户家庭档案包括识别申请书、调查登记表、“五看法”指标体系评分表、家庭人均可支配收入核算表、农户相关信息资料及图片。

2017年，威宁自治县就精准扶贫建档立卡贫困人口档案管理提出“十个一律”。一是除省市的统一要求外，一律不增设一表一册、一栏一目；二是可以资源共享的材料，一律不安排重新拟写上报；三是动态调整的内容，一律不安排重新抄表改表（装入新的内容即可）；四是手机APP可以操作的数据采集，一律不安排纸质填报；五是一户一档，除省市的统计要件，一律不增加新的内容；六是对已完善好的资料，一律不安排复印（分类管理，该乡镇管理就乡镇管理，该村级管理就村级管理）；七是对公文传输系统信息，系统可以处理的资料，一律不安排纸质资料；八是可以简化的材料资料，一

律不安排填写填报；九是调研必须深入实际，进村入户，一律不搞纸上谈兵、图上作战；十是工作开展必须做到真抓实干、脚踏实地，一律不搞形式主义、官僚主义。

（5）2016年计划脱贫人口的标注

一是由于本次识别，各县区2016年已标注计划脱贫的农户已发生变化，要尽快完成计划脱贫对象的补足、该调整的要尽快确定，2016年计划脱贫人口的选择要把握三个原则：计划出列村优先安排原则；项目资金覆盖大、投资多的地点优先安排原则；先易后难的原则。

（6）2016年计划脱贫人口、计划出列贫困村脱贫工作的推进

一是要建好、建实台账。台账建设要严格按照市出台的“四有五覆盖”和“五通四有”标准建立，要落实到每家每户，要组织人员深入每家每户、每个出列村，对照脱贫标准，按“缺什么、补什么”的原则找出缺项；二是要落实、压实帮扶责任。锁定脱贫对象后，要尽快落实帮扶贫责任人，落实帮扶方案措施。要让脱贫农户知晓、熟悉帮扶干部。三是补齐短板。严格按照“缺什么、补什么”的台账，整合扶贫资金、部门资金、社会资金等，落实、推进台账缺项的建设。四是严格考核。年底时要按省市出台的相关脱贫考核标准和考核办法进行脱贫检查验收。严格执行“谁验收、谁负责、谁签字、谁负责”的原则，今后第三方评估发现被脱贫的、数字脱贫的，由验收、签字人员负责解释和承担相关责任。

（四）行业部门精准

1. 资金精准：摸清项目资金底数，化解资金滞留难题，精准统筹下达资金

为了摸清项目资金的家底，坚决消化财政专项扶贫资金的滞留难题，2016年威宁自治县扶贫办联合县财政局共同对全县39个乡（镇、街道）的财政专项扶贫资金使用情况开展地毯式、拉网式的清理：逐笔理清项目资金

情况；逐个检查项目实施管理；认真清核的各类问题。共清理历年财政扶贫资金 65942 万元，结余资金共计 3188 万元，威宁自治县及时将 3188 万元资金收回，安排用于冲抵 2015 年追加的 2000 万元安全饮水项目资金和 300 万元的特困家庭救助资金；888 万元用于 2016 年出列的村“五通四有”项目。

同时，威宁自治县精准统筹下达资金。2016 年省下达财政专项扶贫资金计划 2.94 亿元。威宁自治县将专项扶贫资金精准分类，合理统筹，威宁试点专项 2000 万元，世行贷款国内配套资金 1184 万元，项目管理费 222 万元，核桃产业后续管护资金 50 万元，溜索桥改造资金 700 万元，集团帮扶专项资金 1600 万元，县“减贫摘帽”奖励项目资金 1000 万元，2015 年“摘帽”非重点县贫困乡（镇）班子奖励项目资金 80 万元。其余 9543.9 万元为因素法分配资金，其中贫困县分配资金 997 万元，贫困村分配资金 2237.9 万元，贫困人口分配资金 6309 万元。石门专项资金为 1.3 亿元。资金的精准极大地推动了精准扶贫，成为全面脱贫攻坚的坚实后盾。

2017 年，贵州省下达威宁自治县财政专项扶贫资金 23563 万元，共安排 18990.584 万元，其中 11642 万元用于帮助 2017 年计划脱贫的贫困户发展种养殖业及少量基础设施建设项目，925.584 万元用于发展核桃和中药材产业，项目覆盖区域为威宁自治县极贫乡镇，6361 万元用于石门乡发展项目。

一户一策专项脱贫资金使用情况。为切实做到“户户有增收项目、人人有脱贫门路”，确保“真扶贫、扶真贫”，按照县委、县政府的统一部署，2017 年 3 月 25 日，县扶贫开发领导小组下达财政专项扶贫资金（发展资金）11642 万元，按照龙场、新发、海拉、板底、黑土河、大街等六个极贫乡镇每户 1.2 万元安排，其余每户按 1 万元标准下达。要求各乡镇结合区域性特色和农户发展意愿，全部用于支持脱贫产业。资金下达后，各乡镇可以采取先建后补和边建边补的模式及时按程序把资金发放给计划减贫农户。

加强资金监管。2017 年，威宁自治县扶贫办联合财政、纪委和乡镇民生监督组加大资金监管力度，切实加强资金管理，确保不挪用、不挤占、不滞留，坚决杜绝弄虚作假、巧立名目套取使用资金。严格抓好项目的督促、指导、验收和管理工作，真做到精准扶贫、精准脱贫。

2. 易地搬迁精准：扶持与搬迁并举，全力推进易地扶贫搬迁

按照易地扶贫搬迁“搬得出、稳得住、能致富”的要求，确保“该纳入的一个不少，该退出的一个不保”，按照县《关于认真开展易地扶贫搬迁精准对象识别“回头看”有关工作的通知》（威扶开〔2016〕25号）。一是确保贫困发生率达到50%以上的整村整寨搬迁点；二是确保对易地扶贫搬迁调入和调出对象做认真细致的摸底、登记、存档和备案。三是完善搬迁户的档案资料、印证资料，做到痕迹管理。

（1）核实清楚目标任务

全县共核实清楚2016年搬迁2164户、10510人，其中建档立卡贫困人口8552人，贫困人口占比81.37%。“十三五”期间需搬迁9360户、43505人，其中建档立卡贫困户7370户，贫困人口34189人，贫困人口占比78.58%。

对贫困发生率达不到的搬迁点及时采取措施，一方面是定性不准确、不适宜搬迁的建议调整取消，另一方面是指导乡镇对适宜搬迁的重新识别，调整系统，使其达到搬迁标准。对未整户识别的，进行认真的指导调整，按照“规模控制、进一退一”的要求，整户纳入。

（2）制订后续扶持计划

按照“搬得出、住得下、能发展、不反弹”的要求。针对每个搬迁点的贫困户特性，制定了《扶贫办对易地扶贫搬迁精准扶贫建档立卡户的后续产业扶持方案》，同时指导好乡镇做好个别扶持方案。一是积极配合人社、农牧等部门搞好集中安置点农户的劳动技能培训，帮助他们提高自我发展能力。二是加强与工业园区内企业和县外企业对接、协调，对有劳动能力的搬迁户有针对性地开展技能培训。三是对于零星搬迁户，扶持发展种植业和养殖业。四是对于搬迁户中建档立卡的贫困户，给予“特惠贷”贴息支持，支持其发展脱贫产业。

同时，威宁自治县编制了2016年易地扶贫搬迁精准扶贫户到户产业扶持方案，在“特惠贷”、脱贫专项、就业培训等方面细化扶持方案。

2017年，威宁自治县对全县计划搬迁的2164户、10509人，对已经帮助入住772户、4229人进行核实。同时，对省专项审计组提出的易地扶贫搬迁中零星搬迁户的134户、664人进行全面核实。经逐一核对，对130户在建档立卡系统的农户，支持其继续享受搬迁政策，对信息错误、名字或者身份证录入错误的32户及时帮助纠正，对4户不符合条件的建议及时清除，取消其享受资格。

2016年和2017年实施11个安置点建设，搬迁群众5688户、30208人；2018年计划实施搬迁3920户、19706人，启动新增2万人易地搬迁安置点建设。危房改造：2018年，威宁自治县加快“四在农家·美丽乡村”建设，实施危房改造99393户，大力实施农村环境综合整治。

3. 教育扶贫精准：圆贫困家庭学子读书之梦

威宁自治县全面落实教育精准资助，对就读高中阶段以上学校（不含研究生阶段）的农村贫困学生和对因灾因病等特殊原因返贫的非在册贫困户子女，落实高中阶段“两助三免（补）”、中职学校“两助三免（补）”、普通高校“两助一免（补）”，实现应助尽助、应免（补）尽免（补）全覆盖。着力实施贫困家庭控辍保学工程，实现贫困户适龄儿童义务教育入学率达100%、学前教育三年毛入园率达85%以上、九年义务教育巩固率达85%以上、高中阶段教育毛入学率达85%以上，确保农村贫困家庭学生不因贫辍学。积极实施“圆梦行动”和适用技术培训等，实现有劳动能力的农村建档立卡贫困户接受中职以上学历教育、技能提升及适用技术培训“一户一人”全覆盖，农村贫困人口新成长劳动力参加职业教育培训比例达100%。

根据省、市安排，威宁自治县对2015—2016学年申请资助的学生进行资格审核，符合条件的学生有4171人。其中，高中学生3981人，每人每年资助 2660 元；中职学生 71 人，每人每年资助 1900 元；大学就读学生 119 人，每人每年资助 4500 元（高职）或 4830 元（本科）。通过认真摸底登记、认真审核把关，认真把控政策，认真组织兑现“四个认真”的有力举措，共发放助学金 1125.986 万元，实现无学生因贫辍学、因学返贫，圆了学子的读书梦。针对 2016 年建档立卡贫困户子女考取二本以上的 1509 名学生一次性资助 4000 元。

2017 年，威宁自治县为进一步核实清楚贫困家庭教育精准扶贫，加大教育精准扶贫力度。为确保符合政策条件的建档立卡贫困户家庭子女在一开学就能得到教育扶贫资助。县扶贫办和县教育局两家联合，对在读的高三、初三毕业生进行全覆盖摸底，对于信息比对不成功的 4500 名学生再次进行核实、及时更正，出具贫困家庭信息证明 4400 余条，确保贫困家庭学生资助政策应享尽享，把教育精准扶贫政策落到实处。

2018 年，对建档立卡贫困户子女就读高中及以上就读（不含研究生），就读期间，享受扶贫专项助学金，标准为 1000 元 / 生・年；免教科书费标准为 400 元 / 生・年；免住宿费，标准为 500 元 / 生・年。除执行国家助学金和免学费政策外，贵州省增加教育精准扶贫学生资助项目：一是普通高中标准为 2660 元 / 生・年；二是中职学校（一、二年级）标准为 1900 元 / 生・年；三是普通高校本科生标准为 4830 元 / 生・年；四是专科（高职）生标准为 4500 元 / 生・年；五是未脱贫的建档立卡贫困户家庭子女在校大学生每年补助 3000 元（威宁自治县专门实施的补助）。

2018 年，1.68 万名建档立卡贫困学生享受到教育扶贫政策，实施教育基础设施项目 305 个，扎实推进城乡义务教育均衡发展，教育质量明显提升，2018 年二本以上上线比上年增加 2551 人。

4. 产业扶贫精准：实施“11153”产业工程

2016 年，威宁自治县依托自身资源条件和禀赋，着力实施“11153”产业工程，成效显著，即优质种薯 100 万亩、高山冷凉蔬菜 100 万亩、经果林100万亩、中药材50万亩、烤烟30万亩、牛羊等大牲畜130万头（只），重点建设了一批农业产业板块经济区；探索出了“大数据+现代山地特色高效农业+旅游业”融合发展的农村电商路子，支持举办了阿里巴巴村淘和贵农网经营点共300个，培训电商合伙人8000人，畅通“黔货出山”和网货下乡的双向通道，使电商扶贫成为脱贫攻坚的“新引擎”。

2017年，威宁自治县扶贫办下达资金计划。为确保“户户有增收项目，人人有脱贫门路”，实现精准扶贫、精准脱贫，围绕年度减贫目标（4个乡镇摘帽，59个贫困村出列，1.2万户、5.5万人脱贫），各乡（镇、街道）确认脱贫对象，结对帮扶，用好、用活一般乡镇每户1万元、极贫乡镇每户1.2万元的产业扶持资金。

一是对2016年已经享受过极贫乡镇每户5000元，一般乡镇每户1000元产业扶持资金，在年终未被省级认可、今年又纳入脱贫对象的农户，按今年的补助标准分别补齐扶持经费，极贫乡镇的农户补7000元，一般乡镇的农户补9000元。资金计划已在年初下达，有部分乡镇把资金调作他用的，必须及时调回来补助到位，8月底之前全面兑现给拟脱贫农户。

二是每户1万或每户1.2万元的资金不能分成几批拨付，必须一次性全面足额及时发放到位，由结对帮扶干部督促监督使用，确保全面用于发展产业。

三是对2017年拟脱贫的农户，各乡镇统筹安排，每户购买100只鸡苗饲养，资金用每户1万元或每户1.2万元的扶持资金解决。

四是对整户外出务工半年以上的拟脱贫农户，由乡镇、村居和结对帮扶干部动员，能回来发展产业的及时回来发展，不能回来的也可委托亲戚、朋友、邻居等帮助发展，照样可以给产业扶持资金。但是必须见产业打款，而不能简单地把资金打出去另作他用。委托他人代发展的一律要村两委和帮扶干部认可和监督。

五是享受易地扶贫搬迁的农户和纳入民政兜底的“两无户”一律不再安

排产业扶持资金。

2018 年，威宁自治县紧扣“八要素”，贯穿“五步工作法”，全力开展农村产业革命。2018 年调减玉米 32.2 万亩，种植马铃薯 180 万亩、蔬菜 85 万亩、中药材 35 万亩、烤烟 26.1 万亩，经果林面积达 176 万亩；建成农业园区 48 个，其中国家级和省级科技园区 10 个。

（五）工作成效

1. 进一步识别精准贫困对象、使靶向更加精准

按照《威宁县进一步精准识别贫困户工作实施方案》的要求，2016 年，威宁自治县扶贫办成立了四个工作组，指导乡镇开展工作，分别召开宣传发动会（群众会、村民代表会）1066 场次，参加人员 101318 人次，召开业务人员培训会 217 次，参加人员 13860 人次，发放农户识别告知单 16.8 万份，覆盖所有村组；印发政策识别口袋书 73209 份，安排科级干部 409 人、驻村（包村干部）1378 人、村组干部 4088 人参加识别，县级层面对乡镇开展了 2 轮督查工作和 2 轮指导工作。通过 3 个月的建档立卡进一步识别工作，实现了对象更加精准、信息更加完善。

（1）精准锁定了贫困对象

按照户户见面、户户打分、户户识别的要求，威宁自治县扶贫办对提出申请的 9.7 万户农户完成了“五看法”评分，并填写了收入测算表。

从全县面上讲，县扶贫办以数据为基础，平衡各乡镇经济社会发展水平，在全县范围内进行了相应的修正，将修正后的数据反馈给乡镇进行公示。

从贫困分数线的划定上讲，按 30.64 万国标人口计算，贫困分数线人口为 72 分；按 19.15 万现有贫困人口计算，贫困线约为 58 分。也就是说，针对 72 分以下所有提出申请的农户，通过民主评议、公示公告等程序，公示期满后锁定各乡镇的贫困对象，录入贵州“扶贫云”系统。

经过一系列程序规范的识别，2016年，全县共识别出农村贫困家庭48765户、191650人，其中“五看法”划线评出的贫困人口34068户、158464人；未识别打分整户照单纳入贫困人口14697户、33168人；2968元以下特别困难户19197户、74870人，占贫困人口比例的39%。2014年、2015年脱贫人口中本次识别返贫的分别是1069户、4577人和897户、4529人；系统中本次识别保留人口39447户、152397人；本次识别新申请并纳入系统7352户、30147人。清退不符合条件的13243户、54297人。

根据2017年7月8日全省建档立卡查漏补缺工作会议精神及要求，2017年7月10日，威宁自治县召开了全县建档立卡查漏补缺工作安排部署会，专题研究全县的建档立卡查漏补缺工作并迅速启动全县查漏补缺工作，实现扶贫对象的更加精准。解决了未整户识别的问题，重点顾及了高中以上困难学生、易地扶贫搬迁对象、“特惠贷”群体、“三变”改革辐射农户这四类人群，灵活地把“圆梦行动”、“春晖行动”、搬迁扶贫、金融扶贫、产业扶贫等措施有机结合起来，推进大扶贫战略，进一步规范了精准识别建档立卡程序，进一步健全完善了建档立卡资料，不断完善贫困户“一户一档”资料。

2017年，通过查漏补缺，威宁自治县新增贫困户35530人（其中整户新增2980户、14911人，成员新增8081户、20619人），返贫的834户、4422人，清退5803户、19334人。

2018年威宁自治县通过“五个”专项治理，对全县建档立卡数据进行了大清洗并开展漏评、错评、错退专项治理，共发现漏评、错评、错退，建档立卡信息有误等问题19317个，对18933个问题进行了整改。截至2018年7月底，全县共排查非贫困人数疑似漏评9895户、25994人，其中，整户漏评4594户、17481人，家庭成员漏评5301户、8513人；排查建档立卡人数疑似错评3177户、8410人；疑似家庭成员遗漏4162户、7038人；发现错退人数2163户、9826人。对识别前进入系统的违规享受精准扶贫政策的国家财政供养人员进行清退，对识别后进入系统的财政供养人员进行核实，纳入脱贫管理。对死亡和外嫁人员进行清退和转移，进一步实现了对贫困户的精准管理。

（2）实现扶贫对象的更加精准

通过规范有序的识别工作，切实解决了8个方面的问题：一是摸清了全县的贫困人口分布状况，核准了全县7个极贫乡镇。二是解决了未整户识别、管人不管户的问题，对没有上户的贫困人口全面纳入系统，杜绝了一户人有的进入系统有的没有进入的情况。三是逐步实现了扶贫与民政“两线合一”，分类施策、齐抓共管，兜底与扶持并进，保生活与促发展共推，全方位、多渠道开展帮扶工作。四是顾及高中以上困难学生、易地扶贫搬迁对象、“特惠贷”群体、“三变”改革辐射农户这四类人群，灵活地把“圆梦行动”、“春晖行动”、搬迁扶贫、金融扶贫、产业扶贫等措施有机结合起来，推进大扶贫战略。五是解决了“非贫困户戴帽”的问题，按要求删除了系统中的“九类人员”，实现了“公开、公平、公正”，真正取信于民，排除了被贫困、假贫困现象。六是规范了建档立卡程序，严格按照发动、申请、审核、“两公示一公告”的工作流程，进行民主评议进入系统。七是逐户完善了贫困户属性，逐户进行致贫原因分析，逐户落实帮扶措施，逐户完善贫困户属性。八是进一步健全了建档立卡资料。严格按照省办的规定，实现户有卡、村有册、乡有档和建设精准扶贫信息平台，不断完善贫困户“一户一档”资料。

通过2016年至2018年阶段性的进一步的精准识别，达到了扶贫对象更加精准、贫困原因分析更加精准、分类施策更加精准、管理更加精准的目标，为打好脱贫攻坚战奠定了更加坚实的基础。

2. 超额完成脱贫攻坚任务，精准退出成效显著

2015年，按照2968元扶贫标准（上一年度不变价），2015年县计划减贫2.07万户、8.5万人，省最终认定减贫户4.81万人，剩余19.15万人。

2016年，威宁自治县通过帮扶干部对贫困户、贫困乡镇和贫困村的实地走访、调研，落实贫困户脱贫专项和发展村级集体经济资金，顺利完成了脱贫攻坚任务。

2016 年 12 月 2 日，威宁自治县印发《关于贫困户、贫困村和贫困乡镇退出的公告》（威扶领办〔2016〕16 号），根据《贵州省扶贫对象精准识别和脱贫退出程序管理办法》（黔委厅字〔2016〕35 号）规定，通过 2016 年全面精准扶持，6.12 万贫困人口顺利通过县级组织的考核验收，省计划为 4.03 万人，完成省下达任务的 151.86%；拟出列的 66 个村达到出列标准。同时，威宁自治县对岔河镇、哈喇河镇、羊街镇、兔街镇、龙街镇 5 个县进行县级验收，对贫困村出列“五通四有”，对贫困人口脱贫“两不愁三保障”“四有五覆盖”等指标进行综合评估，并结合国家统计局威宁调查队预测年末全镇农村居民人均可支配收入增长指标，岔河镇、哈喇河镇、羊街镇、兔街镇、龙街镇贫困发生率下降幅度均超过 4.3 个百分点，全乡（镇）农村居民人均可支配收入预计超过 7000 元，达到摘帽条件；2016 年威宁自治县贫困发生率从年初的 14.48%下降到年末的 9.85%，下降 4.6 个百分点，实现预计的减贫目标。

2017 年，根据贫困人口退出标准，威宁自治县对全县拟定退出的 8100/7975 户、39448/39384 人进行了审核，全部通过审核。威宁自治县海拉镇、板底乡、黑土河镇和大街乡 2017 年度贫困发生率下降幅度达到 4.3 个百分点，达到省级贫困乡镇退出条件。威宁自治县对 2017 年度拟定退出的梨营村等 66 个贫困村进行了认真审核，认定梨营等村达到了贫困村退出标准，同意梨营等村退出贫困村。

2018 年度，威宁自治县脱贫攻坚工作按照省委、省政府的统一部署，紧紧围绕“一达标、两不愁、三保障”的脱贫标准，扎实部署，有序推进，各项工作有序推进，取得显著成效，贫困人口从 2014 年的 30.64 万人（后经几轮“回头看”和专项治理为 33.74 万人）减少到 2018 年底的 9.6 万人，贫困发生率从 21.7%降到 6.7%。2018 年实现 13191 户、64185 人减贫，实现3个乡镇摘帽，103个贫困村出列，26个贫困乡镇已全部实现省级减贫摘帽。

五、相对精准阶段：2019年至2020年

2020年是脱贫攻坚的收官之年，威宁自治县为进一步保证脱贫质量，全面巩固脱贫成果，工作重心转移到以下几个方面：一是开展扶贫对象“回头看”和错评、漏评、错退的治理，实现了扶贫对象动态调整。二是坚持标准不减，强力补齐短板，按照八个不能脱的标准，一户一户检视，特别对“三保障”短板加快进度，确保按时完成。三是实事求是“两摸底”，精准补录上措施。在开展扶贫对象动态调整过程中，对边缘户和脱贫监测户纳入管理，上措施，提高脱贫质量。四是聚焦精准施策，进一步强化行业部门精准。五是完善档案资料管理，提高信息数据质量，进一步保证建档立卡的精准性。

（一）精准识别：动态管理

2019年10月1日至11月5日，威宁自治县开展建档立卡动态管理工作，进一步强化动态管理，确保问题数据整改及时，进一步熟悉业务，确保数据质量。一是根据问题数据举一反三。在修正2019年度错误数据的同时，兼顾其他年度同一指标存在的错误数据；二是关注数据的真实性。数据质量评估只能通过自校验、互校验来查找数据的合理性、准确性问题，数据的真实性还需要实地核查，务必确保“账实相符”。三是关注数据的完整性。对已开展的帮扶项目要及时录入，尤其是2013年以来驻村工作队、第一书记、帮扶责任人等信息必须及时录入，确保数据完整。四是重视数据分析工作。各乡镇（街道）、县直各部门务必加强数据分析，及时上报分析报告，为扶贫开发决策和工作指导提供支撑，同时推动数据质量进一步提升。

本次动态管理除了常规的信息核实、采集和录入，加入了边缘户易致贫户信息采集录入与脱贫监测户的摸底和标注。

1. **边缘易致贫户和脱贫监测户的摸底**

威宁自治县根据贵州省扶贫办印发的《关于对贵州省建档立卡脱贫人口和边缘人口开展动态管理监测工作的通知》，结合实际情况，对脱贫监测户和边缘户认定程序进一步明确。

（1）边缘易致贫户的摸底和信息采集录入

在建档立卡之外的农户中，按照农民人均纯收入低于5000元且有致贫风险的边缘户的标准开展收入摸底，符合标准的农户采集信息提出名单，村支两委、入户核查人员、村民代表综合平衡、乡镇审核把关，乡镇扶贫工作站负责录入边缘户相关信息（电子版台账），报县扶贫办备案。

（2）脱贫监测户的摸底和标注

按照"人均纯收入低于5000元且有返贫风险"的标准，对已脱贫户中的不稳定户进行摸底监测。将摸底情况进行标注。

（3）脱贫监测户和边缘户监测范围

对于脱贫监测户和边缘户的摸底，以乡镇为单位，每个乡（镇、街道）纳入监测范围的两类人口总量控制在该乡（镇、街道）2013年底建档立卡贫困人口总规模的10%—20%。两类人口总量不足建档立卡人口总规模10%或超过20%，要以书面形式报告县扶贫办，由县扶贫办逐级上报省扶贫办。摸排的农户和脱贫户不申请，结果暂时不公示，仅内部掌握。

（4）脱贫监测户和边缘户认定程序

一是农户自愿申请。由农户向村两委提出书面申请。二是部门预警监测。相关行业部门针对因病、因残、因灾、因新冠疫情影响等易返贫致贫关键因素，动态开展预警，分析研判其返贫致贫风险区域和对象，及时提供给县扶贫开发领导小组办公室，反馈乡镇开展走访排查。三是乡村走访排查。在农户申请和部门监测的基础上，由村两委召开会议，在预警监测对象范围内，集体研究确定初步名单上报乡镇。乡镇组织驻村工作队、帮扶干部、网格员入户走访，共同研判致（返）贫风险，纳入预警监测对象上报县扶贫开发领导小组办公室。四是对象认定录入。县级扶贫开发领导小组办公室汇总预警监测对象后，提请县扶贫开发领导小组进一步研判，确定预警监测对象名单，组织落实相关帮扶措施。县乡负责录入全国扶贫开发信息系统，开展持续跟踪监测，省扶贫办负责将全国扶贫开发信息系统中的监测对象导入贵州“扶贫云”，形成全省各级防贫监测对象数据库。五是实施动态管理。县扶贫开发领导小组根据预警监测对象需求，精准制定相应的帮扶措施，并逐一建立工作台账。县扶贫办跟踪预警监测对象，待监测对象情况缓解稳定后，提请县扶贫开发领导小组研判认定，准确判断返贫和致贫风险是否已消除。

2. 明确动态管理工作指标

2019 年 9 月 29 日，威宁自治县出台《关于进一步提高建档立卡贫困人口数据质量的通知》（威扶领办〔2019〕85 号），明确动态管理工作指标，将动态管理工作指标分为以下四类，进一步提升识别的精准性。

（1）全年开放的指标

扶贫对象信息维护，包含贫困村、贫困户、贫困人口，指标包括农户生产生活信息及家庭成员的基本信息，干部结对帮扶登记，农户收入基础信息等，以上信息全年均可以修改。扶贫主体、扶贫项目和资金信息、录入和修改功能常年开放。

（2）按季度开放的指标

建档立卡贫困户客观存在生、老、病、死、婚、丧、嫁、娶等人口自然变化的情况。这一类人口自然变更，原则上每季度开放一次，即每季度最后一个月的 16 日至月底可登录系统进行修改。

（3）半年开放的指标

对于每年新发生的脱贫户返贫和按识别标准、程序新识别的农户，原则上每年开放两次，第一次在二季度末的最后一个月 16 日至月底；第二次结合国务院扶贫办年底脱贫动态管理工作安排的时间同步进行。

（4）国务院扶贫办统一开放的指标

贫困人口年底的脱贫标注、贫困村的脱贫退出标注工作，需要按照国务院扶贫办的工作部署，在全国范围内统一开放。由县扶贫办按照贫困人口脱贫退出程序和贫困村出列程序，根据国务院扶贫办要求的时间节点，在全国扶贫开发信息系统内进行脱贫标注。

（二）全面提升信息数据质量，加强档案资料管理

2020年度是脱贫攻坚的收官之年，也是建档立卡工作的考核之年。威宁自治县将建档立卡工作重点全部集中于信息数据质量与档案资料的管理。

1. 出台信息数据质量与档案资料管理一系列政策

2020年3月13日，威宁自治县扶贫办出台《关于规范脱贫攻坚内业资料内容的通知》（威扶领办〔2020〕9号），确保"墙上挂的、袋里装的、系统录的、群众说的、实际有的"五统一，特将脱贫攻坚内业资料工作内容进行了规范。

2020年5月29日，威宁自治县为进一步提高威宁自治县建档立卡贫困户登记信息质量，降低工作中因信息登记不实造成的隐患，确保各项帮扶措施精准落实，印发《关于建立建档立卡贫困户信息定期更正工作机制的通知》，对扶贫对象信息采集、更新、录入，镇、村级档案资料整理归档，边缘户及监测户识别和退出，精准扶贫明示牌张贴，连心袋资料装档，一户一档资料的信息定期更正工作进一步明示，确保信息资料的精准性。

2020年7月3日，为进一步提高全县扶贫开发信息系统数据质量，威宁自治县扶贫办印发《关于进一步加强信息系统管理提升数据质量的通知》（威扶领办〔2020〕50号），进一步提高全县扶贫开发信息系统数据质量。

2020年8月31日，威宁自治县印发《威宁自治县脱贫攻坚软件资料专项整治工作方案》（威扶领办〔2020〕72号），针对全国扶贫开发信息系统数据质量提升工作、"3+1"明白栏复核与张贴工作、明示牌填写与张贴工作、

连心袋装档工作、一户一档装档工作、村级档案归档工作这六个部分进行进一步专项整治，全面核查完善脱贫攻坚软件资料，确保软件资料真实可靠、精确无误、有序规范，有效印证脱贫过程，有效支撑脱贫成果。对脱贫攻坚软件资料进行精细化管理，达到“五个统一”，确保了账实相符、账账相符。

2020 年 9 月 18 日，为抢抓决战决胜脱贫攻坚最后三个月时间，威宁自治县根据贵州省扶贫开发领导小组办公室关于印发《“确保高质量、打好收官战”专项督查方案》的通知要求，为督促做好建档立卡数据质量提升有关工作，及时发现问题、解决问题、查缺补漏，特制定 2020 年 9 月至 11 月，每月开展 1 次的督查建档立卡数据质量行动。

2020 年 9 月 19 日，威宁自治县印发《关于进一步强化建档立卡工作质量提升的工作方案》（威扶领办〔2020〕78 号），进一步加强行业部门数据比对共享与走访核实力度，实现系统录的、袋里装的、墙上挂的、嘴上说的等“五个一致”，为全面客观反映全县脱贫攻坚质量和成色提供有力支撑。

2. 规范资料工作内容具体措施

从威宁自治县频繁出台数据质量与档案资料管理的相关政策可以看出，其重要性不言而喻。具体来看，主要从以下几个方面确保建档立卡工作的进一步精准。

（1）全面排查，及时修正问题数据

威宁自治县围绕建档立卡数据、墙上挂的（“3+1”明白栏、明示牌），结合行业部门数据，开展分析比对，找出问题数据，在数据分析发现的重点问题线索基础上开展全面排查，对登记信息与连心袋、农户客观实际进行核对。属于建档立卡登记有误的交由乡镇扶贫工作站限时修改；属于“3+1”明白栏、连心袋、明示牌有误或资料缺失的由相关责任人完善。

（2）强化走访，提升数据登记质量

威宁自治县进一步加强问题数据走访核实，实事求是开展数据修改。涉及乡镇扶贫工作站管理的建档立卡农户基本信息，驻村工作队员、包村干部、帮扶干部、定期报乡镇后，由乡镇扶贫工作站限时负责修改；涉及需要国务院扶贫办授权开放的功能，逐级上报省扶贫办，省扶贫办汇总后及时向国务院扶贫办申请开通相关功能后修改。各乡镇（街道）要再一次认真开展业务培训，扶贫工作站干部要熟悉数据逻辑关系，分析问题数据产生根源，纠正就数改数的错误做法，避免修改一个错误数据、产生多个错误数据的情况发生。

（3）加强比对，确保部门信息一致

威宁自治县各乡镇（街道）扶贫工作站将行业部门提供的“两不愁三保障”主要数据与客观实际进行比对，将成果应用到“3+1”明白栏信息登记、建档立卡信息数据登记和连心袋中，并向驻村工作队、村支两委提供有效印证资料，纳入连心袋和村级一户一档管理，确保建档立卡贫困户信息与部门数据的一致性。

（4）及时补充，完善连心袋资料管理

威宁自治县严格按照毕扶领办〔2019〕51号要求，进一步完善连心袋资料档案，必须具备贫困户基本情况、贫困户帮扶情况、帮扶措施落实情况等内容，并确保有关数据资料真实全面。

（5）共享融通，加强系统数据成果应用

威宁自治县各乡镇扶贫工作站及时为相关工作人员开设贵州“扶贫云”用户账号，指导帮助驻村工作队、包村干部、帮扶干部充分利用贵州“扶贫云”开展工作，加强对贫困户基础信息、帮扶信息的采集、更新、核实。同时，乡镇（街道）扶贫工作站要依托贵州“扶贫云”数据采集成果，及时更新录入全国扶贫开发信息系统，进一步促进威宁自治县建档立卡登记信息更新频率和工作质量。

（6）总结验收，确保专项行动取得实效

威宁自治县各乡镇（街道）对辖区内建档立卡数据“账实相符”情况开展全面自查评估。同时，县扶贫办将对各乡镇（街道）自查情况进行检查。

省扶贫办对问题集中突出的地方进行抽查，对落实行动不力、数据质量没有明显改善的，严肃追究有关责任单位和责任人责任，并责令限时整改。

（三）工作成效

1. 精准识别动态管理成效

全面完成动态管理，提升数据质量。根据省市扶贫办统一安排，对各乡镇（街道）动态调整和排查资料进行全面审核，确保资料与系统录入的一致，为脱贫攻坚提供扎实的数据支撑。成立3个工作组，实行领导包片指导、工作人员包乡指导监测的联动机制主动从系统中清洗各类问题数据（尤其是一、二、三级指标），查缺补漏，并举一反三整改，反复清洗、修正错误数据信息，不断提升数据质量，坚决杜绝弄虚作假、闭门造车、凭空捏造。截至2020年9月15日，经过两轮全排全查已走访采集贫困户信息73092户、343466人，非贫困户278066户、1106755人；排查边缘户3106户、13119人，排查脱贫监测户2308户、10892人，发现系统问题数据5510条，均已全部修正。

2. 精准退出实现贫困人口清零

2019年，贵州省下达威宁自治县计划减少贫困人口5.5万人，贫困村出列67个。县扶贫开发领导小组自加压力，实现人力、物力、财力的全面聚焦，全力解决危房、全力推进产业革命、全力抓好转移就业、全力突出特色和优势，严格按照“五个一批”要求，因户施策、综合施策，经过认真的评估验收，威宁自治县共实现了2019年度贫困人口减贫12960户、59286人，83个贫困村出列，贫困发生率从年初的6.7%下降到2.7%，计划脱贫对象真正做到了应退尽退，高标准退、规范化退。

2020年，威宁自治县严格按照中央、省、市脱贫攻坚工作部署，坚持把脱贫攻坚作为“首要政治任务、发展头等大事、第一民生工程”来抓，以“一刻不能停、一步不能错、一天不能耽搁”的攻坚态势，着力克服新冠疫情和自然灾害带来的双重影响，紧紧围绕贫困户脱贫标准精准发力，坚持聚焦脱贫攻坚过程中的重点难点问题，统筹谋划、精准施策，攻坚克难，补齐短板。全面完成目标任务，高质量打赢脱贫攻坚战。通过窗口期各项工作的深入开展，剩余12129户、38257人贫困人口，42个贫困村，在2020年6月底已全部达到脱贫、出列标准。累计实现贫困人口减贫61000户、318285人，272个贫困村出列，脱贫对象实现应退尽退。

（四）行业部门精准

1. 教育精准：强化“控辍保学”，落实“保学帮教”

2019年，威宁自治县全面落实教育扶贫政策。一是2019年共资助家庭经济困难学生23万人次，资助资金为2.4亿元，为确保“应助尽助、不漏一人”，资助学生1771人次，资助资金为529.905万元。二是严格落实“七长”负责制和“双线”包保责任制，强化“五四”工作措施，按照《控辍保学劝返复学工作指南二十条》要求，强化辍学生劝返复学工作，2019年9月共排查出448名辍学生（其中建档立卡户学生78人），已全部劝返复学，并落实“保学帮教”责任。

2020年，威宁自治县进一步巩固落实教育扶贫政策。一是2019—2020学年共资助家庭经济困难学生29.57万人，资助资金1.8585亿元，为确保“应助尽助、不漏一人”，实行政府和教育双线包保责任制，加强资助政策宣传和排查力度。经排查，确认漏助学生12222人次，资助资金1696.70675万元由县级财政承担，全部发放到位。二是严格落实“七长”负责制和“双线”包保责任制，强化“五四”工作措施，按照《控辍保学劝返复学工作指南二十条》要求，强化辍学生劝返复学工作，2020年6月30日前共排查出1329名辍学生（其中建档立卡户学生163人），已全部劝返复学，并落实“保学帮教”责任。三是易地扶贫搬迁配套建设情况。为确保入学需求，威宁自治县在五里岗易地扶贫搬迁安置点新建五里岗街道中心幼儿园、阳光新城幼儿园、第五幼儿园、第六幼儿园、第七小学，第八小学、第九小学、第十小学、第十一中学已竣工投入使用，现已能够满足搬迁学生就学需求。四是“全面改薄”工程建设。威宁自治县紧紧围绕“办好人民满意教育”工作目标，不断加大财政投入，优化校点布局，强化基础设施建设，实施的“全面改薄”项目共557个单体，现已全部竣工投入使用。

2. 健康医疗精准：“先诊疗后付费”，“一站式”“一窗口”“一单式”

2019年，威宁自治县全面落实健康扶贫政策。按照出列村的标准，每个村要有地方看病。为此，威宁自治县招商局投入1.6亿元，建设523个幸福乡村卫生室，村民医疗得到保障。

截至2019年12月10日，全县建档立卡贫困人口应参保人数为340040人，实际参保338049人，合理原因未参保1991人，家庭医生签约340040人，精准落实医保待遇，“三重”医疗保障全覆盖，实现应签尽签，应保尽保，贫困人口在县域内住院就医享受“先诊疗后付费”，出院“一站式”服务、“一窗口”办理、“一单式”结算服务。

2020年，威宁自治县进一步巩固落实健康扶贫政策。一是精准落实大病专项救治。摸底、核实、录入，“全国健康扶贫动态管理系统”中患30种大病的建档立卡贫困人口5060人，30种大病之外的重病患者2454人，已全部纳入救治管理，救治率为100%。二是精准落实家庭医生签约服务。组建了619个签约服务团队，积极开展家庭医生签约服务。截至2020年9月15日，威宁自治县建档立卡贫困人口家庭医生签约服务308268人，实现应签尽签。三是精准管理医保扶贫对象。343466人建档立卡贫困人口县内参保339085人，合理原因未在县内参保4381人，实现应保尽保。四是精准落实医保待遇。基本医疗保险、大病保险、医疗救助全覆盖，做到应报尽报。五是着力提高服务水平。县内76家定点医疗机构严格执行“先诊疗、后付费”,2020年以来贫困人口享受“先诊疗、后付费”，出院“一站式”服务、“一窗口”办理、“一单式”结算服务，共25506人次。

3. 金融扶贫精准：扩大规模，实行贫困户全覆盖

2019 年，威宁自治县全面落实金融扶贫政策。累计向 47186 户贫困户发放了“特惠贷”35.15 亿元，贫困户“特惠贷”获得率达 63.25%，有效带动 22.18 万贫困人口增收致富，共支付贴息资金 1.2 亿元。实现了对有贷款需求的建档立卡贫困户的扶贫小额贷款全覆盖。

2020 年，威宁自治县进一步巩固落实金融扶贫政策。一是严格按照三年期 3 万至 5 万元无担保、无抵押的扶贫小额信贷贴息，建立县级财政风险金专户，实行风险防控。二是坚持“户贷、户用、户还”的原则，从根本上杜绝户贷企用现象，建立企业与政府共同负责的良好机制。村两委和驻村工作队监督贫困户借款用途，主要用于发展生产。三是制定了加强小额信贷管理的通知，规范贷款，防范还款高峰的风险，实现了扶贫小额信贷持续健康发展。四是威宁联社已完成 73145 户贫困户的建档评级，贫困户建档面达 99.93%，评级授信 65908 户，授信总金额 28.8 亿元。截至 2019 年 9 月 15 日，累计向 50957 户贫困户发放了“特惠贷”46.08 亿元，贫困户“特惠贷”获得率达 69.61%，有效带动 23.72 万贫困人口增收致富，共支付贴息资金 1.4 亿元。实现了对有贷款需求的建档立卡贫困户的扶贫小额贷款全覆盖。

4. 生态扶贫精准：全面落实生态扶贫政策

2019 年，威宁自治县全面落实生态扶贫政策。一是重点公益林、省级地方公益林、市级地方公益林兑现生态效益补偿金额 2112.74 万元。落实生态护林员补助。二是招聘扶贫生态护林员 1528 人，省级指标生态护林员 954 人。三是所有护林员补助标准均按每人 10000 元 / 年兑现。

2020 年，威宁自治县进一步巩固落实生态扶贫政策。一是 2020 年发放省级地方公益林 762 万元，市级地方公益林 571.5 万元。二是落实公益性岗位。招聘扶贫生态护林员 9664 人，2020 年中央生态护林员指标分三批共聘用 2015 名生态护林员；省级指标聘用生态护林员 5218 人；2431 名县级生态护林员已于 2020 年 5 月上岗。三是落实生态护林员补助。标准与 2019 年一样，所有护林员补助标准均按每人 10000 元 / 年兑现。

六、经验启示

（一）基本精准阶段存在不足

1. 客观原因

（1）贫困对象信息不完善。一是家庭成员漏登的情况比较普遍，部分乡村干部没有吃透政策精神，对程序把关不严，在办理教育精准扶贫学生资助的时候，个别贫困家庭只登记在校学生信息，有些乡镇甚至户主就是学生。二是家庭成员基本信息不完善，尤其是身份证号错误较多，学历、健康状况、劳动力状况等也有错误。三是家庭基本情况信息不完善，如耕地面积、饮水情况、住房情况、家庭总收入等基本情况与实际不符甚至仍有值为空。

（2）贫困对象不精准。虽然经过两年来的动态管理以及 2015 年底的“回头看”和几次数据大清洗，对在建档立卡系统中有购买商品房、购车、有财政供养人员以及注册公司的人员进行核查清理，但建档立卡系统中仍有少数类似以上情况的人员存在。

（3）贫困乡镇、贫困村资料不够完整。部分乡村基本情况、帮扶计划、急需解决的问题，没有按照省办下发规范文本进行完善。乡级层面基本情况少乡镇产业、基础设施、致贫原因和精准扶贫现状等；帮扶规划只有产业发展信息；急需帮扶内容没有操作性。村级层面简介中缺少致贫原因分析、帮扶分类情况；急需帮扶部分缺少数量化和具体化内容。部分乡镇在编写乡（镇）和村基本情况简介、帮扶计划、急需帮扶内容的时候，不按照规定模板梳理，脱离实际，帮扶计划、急需帮扶内容未能真实反映乡（镇）和村发展规划和需求。结对帮扶责任人（单位）没有认真落实，没有起到结对帮扶的效果。

（4）建档立卡数据与有关部门数据无法衔接。一是与民政部门数据无法衔接，威宁自治县民政部门低保人数是15.1万人，其中兜底人口6.68万人，而建档立卡系统中低保人口11.52万人，政策兜底人口3.8万人。二是和残疾贫困人口数据有偏差，县残联上报省残联贫困残疾人口数是1.9万人，而威宁自治县建档立卡系统中录入的残疾贫困人口只有1.09万人，其中持证的残疾贫困人口只有1405人。三是与生态移民搬迁数据不吻合，威宁自治县移民局汇总数据是4.05万人，其中贫困人口3.12万人，而建档立卡贫困人口搬迁意愿标注数是4.2万人。

（5）贫困退出。一是省市下达威宁自治县年度减贫计划不一致，导致业务量增大，尤其是乡镇扶贫工作站，首先要按照县分解任务确定年度减贫人员名单，而到年末省里又只认年初分解的任务数，导致乡镇做了大量无用功。二是部分乡镇对年度出列贫困村没有足够重视，资金、项目都没有倾斜，而县扶贫办下达到各乡镇用于发展壮大村集体经济资金方案迟迟不报，项目无法落实，到年终难以保证贫困村按标准出列。三是部分乡镇把关不严，贫困人口退出建档立卡系统随意性大，没有严格按照程序进行，有相当一部分乡镇业务人员直接和村干部对接后就删除系统中的贫困户。

（6）扶贫开发任务繁重艰巨。根据2736元的扶贫标准，全县依然有34.47万（含省定标准）贫困人口。在已经解决温饱的人口中，很大一部分生产、生活水平仍然不高，因灾因病返贫现象时有发生。发展，尤其是贫困乡村和贫困人口的发展仍是威宁自治县的核心问题。

（7）乡镇扶贫机构不健全。机构改革后，乡镇扶贫工作站合并到农业服务中心，扶贫工作站被撤销。虽然2011年各乡镇都配备了专门的业务人员，但因各种因素，当时充实的人员流失严重，部分乡镇无专门人员抓扶贫工作。

（8）工作人员的业务水平有待提高。由于文化程度等客观原因的限制，乡镇和村的扶贫业务人员尤其是村组干部对政策的理解和执行存在一定难度，多数村干部对业务不熟悉，对范围、时限、步骤等重要内容不能准确表述，进而导致操作不规范和对象不准。

(9) 农户收入调查核实困难。大部分群众收入相差不大，整体水平相近，很难准确把握各户收入情况，部分资产信息无法比对，纳入和不纳入贫困户的情况均有可能出现。部分乡镇、村干部责任心不强，在识别过程中工作不到位，产生一些新的社会矛盾，导致农户收入计算困难。

(10) 政策变动较为频繁。由于威宁自治县精准扶贫建档立卡工作政策、表册多次调整、变更，导致乡镇工作人员和村干部在前期工作中做了不少无用功，导致最终录入系统的数据质量不高。

2. 主观原因

(1) 思想认识不到位

精准扶贫对大扶贫格局提出了更高的要求，但一些部门和乡镇对扶贫工作重视不够。一是一些乡镇还没有真正认识到精准扶贫工作的重要性，未能把精准扶贫工作摆在重要位置，在推进精准扶贫工作当中拨一拨、动一动，被动地完成上级部门交付的任务，在平时不注重资料整理，临近检查赶写资料，漏洞百出，部分乡镇申请书日期、公示日期不符合要求。二是等待观望情绪严重。部分乡镇畏首畏尾，生怕返工，坐等上级部门的“最终命令”，严重影响工作进度。三是一些单位领导对扶贫工作重视不够，只是迫于督查压力进行走访或帮扶，工作流于形式，仍存在应付、走过场等情况。四是部分乡镇干部责任感不强，对精准扶贫建档立卡政策理解不深入，精神没有吃透，宣传解释不到位，业务生疏，一知半解，指标理解有偏差，对贫困农户识别、建档立卡信息录入工作有畏难情绪。

(2) 过程管理不到位

一是部分乡镇在扶贫工作推进中，没有建立健全相关工作机制，工作动力不足，缺乏统筹安排。二是个别驻村干部和帮扶干部工作流于形式，目标不明确。还有个别乡镇和村将工作无进展归咎于基层换届、机构人员变动等原因，未积极与相关部门沟通协调，统筹力量、参与力度不够大，“大扶贫”

工作格局有待强化。

（3）软件资料不完善，填写不规范

一是表卡册填写不规范、信息不完整、逻辑混乱等问题依然存在。例如，《贫困农户登记表》中的收入明细项填写不规范，“收支情况”栏只简单罗列出家庭总收入和总支出；帮扶需求和帮扶措施未填写或不切实际，不能从根本上解决贫困农户增收问题，还局限于改善农户人居生活环境；同一农户的《贫困农户登记表》和结对帮扶台账中的致贫原因、收入等存在不一致的现象。二是《村民代表大会民主评议会议记录》填写过于粗糙、不翔实。多数乡镇只是简单罗列时间、地点等，没有实质性的会议记录。三是乡镇已采集信息和农户实际情况不符，特别是人口信息不准确。存在随机抽取的农户的人口数量、人口信息等与《贫困农户登记表》不符合的现象。

（二）比较精准阶段存在不足

一是精准识别、精准脱贫工作宣传不到位，贫困户知晓率不高。首先是识别工作宣传不到位。在2016年6月启动的进一步精准识别贫困户工作中，有部分乡镇没有按照市县要求，将精准识别贫困户告知单发放到贫困户手中，或部分乡镇只针对之前在建档立卡系统中的农户发放告知单，部分乡镇、村没有召开村民代表大会进行民主评“困”，相当一部分贫困户不知道精准识别是怎么回事，甚至不知道自己是贫困户；其次是精准管理、精准帮扶不到位。通过走访发现，进入精准扶贫建档立卡系统的贫困农户，不知道自己的帮扶责任人是谁，更不知道有什么帮扶措施，至于贫困户什么时候要脱贫、达到什么标准脱贫、通过什么方式脱贫更是不清楚，贫困户缺乏脱贫意识。

二是一户一措落实不到位。各乡镇普遍没有从贫困户就医、就学、住房、出行等致贫原因问题入手，因户施策，帮助群众出点子，找发展致富路子。对于威宁自治县给2016年计划脱贫农户的1000元或5000元发展资金，有的乡镇在制定方案时，对所有贫困户的需求千篇一律，没有因地制宜、因户施策，甚至有部分乡镇还未对当年计划脱贫农户制定脱贫措施和帮扶方案。

三是动态识别精准度还有待进一步提高。威宁自治县进一步精准识别工作结束后，在督查中发现，从村到乡镇，个别干部对此重视不够，不愿意触及新的矛盾，只愿做减法，不愿做加法、不希望新增返贫人口，致使个别贫困人口得不到及时扶持。同时，为了照顾个别家庭在校子女或易地扶贫搬迁对象，对该清理出去的也未及时清退出建档立卡系统。对已经进入建档立卡系统的贫困户，通过教育精准扶贫的办理和易地扶贫搬迁审批表的审核发现，相当一部分农户基本信息仍然不准或不完善，尤其是家庭人口数不合、身份证错误等问题较为突出。启用国家系统后，这些问题将成为国家考核省、省考核县脱贫攻坚工作的依据。针对这些问题，各乡镇仍需及时整改。

四是人手紧缺，任务繁重。在脱贫攻坚阶段，县扶贫办承担着四大任务，一是每年要完成近400个以上到村到户项目的立项、方案审定、督促项目实施、监管项目资金和项目竣工验收工作。二是要负责上下沟通对接，参加各类会议，负责业务培训。三是要统筹县直各部门之间、省市县各级帮扶单位协调推进扶贫工作，形成“大扶贫”的合力。四是要制定县级各类扶贫发展规划，指导贫困乡镇、贫困村制定脱贫攻坚规划。由于扶贫办编制数少和缺编空编等情况，人数与工作负荷不相适应。

五是“扶贫云”系统运行慢与权限限制。很多乡镇人员到齐，却不能正常开展信息录入工作，此外，因系统一些权限限制，导致重新识别进入系统的贫困户户主信息无法录入。

（三）建档立卡工作经验与启示

一是习近平总书记关于扶贫工作的重要论述为建档立卡、精准识别提供了根本遵循。习近平总书记关于扶贫工作的重要论述为提高贫困人口建档立卡精准识别、精准帮扶、精准退出和动态管理等工作提供了根本遵循。习近平总书记30多次对建档立卡工作作出重要指示，他指出的“精准扶贫，就是要对扶贫对象实行精细化管理”[①]，“精准扶贫，关键的关键是要把扶贫对象摸清搞准，把家底盘清，这是前提。……在摸清扶贫对象的基础上，要通过建档立卡，对扶贫对象实行规范化管理，做到心中有数，一目了然”[②]等内容为建档立卡工作指明了方向，提出了明确的要求。

二是政治和制度优势为建档立卡、精准识别保驾护航。建立了从贵州省到威宁县再到村各级组织层层落实责任的脱贫攻坚组织领导体系。省委、省政府主要领导亲自谋划亲自推动，多次召开省委常委会、省政府常务会和脱贫攻坚领导小组会议，及时研究中央精神的贯彻意见，部署安排全省工作，着力解决突出问题，形成了省市县齐心协力抓精准扶贫的合力。

贵州省和威宁县把建档立卡作为脱贫攻坚的“一号工程”，建立完善从省到村的建档立卡工作责任体系，成立专门机构，加强工作力量，逐级压实责任，坚决扣好“第一粒扣子”。一是加强组织领导。省委省政府主要领导和分管领导高度重视建档立卡工作，经常强调、经常批示、经常深入基层调研，多次召开会议研究部署；省脱贫攻坚领导小组每年至少听取一次汇报，专门研究谋划建档立卡工作；巡视巡查、审计监督、督查调研等各项工作，把建档立卡作为重点内容，多管齐下找问题、抓整改、促提升。二是设立专门机构。省扶贫办在编制缺、人员少的情况下，专门设立建档立卡处抓全省建档立卡工作，成为全国唯一设立建档立卡处的省份；各市州、县区均参照省上的做法，分别设立或确定专抓建档立卡的工作机构；乡镇均设立扶贫工作站，明确专人负责建档立卡工作。

三是精准识别，分类施策扎实推进建档立卡工作。贵州省威宁自治县迤

---

① 《习近平扶贫论述摘编》，中央文献出版社2018年版，第58页。

② 《习近平扶贫论述摘编》，中央文献出版社2018年版，第59页。

那镇在扶贫攻坚实践中创造了精准扶贫“四看法”，对贫困户实行动态管理，因地制宜、因户施策，形成了精准扶贫“四看法”贫困户动态管理指标体系，探索出了一条贫困地区精准扶贫的新路子，为全国各地提供了探索和制度创新，是我国建档立卡工作的宝贵经验。

四是贵州省扶贫大数据建设。贵州省明确把“扶贫云”作为13朵示范云之一进行打造。通过信息化的手段和方式促进精准扶贫、精准脱贫。通过大数据建设，实现扶贫数据的汇聚，实现对贫困户的精准识别、精准帮扶和精准服务以及对扶贫工作的精准管理、精准考核和精准督查，提高扶贫工作效率，实现扶贫资源优化配置，为领导提供科学的辅助决策。以贵州省“扶贫云”建档立卡数据为基础，采集贫困户和贫困村的位置、影像、图片、视频等数据，同时汇聚市委组织部、国土、民政、医疗、社保、教育、农商行、通信等部门的扶贫相关数据，形成精准扶贫大数据平台。

第七章　地方实践之甘肃康乐

甘肃是全国脱贫任务最重的省份之一。2014 年以来，以建档立卡工作为中心，甘肃省不断推进精准扶贫，真正改变了长期以来农村积贫积弱的状态，没有人再因为贫穷住在危房里，没有人再因为贫穷上不起学，也没有人再因为贫穷看不起病。

"看似寻常最奇崛，成如容易却艰辛"，建档立卡的过程是一场同贫困作斗争的漫长战役，其中一个个至情至深的故事也透射出我国精准扶贫波澜壮阔的伟大历程。本章以甘肃省为案例，全面梳理甘肃省建档立卡具体探索和落实的全过程，完整展现甘肃省建档立卡从不太精准到基本精准、再到比较精准、最后实现相对精准的全貌。总体来说，甘肃省的建档立卡工作可以用"四个千万"来概括：从建档立卡的成就来看，实现了千变万化；从建档立卡的过程来看，经历了千难万险；从建档立卡的推进来看，想尽了"千方万计"；从建档立卡的溢出效应来看，将惠及千秋万代。

一、建档立卡工作成就斐然——实现千变万化

精准扶贫以来，甘肃深知肩上责任重大，弱鸟先飞、滴水穿石、久久为功，构建了较为完善的建档立卡信息系统，精准识别每一位贫困群众，真实记录了每一户的脱贫历程。贫困人口第一次得到了最热切的关注、最有力的

帮扶。他们的生活每一天都在变化，每一年都在改善，从温饱不足到小康生活。如今的甘肃农村，没有人再笼罩在贫困的阴霾中。尽管有很多人仅仅才刚刚脱离贫困线，万里长征仅仅才开始了第一步，但至少他们已经背好行囊踏上了新征程，且这条路上阳光触手可及。

（一）建档立卡为千家万户走上脱贫致富之路打下了坚实基础

甘肃大部分地区自然条件严酷。在残酷的自然环境面前，农村脱贫致富遇到较多困难。

建档立卡工作让奢望变成了希望，让甘肃农村脱贫致富成为现实，让甘肃农村踏上奔小康的征程。2013 年，甘肃共识别建档立卡贫困人口 552 万人、贫困村 6220 个。通过深入贯彻落实习近平总书记关于扶贫工作的重要论述，坚定不移地把建档立卡作为脱贫攻坚的首要政治任务和基础工程，紧紧扭住贫困人口识别、管理、退出等关键环节，甘肃打造形成统一规范的建档立卡工作链条和运行体系，不断提高建档立卡质量，夯实贫困人口底数。同时，在建档立卡精准数据的基础上，严格实施“一户一策”，夯实精准帮扶、产业扶贫、各方责任、基层队伍、工作作风“五个基础”，顽强拼搏，陇原大地发生了翻天覆地的深刻变化。从 2013 年到 2019 年，贫困人口由 552 万人减少到 17.5 万人，贫困发生率由 74.8%下降到 0.9%，75 个贫困县已有 67 个脱贫摘帽、占 89%，7262 个贫困村已有 6867 个退出贫困序列、占 94.6%，涉藏地区实现整体脱贫，区域性贫困问题基本得到解决。2020 年 11 月 21 日，甘肃省对尚未脱贫摘帽退出的 8 个县进行了省级行业部门单项验收核查、第三方评估检查等程序后，宣布这 8 个县摘帽退出。至此，甘肃贫困县全部清零。从“75”到“0”，这不仅是数字的变化，而是甘肃千千万万的贫困群众摆脱绝对贫困的束缚、走上了脱贫致富的小康之路。家家户户有收入，人人都能吃上肉。以前群众家里养的牲畜从来舍不得吃，都要拿到集镇上卖掉，供娃娃上学。现在贫困群众有了更多的增收渠道，收入显著增加，再也不用节衣缩食。今日的甘肃，农村地区生产生活条件明显改善，群众收入水平显著提高，正在继续谱写甘肃乡村振兴的壮丽新篇章。

（二）建档立卡为贫困群众实现“两不愁三保障”奠定了前提条件

甘肃有很多海拔较高的山区，在那些地方曾经有很多贫穷的家庭过着饥寒交迫的日子。他们靠天吃饭，靠天喝水，经常吃不饱穿不暖。曾经有很多可爱的孩子在简陋的教室里忍受着高寒阴湿。甚至有一些孩子完全是“自然”生长，父母在外打工，得不到父母的关怀。有些孩子连户口都没有，一辈子只能待在山里，生命就这样一代代在贫困中轮回。

然而，建档立卡结束了这样的轮回。通过建档立卡，甘肃省不仅精准找到了每一个贫困人口，还精准解决了他们的吃穿和“三保障”困难，千千万万的农户终于不再为吃穿发愁，不用再为住房、上学和看病发愁。

过去，甘肃农民靠天吃水，自家屋顶接雨水喝，打井饮水，里面满是沙子，不仅不健康，还容易引发一些地方病，像大脖子病、大骨节病。而如今村民用上了健康的自来水。截至 2019 年底，全省建成集中供水工程 9440 处，引泉、小电井、大口井及水窖等分散工程 28 万处，集中供水率提高到 91%、自来水普及率提高到 88%，历史性地解决了全省农村饮水安全问题。

昔日的土坯房变成了新民居。最开始，村子里几乎全是小土房，冬冷夏热。如今，当地村民的房子变成了砖瓦房，蓝顶红砖。截至 2019 年底，累计投入危改补助资金 174.13 亿元，全省共有 174.93 万户贫困群众实施了危房改造，共建成集中安置区 1731 个、安置住房 11.4 万套；49.9 万建档立卡贫困人口实施了易地扶贫搬迁，住上了楼房。

昔日的羊肠小道变成了康庄大道。截至 2019 年底，全省公路通车里程由新中国成立初期的不足 4000 公里增加至 15.14 万公里，其中农村公路总里程由 1978 年的 1.98 万公里增加到 12.09 万公里。

教育扶贫让每一个孩子都有学上。2012 年至 2019 年，全省发放各类资助金 270 亿元，受益学生 1676 万人，实现了“不让一个学生因家庭经济困难而失学”的目标。

健康扶贫让每位村民病有所医。健康扶贫全面消除乡村两级基本医疗有保障“空白点”，实现贫困人口看病有地方、有医生和有制度保障目标。

二、建档立卡工作艰难曲折——经历千难万险

千年宏愿梦圆今朝，何其激越！回望来路，又是何等艰辛！贫困对象怎么精准，全国各地没有现成的经验可借鉴、可照搬。290 多万农村人口、45.44 万平方公里，甘肃的建档立卡工作难度之大、挑战性之强可想而知。面对这种现状和困境，甘肃边工作边探索，边思考边实践，不断调整完善政策，不断夯实建档立卡底数，一步一步推动建档立卡走向精准，为脱贫攻坚提供了精准靶向。

（一）筚路蓝缕，建档立卡之初不太精准

随着我国经济实力的快速增长，国家已具备了消除贫困、进一步迈向共同富裕的能力，贫困群众也有了强烈的脱贫致富需求，有必要只争朝夕。为什么提出精准扶贫？为什么要建档立卡？2013 年 11 月 3 日，习近平总书记在湖南十八洞村考察时，首次提出“精准扶贫”的重要指示，从此开启了涉及千万农村贫困人口的建档立卡征程。然而，建档立卡受到认识、实践等因素的影响，其工作的推进不会是一帆风顺的，最初对于贫困人口的识别是不太精准的。

1. 历史记忆，精准扶贫前的建档立卡摸索

（1）粗疏简陋，精准扶贫前的建档立卡效果不显著

建档立卡并不是一个新鲜事物，甘肃在 20 世纪 90 年代就开展了，精准扶贫之前有好几轮。以 2011 年为例，甘肃省对 2010 年人均纯收入低于

2300元、且具备劳动能力的农村户籍人口进行建档立卡。不过，具体识别多少贫困户国家已经下达了规模，这个规模来源于统计部门的监测数据，然后省内层层分解到村里，最后按照指标去识别。识别的程序是由贫困户写出申请，经过村两委评议和村民代表评议后报到乡政府审核，最后扶贫办审批。那个时候的建档立卡手段、做法都是基本原始的、比较简单，就是“乡有册、村有薄、户有档、人有卡”，不过都只有纸质版，没有现在的电子版，并且简单地记录了基本信息。每户只有一个名字，没有家庭信息，更没有详细的收入、“两不愁三保障”和帮扶措施信息。例如，甘肃省康乐县2011年识别了11.88万贫困人口，但是这11.88万具体是哪些户没有一个系统的统计。

帮扶措施大水漫灌。2014年之前主要是搞整村推进，建设贫困村的基础设施。产业帮扶主要是给当时有劳动能力的贫困户免费发牲畜，比如给一两头牛，监督机制也不完善。有的农户把政府给的牛羊卖了，有的吃了，没有后续的监督激励机制，政府与贫困户签订的类似投牛还犊的协议也没有充分实施。干部帮扶方面，甘肃2014年开展过双联工作，联系贫困村、贫困户，访贫问苦，解决群众的实际困难。但那个时候投入不大，干部一年能联系一两次，帮群众办1—2件实事。帮扶起到了一定的成效，但是效果不显著。

脱贫退出不精准。2014年之前的退出依然是规模控制，规定每年脱贫多少户，从省一层一层下达到村，村两委根据通知的指标从本村选择哪些户要脱贫，很多时候就是村两委认为你脱贫就脱贫了，没有脱贫的具体指标和退出的监督考核。

(2) 追根寻源，精准扶贫前的建档立卡为何没能成功

存在识别退出有规模控制、程序不严格、监管不到位的问题，又没有一个系统的数据信息库，2014年之前的建档立卡精准性自然无法保证。具体来说，主要包括以下几个方面：第一，顶层设计不完善。顶层设计是机

制和政策导向。2014 年之前对于扶贫的顶层设计不成熟、不精准，导致建档立卡工作很难成功。以扶贫开发的对象为例，2011 年国务院发布的《中国农村扶贫开发纲要（2011—2020 年）》规定，“在扶贫标准以下具备劳动能力的农村人口为扶贫工作主要对象”[①]。当时对于贫困人口的定义就是有限制的，不全面的。因此，由于国家政策要求的限制，甘肃省在识别贫困人口的时候没能把一些应该帮扶的贫困人口纳入建档立卡。第二，扶贫资金投入较少。俗话说，“一分钱难倒英雄汉”，没有资金支持很多工作都没办法开展。投入的资金较少，所以 2014 年以前的扶贫工作一直浮在面上沉不下去。第三，干部认识不到位。贫困地区的基层干部常年工作在那里，对贫困问题也没有真正重视起来，只看到群众吃不饱穿不暖，但没有意识去探索贫困背后的原因，没有意识去寻找破解贫困的方法。第四，部门存在各自为政现象。2014 年之前的扶贫只是单纯的扶贫部门在搞。当时的扶贫办主要负责在整村推进，给贫困村建设水路电等基础设施，对有劳动能力的贫困户给予产业帮扶。但贫困是一个复杂的系统性的问题，不是简单搞搞基础设施、发点钱物就能解决的，还涉及贫困户的住房、上学、看病等问题。但是，这些都是其他部门在管，房子住建局在管，上学教育局在管，看病卫计部门在管。行业部门之间各自为政，资金各用各的，标准也不一样。工作上还衔接的不到位，成效不显著，无法全部解决贫困群众的困难和问题。

2. 以史为鉴，2014 年开始建立贫困人口的“账本”

由于大水漫灌导致扶贫效率低下、效果不显著，国家下定决心开始实施扶贫领域的精准滴灌。甘肃省以习近平总书记关于扶贫工作的重要论述为指导，开始认真算清贫困人口这本“账”，推动扶贫开发进入了“滴灌式”精

---

① 《中国农村扶贫开发纲要（2011—2020 年）》，2011 年 12 月 1 日，见 http://www.gov.cn/jrzg/2011-12/01/content_2008462.htm。

准扶贫新阶段。

（1）建档立卡实现了历史性的三个“第一次”

第一，贫困人口第一次得到国家意志力的全力关注。扶贫并不是一个新鲜事物，新中国成立以来，国家从来没有忽视过对农民的关注、对农村贫困人口的关注，但是受限于各种原因，扶贫的力度不大。随着国家实力的增强，到了真正实现“先富带动后富”的阶段。国家下了军令状，到2020年要实现农村贫困人口的全部脱贫。甘肃作为脱贫任务最重的省份之一，扶贫将是工作的重中之重。2014年4月2日，国务院扶贫办印发《扶贫开发建档立卡工作方案》。2014年4月29日，甘肃省便在兰州召开建档立卡和信息化建设工作方案讨论会，13个市（州）扶贫办主任，陇西、武都、天祝、东乡、迭部、西峰6个县（区）的扶贫办主任，省建档立卡和信息化建设工作领导小组成员参加了会议。省扶贫办党组书记、主任强调，“精准扶贫是一项比较复杂的系统工程，事关甘肃省扶贫开发成效。建档立卡工作是精准扶贫的重要环节，这项工作也将继续作为今年扶贫开发工作考核的重要内容。我们一定要扎扎实实抓好这项工作，为实现精准扶贫、全面推进扶贫攻坚行动各项工作奠定基础，为甘肃省全面建成小康社会作出新的贡献”。2014年5月6日，甘肃省扶贫攻坚行动协调推进领导小组印发《甘肃省2013年度扶贫对象建档立卡工作实施方案》，甘肃省建档立卡工作正式启动。

第二，贫困人口第一次有统一的标准和程序进行识别。在贫困标准方面，明确规定以2013年农民人均纯收入2736元贫困标准（2010年2300元不变价）为标准进行识别。在程序方面，严格按照“县为单位、规模控制、分级负责、精准识别、动态管理”的原则，对贫困人口进行识别并建档立卡。甘肃省扶贫办专门成立了由省扶贫办党组书记、主任任组长，省扶贫办党组成员、相关处室负责人、相关业务骨干为成员的工作领导小组。省统计局、国家统计局甘肃调查总队等部门通力协作，以农村扶贫对象建档立卡为基础，统一数据信息，实现互联互通、协同共享。全省13个市（州）、85个县（市、区）也相应成立了工作领导小组。按照“村级申请、乡镇人民政府初审、县扶贫办报县委县政府审核、市州扶贫办审定后报市州人民政府批准、省扶贫办汇总报省扶贫攻坚行动协调推进领导小组确定”的流程进行，省、市、县、乡、村五级联动。在村里，由每个村的社长宣传，发放贫困户申请表，一般社长比较了解村内情况，明显富裕的就不发放贫困户申请表。通过入户调查、摸清情况，并召开村民代表大会进行评议，形成初选名单，进行第一次公示。随后报乡镇审核，审核后进行二次公示，最后无异议后报县扶贫办复审。

以甘肃省康乐县为例，按照习近平总书记关于开展“精准扶贫”的工作要求，依照精准识别、精准帮扶、精准管理、精准考核的总体要求，康乐县制定了《康乐县2013年度扶贫对象建档立卡工作实施方案》。成立了县、乡（镇）精准扶贫工作领导小组和村评议小组。各乡（镇）按照2013年底人均纯收入情况将全县15个乡镇分成好、中、差三类，并按照2∶3∶5的比例，把贫困村个数分解到各乡（镇）。各乡（镇）在村委会申请的基础上，依据上年村农民人均纯收入，并考虑其他因素，经民主评议、公示确定76个重点贫困村。在贫困户识别中，在保证将三四类低保纳入贫困人口的前提下，依照贫困村和非贫困村贫困人口数7∶3的比例将需新识别的贫困人口数分解下达到各行政村，各行政村通过社评议初选、村评议公示确认贫困户、报乡（镇）审核后确定贫困户名单，共识别出17943户贫困户、76500贫困人口。康乐县对全县所有重点贫困村进行校正复核后录入全国扶贫对象建档立卡信息采集系统，为全县精准扶贫奠定了坚实基础。

第三，贫困人口信息第一次有了统一的电子数据管理。2014年建档立卡在组织填写《贫困农户登记表》《扶贫手册》纸质档案的基础上，对建档立卡贫困户统一建立了数据库，形成了全国的扶贫数据管理系统。2014年国家构建了全国扶贫信息网络系统，甘肃省下发了《关于确保扶贫对象建档立卡信息采集数据质量和上报〈数据质量承诺函〉的通知》，要求各地做好建档立卡信息的录入工作，保证数据的完整性和正确性。

（2）“第一次”难免有所疏漏

第一，规模控制导致部分贫困人口未全部纳入。2014 年 4 月，根据国务院扶贫办的统一部署安排，甘肃省根据国家统计局 2013 年底到县贫困监测数据，在上浮 11%的基础上，确定了全省 552 万的贫困人口规模。尽管甘肃省在 2014 年开展了贫困人口的全面摸排，当时摸排了 800 多万人，但是仅有 552 万人能够进入建档立卡。这种规模控制没有考虑区域的贫困程度特殊情况，按照人口分配指标导致了建档立卡之初的不精准。

第二，以收入为导向的贫困识别标准不够完善。2014 年，识别贫困户以 2736 元农村人均纯收入为标准，2736 元是固定数字。收入低于这个标准的就纳入，高于的就不纳入，标准过于简单。有的时候贫困户和非贫困户之间仅仅就差了一只鸡，导致非贫困户无法纳入。有的虽然收入高一点，但是家中有孩子读书、有人生病，但当时这些都没有考虑，按照收入标准计算，这些人就无法进行建档立卡，但这些人也是实实在在需要帮扶的。

第三，建档信息资源获取手段相对匮乏。2014 年，贫困户的收入量化测算没有具体的条框和标准，也没有科学的手段，只能由扶贫人员入户核算，根据家里的农作物种植面积、养殖的牲畜和务工的收入等加总核算，基础工作人力和工作条件有限，信息录入手段落后，部分工作还不规范，难以对贫困人口动态跟踪管理到位。很多农户隐瞒收入，扶贫人员无法查证。加之贫困人口信息缺少有效的审核手段，大数据平台还没有实现与户籍、工商登记、车辆登记数据共享，不能有效防止错误发生。虽然甘肃多地探索了类似“9 不准”等手段，比如家中有财政供养人员的不准纳入，有商品房的不准纳入，有 5 万元以上车的不准纳入，等等。但是因为行业部门没有建立信息共享机制，无法对这些信息进行筛查核实。所以这一阶段的建档立卡是不精准的，有错纳的，也有漏评的。

第四，“第一次”建档立卡，干部与群众都存在认知偏差。最初设计建档立卡的时候，由于各地不了解政策动态，一些干部存在认知偏差。群众也存在一定认知偏差。

（二）栉风沐雨，建档立卡得以基本精准

2014年，甘肃省通过建档立卡工作对贫困人口进行了一轮较为深入的摸排，建档立卡的标准、程序等顶层设计在甘肃得以实践检验。通过2014年的建档立卡实践，各地都发现了很多问题，为后续建档立卡工作的完善奠定了基础。2015年11月，习近平总书记在中央扶贫开发工作会议上系统阐述和正式提出“六个精准”“五个一批”精准扶贫、精准脱贫新思想，为甘肃省完善建档立卡工作提供了根本遵循。2016年11月，国务院印发《“十三五”脱贫攻坚规划》，为甘肃建档立卡工作指明了方向和路径。通过2015年和2016年两年的艰辛探索，甘肃省的建档立卡精准度得到极大提升。

1. 反躬自省，2015年建档立卡“回头看”

建档立卡过程中存在诸多问题，例如农户家庭信息获取难、成本高，建档立卡精准识别方法不规范，在入户摸底、群众评议、调查核实、公示公告等关键环节上工作不扎实、不认真，数据采集和录入审核把关不严，甚至少数人员违反政策规定和程序，弄虚作假、优亲厚友。这些都使得建档立卡精准化困难重重。

（1）马山事件成为建档立卡精准化历程中的重要转折点

马山事件是造成国家政策转变的一个大事件，也对甘肃的建档立卡工作产生了极大的警醒和推动作用。

自查发现问题。甘肃省受到马山事件的触动，开始自省自查是否本省也存在这样的问题。2015年12月，审计署驻兰特派办就全省贫困人口建档立卡进行了全面审计。同时，审计期间省扶贫攻坚行动协调推进领导小组根据国务院扶贫开发领导小组的安排，在全省范围内开展了建档立卡“回头看”

工作。两项工作的同步开展和强力推进，产生了发现问题、整改提高的良好效应，进一步提高了甘肃省贫困人口建档立卡的精准度，为精准扶贫、精准脱贫提供了清晰的攻坚靶向。专项审计和“回头看”发现的问题，主要表现在建档立卡人口中不同程度地存在财政供养、购买车辆、经商办企业（实体）、精准扶贫贷款发放不规范等信息10.43万条。

制定整改措施。针对存在的问题，省委省政府领导高度重视，坚持以问题为导向，认真开展整改工作。一是分类分层抓整改，先后两次会同市县对问题清单进行了全面细致的核实归类，将10.43万条信息梳理细分为财政供养、购买车辆、出资办企业、精准扶贫贷款四种类型，每种类型分违反政策规定程序和需要说明情况两种类型甄别作出处理，对违反政策规定程序的以建档立卡时间为定性节点，区分建档立卡前和建档立卡后两种情况，相应作出需要整改退出和需要说明情况继续保留两种处理意见。经市县确认违反政策规定和程序进入建档立卡的2.988万条，占问题信息的28.6%；建档立卡后情况发生变化，收入超过贫困线，原本计划在2021年初退出建档立卡的1.27万条，占问题信息的12.2%；存在客观特殊原因或身份信息采录错误需要说明或修改身份信息的6.48万条，占问题信息的62.2%，最终核准身份证号码错误信息8000多条。二是落实政策抓整改，省脱贫攻坚领导小组办公室及时下发了《关于深入开展贫困人口建档立卡“回头看”及审计发现问题整改工作的通知》，逐条明确了对应的整改措施办法。同时，对建档立卡人口购买商品房（商铺）、二手车等情况边查边改、即知即改。三是严肃处理抓整改，对建档立卡后情况发生变化、已经具备脱贫条件的1.27万人，省扶贫办会同各地按照脱贫验收办法和程序，经验收正式退出建档立卡；对违反政策规定和程序纳入建档立卡的2.988万人，紧盯不放，采取逐人整改的办法严查细究，并对涉及问题的相关责任人和当事人进行了严肃问责和处理。

整改成效显著。2016年1月20日，整改任务已全面完成。一是整改违反政策规定和程序纳入建档立卡的财政供养人员 1623 人，其中公务员或参公人员 100 人、事业编制人员 1165 人、国有企业正式员工 52 人、大学生村官 14 人，“三支、四支一扶”人员 107 人、村干部 185 人。二是整改违反政策和规定纳入建档立卡的出资办企业人员 1494 人，其中户主或家庭成员注册企业且正在运营 1100 人、户主或家庭成员拥有企业股份且企业正在运营 331 人、注册家庭农林牧场 63 人。三是整改违反政策和规定纳入建档立卡的购买车辆人员 24152 人，其中有大型货车或工程车辆的 704 人，有小轿车的 14642 人，有（小型以上）营运客货车的 8806 人。四是整改违反政策和规定取得精准扶贫贷款人员共涉及 1761 人，其中非建档立卡人口取得精准扶贫贷款的 927 人，精准扶贫贷款单笔或多笔贷款总额超 5 万元的 120 人。五是整改违反政策规定和程序纳入建档立卡的名下有商品房（商铺）人员 850 人，其中购置商品住房的 667 人，购置商品铺面的 76 人，购置经济适用房的 69 人。六是问责处理相关责任人员 6418 人。省政府分管领导约谈问题较多的市州分管领导，各市州、县（市、区）立案查处 164 人、党纪政纪处分 425 人、组织调整 35 人、诫勉谈话 711 人，其他人员给予通报批评、教育。

总结经验教训。各地从审计发现的问题中汲取深刻教训，举一反三，深入开展建档立卡“回头看”，对贫困村、贫困户、贫困人口进行定期核查，进一步落实精准扶贫工作领导责任制，加大工作执行力；完善精准扶贫的工作机制，督促精准扶贫各相关部门积极主动沟通；完善扶贫对象认定机制，进一步核实扶贫对象，及时掌握扶贫工作进展情况，实现精准管理，为省委省政府决策提供准确依据。

（2）建档立卡标准更加完善，综合考虑“两不愁三保障”

在以收入为基础确定是否纳入建档立卡的基础上，对因灾、因病、因学、因残等返贫的农户也纳入建档立卡；对建档立卡中识别不准确的贫困对象进行调整；对已超出国家扶贫标准的贫困对象进行精准脱贫。做到有进有出，实现对象精准。

一是标准范围更加明确。以2014年农民人均纯收入2800元（相当于2010年2300元不变价）的国家农村扶贫标准为识别标准。综合考虑住房、教育、健康、生产生活等情况，通过农户申请、民主评议、公示公告和逐级审核等方式整户识别。

二是坚持有进有出。将因灾、因学、因病等返贫的人口和因政策执行、工作偏差导致的真正符合条件而未纳入的人口准确识别出来进入建档立卡，将已经达到脱贫标准的贫困人口和上次进入的不符合条件的人口从建档立卡系统中退出。

三是坚持把好群众评议这个关键环节。县乡两级政府严格按照方案中确定的标准、程序开展工作，特别是要将召开村民代表大会由群众评议进、出这一关键环节做扎实、做细致，并进行公示公告，体现公开公平公正透明。

（3）建档立卡程序更加规范，工作推进更加顺畅

建档立卡程序的进一步完善使得工作推进更加条理，工作方式更加规范、透明。

第一步：初选对象。县（市、区）将相关行业部门、乡村干部、驻村工作队、双联干部等扶贫方面的人员组成工作组，进村入户开展农户申请、入户调查、摸底核算，并召开村民代表大会进行民主评议，形成初选名单。

第二步：公示公告。初选名单在该村进行第一次公示，公示无异议后报乡（镇）人民政府。乡（镇）人民政府审核确定返贫户名单后，在各有关村进行第二次公示（附件），公示无异议后报县（市、区）扶贫部门审定，审定后通过县级媒体公告。

第三步：精准帮扶。各县（市、区）统筹安排有关帮扶资源，明确帮扶责任人，在乡（镇）人民政府的指导下，由工作组结合返贫农户需求和实际情况，制订帮扶计划，实施精准帮扶。

第四步：填写表册。工作组对已确定的返贫农户填写《贫困户登记表》和《扶贫手册》。

第五步：数据录入。在县（市、区）扶贫部门指导下，乡（镇）人民政府组织人员，将返贫人口信息录入全国扶贫开发信息管理系统。

（4）考核机制初步建立，责任主体更加明确

为确保精准识别和精准退出的真实性，甘肃省出台了《"4342"脱贫验收责任体系实施办法》，明确了市县乡村4级责任，即村级党支部书记、村委会主任、驻村帮扶工作队队长、贫困户4方，乡级乡镇党委书记、乡镇长、扶贫统计工作站站长3方，县级由县委书记、县长、扶贫办主任、统计局局长4方，市级市州委书记、市州长2方签字背书，明确对精准识别、精准退出真实性的责任，并明确了追责的程序和办法。同时，发挥考核指挥棒作用，在扶贫考核方案中，加大了对贫困人口精准识别和精准退出准确率的赋分权重，随机抽样的10户预脱贫户中，如有2户识别不准、没有达到脱贫标准的，此项得分为0分；超过2户的严肃依纪依规逐级追究责任。

2015年的脱贫考核验收中，甘肃省首次引入了第三方评估机制，由党政机关以外的党代表、人大代表、政协委员、新闻媒体记者、科研院所专家学者代表组成评估组，全程参与监督考核验收工作，并采用随机抽样的方法，对贫困人口识别、退出准确率、群众对帮扶工作队和帮扶责任人满意度进行独立评估，传递了"识真贫、扶真贫，真扶贫、真脱贫"的鲜明导向。

（5）构建大数据管理平台，信息管理更加有效

精准识别的建档立卡贫困户花费了大量的时间和精力，如果还是按照传统的"小本本"方式记录，珍贵的一手资料不仅分散，信息还不完整、难以整合。而且，在实际工作中有些项目要落实需要有一个统一的平台，比如贫困户去看病时，到底是不是贫困户，医院需要有一个数据库去查证。为适应人口增减流动和致贫原因动态变化的趋势，结合准确评估省委省政府"1+17"精准扶贫政策措施到村到户的落实，甘肃省在紧密对接国务院扶贫办建档立卡信息系统的基础上，探索建立了"互联网+精准扶贫"的新模式，初步建成了具备事先预警、事中监控、事后评估功能的精准扶贫大数据

管理平台。推动全面识贫与分类施策精准对接，按照统一识别标准、统一数据口径，将全省贫困人口的区域分布、基本情况、致贫原因、健康状况、教育程度、需求清单和帮扶措施等信息全部录入数据库中，使每一个贫困群众的信息都精准锁定；涉及精准扶贫方案的23个省直相关行业部门将“1+17”各项政策措施设计成信息采集表，涉及易地搬迁、危房改造、饮水安全、社会救助、教育、卫生、富民产业、劳动力培训、惠农政策等9个方面精准扶贫措施和贫困群众的“需求清单”，分为户级、村级、县级数据结构，嵌入大数据云平台，使每一个贫困百姓的信息精准锁定，通过完善每一个贫困户相对应的信息，使识别人口精准度与政策配套精准度互联互通、互促共进，倒逼因户施策的扶贫措施落到实处。推动部门信息与数据平台共享互通，平台初步构建了数据共享框架，加强了行业部门数据库的互通互联，如省卫计委新农合报销平台与大数据平台完成了无缝对接，贫困户在医院就医时，刷新农合报销卡将会自动享受特殊优惠政策，简化了报销流程，数据实时同步也方便了资金监管。并且，将逐步实现大数据平台数据库与审计、公安、工商、住建、财政等相关行业部门数据库的无缝对接，通过数据对比，及早发现建档立卡贫困人口购买车辆、财政供养、经商办企业、购买商品房（商铺）等情况，从技术层面解决建档立卡人口识别不精准的问题。推动扶贫措施与脱贫成效全程跟踪，平台开发出扶贫对象识别、扶贫措施落实、信息数据分析、扶贫成效跟踪、扶贫业绩考核等5个子系统，通过数据分析、跟踪评估，对精准贷款、危房改造、教育扶贫、卫生扶贫等“1+17”涉及的行业部门各项政策措施落实进度进行专项分析，形成精准扶贫动态化、全过程的闭环管理模式。

大数据系统的建立并不是一件容易的事。全省共有500多万户数据，每一条数据要包含贫困户的家庭、收入、住房、健康、教育情况等。20多张表数据量之大可想而知。甘肃省投入了10万余干部上山下乡，走访全省101万余户家庭，实地摸清417万贫困人口的区域分布、基本情况、致贫原因、健康状况、教育程度、脱贫需求和帮扶措施等“家底”。数据细分涉及路、水、电、房、产业、技能、婚、灾、病、学等多个支项，仅致贫原因就有13项。而走访的这101万余户贫困家庭，占全省农户的近20%。将这些详细调查的结果，又一一全部录入到数据库中，精准锁定每一个贫困百姓的信息。同时，将涉及“1+17”精准扶贫方案的25个省直部门的相关扶持政策设计成数据信息，分为户、村、县三级，录入大数据云平台，并完善贫困群众相应信息，使识别人口精准度与政策配套精准度有机统一。甘肃省康乐县当时用了20多天进行建档立卡信息采集。由于乡镇和村电脑不多，信息录入中又会遇到各种各样的问题，分散录入无法及时解答。因此，康乐县召集了三四百名扶贫干部，每个村两三名，集中在康乐中学的电教室进行集中录入，从此贫困人口的信息实现了联网互通、动态监管，提升了工作效率和扶贫的精准度。

2. 解剖“麻雀”，2016年建档立卡再次“回头看”

2016年3月，国务院扶贫办在兰州召开全国精准扶贫建档立卡座谈会。甘肃省以这次现场会的召开为契机，动员各级党委政府和广大干部深入贯彻习近平总书记关于扶贫工作的重要论述，认真学习借鉴兄弟省区市的成功做法，坚持把脱贫攻坚作为当前和今后一个时期全省的“一号工程”来抓，进一步抓实抓好建档立卡等精准扶贫工作，努力创造经得起实践、人民和历史检验的脱贫攻坚业绩。

（1）开展“再回头看”，摸排建档立卡工作盲点

甘肃省结合建档立卡工作实际和在以往工作中所发现的问题对建档立卡工作开展了“再回头看”。

一是详细摸清遗漏人口。各市、县、乡镇对因婚迁入和新生儿人口、因婚迁出和死亡人口以及因计划生育政策原因未能进行户口登记的三类人口，按照省政府办公厅《关于解决无户口人员登记问题的实施意见》精神，经当地公安等相关部门审核取得合法登记或注销户口后，分别登记造册并按贫困

人口识别标准，按规定程序进行了识别纳入和个别移除。

二是核定脱贫人口“帮扶问题”。根据中央和省上关于脱贫人口“摘帽不摘政策”及“扶上马送一程”的精神，重点瞄准需要巩固提高的脱贫人口，根据“两不愁三保障”标准，结合政策存量，确定脱贫人口的持续帮扶措施。对农民人均可支配收入虽已超过国家现行标准但收入低而不稳定的，家庭成员患有长期慢性病或大病，支出较大、经济比较困难的等需要巩固提高的“九类”建档立卡人口，在大数据管理平台上进行了标注，将持续开展精准帮扶，确保实现稳定脱贫。

（2）“五步工作法”创新建档立卡程序

实行“五步工作法”，推动全面识贫、建档校贫和精准定贫环环相扣。一是在“严格标准”和“规范程序”上下功夫。坚持贫困人口纳入、退出标准不动摇，在总结实践经验的基础上，提炼形成了“12345”建档立卡贫困人口进入、退出和返贫程序，通过一核（农户收支状况），二看（家庭生产生活条件），三比（收入、住房、财产状况），四评议（农户申请、小组初评、村两委审议和村民代表决议），五公示（村、乡两级公示和县级公告），最后由农户、村两委、驻村帮扶工作队、乡镇、县区五级确认，做到“怎么进、怎么出、怎么返”一把尺子量到底。“五步工作法”的核心就是群众的事情群众说了算，始终把识别和退出的决定权交给贫困群众，发挥基层民主的作用，让老百姓全程参与、监督。二是在找准贫困对象和“抓住穷根”上下功夫。贫困对象、贫困程度、致贫原因，是关系靶向精准度的基本内涵。各级双联单位、联户干部和驻村工作队与乡村干部一起，进村入户了解群众生产生活情况，总结梳理出“五因”（因学、因病、因婚、因残、因灾）、“五缺”（缺技术、缺资金、缺劳力、缺土地、缺水）、“一落后”（交通条件落后）、“一不足”（自身动力发展不足）等13类致贫原因，为因户施策提供了依据。三是在“严格责任”和“严肃追责”上下功夫。为及时发现和纠正个别地方建档立卡工作中存在的识别不准、程序空转、优亲厚友等问题，重点查扶贫对象准不准、脱贫需求清不清、帮扶措施实不实、资金项目使用准不准，并结合审计署驻兰特派办对全省贫困人口建档立卡专项审计和群众信访举报的问题，切实做到“三个必查”，即有电话反映必查，有来信反映必查，有群众举报必查。坚持以问题为导向，分类分层抓整改、落实政策抓整改、严肃问责抓整改，对违反政策规定和程序列为贫困户的，紧盯不放，采取逐人整改的办法严查细究，对涉及问题的相关责任人进行了严肃问责和处理。尊重群众、发动群众、依靠群众，让识别结果“人人服气”。甘肃省还通过规范公示公告、定期“回头”整改、行业部门参与全面抽查，尤其是县乡开展查扶贫对象准不准、脱贫需求清不清、帮扶措施实不实、资金项目安排准不准、脱贫人数实不实的“五查”活动，对不实的贫困户坚决剔除，对遗漏的贫困户及时纳入。

（3）杨改兰事件触动，打破规模限制

建档立卡工作刚开始时由于对贫困人口规模做了控制，基层工作人员工作失误等原因，造成部分贫困户家庭人口未全部进入建档立卡，在以往的对象调整中又将规模进行了控制而无法全部纳入。

2016年，甘肃省开展全省贫困人口大排查，对每一户进行了解剖“麻雀”式的分析，打破了规模控制。甘肃省开展了“回头看”和“脱贫攻坚回头看”专项行动，省市县乡四级33万名干部深入村组农户，重点查对象是否精准、数据是否准确、措施是否管用、退出是否合理，对全省建档立卡贫困人口进行了全覆盖、地毯式、无遗漏的摸排核查。综合施策应纳尽纳，做到“三个全覆盖”。根据建档立卡人口识别标准要求，紧扣2016年以前建档立卡依据收入一项硬指标识别，从2016年开始建档立卡识别既考虑收入，更加要考虑“两不愁三保障”达标问题这一实际，充分依托驻村工作队和帮扶干部以及行业部门优势，确保识别更加精准。一是摸底排查全覆盖。对标“两不愁三保障”的要求，以教育、医疗、住房、饮水等为重点，组织包村干部、驻村工作队和帮扶责任人，对所有农户开展“大走访大调查摸排”活动，全面起底“两不愁三保障”方面存在的问题，找准着力点和突破口，为建档立卡动态管理提供第一手资料。二是房屋鉴定全覆盖。从县级层面聘请第三方鉴定机构，对全县6.5万户农户房屋开展房屋等级鉴定，对鉴定等级为C、D级的住房农户，作为纳入建档立卡的重要依据。三是健康普查全覆盖。从2016年开始，在全县范围内组织开展了健康普查，对全县长期患慢性病、重大疾病、重度残疾等农户建立台账，按照识别程序及时纳入。

这一轮的“回头看”动静是最大的，是运动式的。各级干部认真核实原来的建档立卡数据。经过大排查，实现了新识别、退回、剔除、返贫等不同类型贫困人口的动态调整，全省贫困识别更加精准、贫困退出更加真实、动态管理更加规范。

（4）衔接国家扶贫开发信息系统，推动数据系统更加完善

运用发展的眼光和前瞻性的思维，甘肃率先在全国建设了首个省级精准扶贫大数据管理平台。基于这个数据管理平台，甘肃建立了纵向到底、横向到边的数据共享比对机制，组织实施了一系列建档立卡工作，2016年对建档立卡数据开展了查漏补缺及清洗工作，有效提高了建档立卡工作效率和质量。不论是在各市、州，还是在各贫困县、乡、村，只要打开当地的大数据平台，轻敲鼠标，双击户主姓名，贫困户的收入来源、致贫原因，对应的帮扶措施和完成时限等信息，一目了然；进入分析模块，围绕精准贷款、危房改造、教育扶贫、卫生扶贫等政策措施落实情况等，输入关键词，图文并茂的数据分析很快生成。甘肃省的大数据管理平台系统在全国得到了认可。

为了实现建档立卡信息国家和省级层面的共享，甘肃省开始对接全国扶贫开发信息系统。由于国家系统与甘肃数据系统存在着很大不同，指标不同、逻辑关系不同等，导入数据的时候出现了各种状况。为此，甘肃省的大数据系统按照国家系统再次进行调整。国家系统有、省系统没有的，就再次进行采集。省办工程师常驻北京两三个月，与负责开发全国扶贫开发信息系统的公司进行对接，不断修改完善甘肃大数据平台，一共花费三四个月的时

间才实现初步的对接。甘肃省通过数据衔接，一方面使本省建档立卡数据库更加完善，另一方面也推动了国家建档立卡数据库的完善。

（三）精进不休，建档立卡达到比较精准

2017 年 2 月 21 日，习近平总书记在十八届中央政治局第三十九次集体学习时的讲话中强调，“要打牢精准扶贫基础。通过建档立卡，我们基本摸清了我国贫困人口底数，但还要做实做细，实现动态调整”[①]，并提出强化领导责任、强化资金投入、强化部门协同、强化东西协作、强化社会合力、强化基层活力、强化任务落实“七个强化”，同时总结加强领导是根本、把握精准是要义、增加投入是保障、各方参与是合力、群众参与是基础“五点经验”。“七个强化”和“五点经验”为实现甘肃省建档立卡和精准扶贫、精准脱贫再次吹响了冲锋号。

1. 日省月试，2017 年建档立卡实现常态化管理

2017 年 3 月 6 日，全省扶贫办主任会议在兰州召开，甘肃进一步完善部门信息共享机制和数据比对机制，建立健全建档立卡动态管理考核评价体系，完善精准扶贫大数据管理平台分析功能，为科学决策提供依据。

（1）应纳尽纳，动态化管理成为常态

2017 年以后，甘肃省的建档立卡动态调整转入常态化轨道。除了扶贫部门自身开展摸排工作，还通过各级审计、纪检、群众举报、明察暗访、媒体曝光等途径推动建档立卡的精准识别和动态管理。每个家庭的状况都是随时变化的。健康状况、就学状况、劳动能力，每天都在变。即使人不变，自然环境也在变。洪水、地震等自然灾害，都会随时影响农户的家庭情况，贫困是处在不断变化的动态中的。甘肃省坚持随时发现问题、随时进行调整，做到应进则进、应纳尽纳、不落一人，进一步提高建档立卡贫困人口识别准

① 《习近平扶贫论述摘编》，中央文献出版社 2018 年版，第 75—76 页。

确率。经省级组织的 2017 年扶贫成效和脱贫验收考核，贫困人口识别准确率达到 100%。

（2）部门联动，完善建档立卡信息比对机制

为了推进建档立卡识别的精准，甘肃构建了扶贫与人社、公安、工商、建设、国土、税务、银行等部门的数据与精准扶贫建档立卡数据共享比对机制、信息共享机制。在贫困人口新识别、脱贫人口返贫、脱贫人口退出等关键工作环节，积极发挥行业数据共享比对机制作用，全力解决各地因贫困户信息比对核实机制不健全，导致贫困户错评、漏评以及脱贫户错退等现象，确保建档立卡贫困人口动态管理工作精准落实。在贫困人口精准识别方面，为进一步提高贫困人口精准识别工作水平，在贫困人口识别和返贫人口管理中，省、市（州）、县（市、区）三级扶贫部门分别与同级人社、财政、公安、工商、民政、住建、国土、税务、银行、农牧等部门建立行业信息共享机制，及时进行数据比对核实，避免因行业信息共享机制缺失，致使贫困对象识别不准。在贫困人口精准退出方面，对拟脱贫退出人口是否实现“三保障”等相关信息，扶贫部门与发改、住建、卫计、教育、水利等部门进行比对核实，确保脱贫人口中不出现家庭住 C、D 级危房，家庭中有义务教育阶段因贫辍学学生，家庭成员患大病未治愈或患长期慢性病开支大，饮水不安全，以及因灾、因学、因房、因病等借贷 5 万元以上等情况发生。

2. 双向联通，2018 年建档立卡数据在监督中进一步完善

（1）包抓到户，全面摸清建档立卡底数

2018 年，甘肃召开 37 次省委常委会议、42 次省政府常务会议、12 次省脱贫攻坚领导小组会议、4 次全省脱贫攻坚工作推进大会（现场会）以及 35 次专题会议，深入学习贯彻习近平总书记关于扶贫工作的重要论述和中央有关会议精神，研究部署脱贫攻坚重大问题，做到重点工作月调度、季分析，跟踪问效、一抓到底。注重以上率下，实施省级领导干部联县包乡抓村制度，省委、省政府主要领导带头包抓贫困程度最深的县、乡、村，23 名

省级领导分别联系23个深度贫困县。认真落实“四个遍访”要求，加强调研督导，省委、省政府主要领导基本采取不打招呼、随机入户的办法，30多次深入贫困地区，走访调研覆盖全部84个县（市、区）。省级领导干部围绕脱贫攻坚调研督查的次数最多、范围最广、力度最大，在全省上下形成了聚精会神谋脱贫、全力以赴打硬仗的鲜明导向和浓厚氛围。省、市、县、乡40多万名干部进村入户，与贫困群众面对面分析致贫原因、商议脱贫措施，制定完成65万户、261万人（含已脱贫巩固提升户17万户、72万人的“一户一策”精准脱贫计划，把剩余贫困人口脱贫任务分解到年、精准到人、落实到具体举措上，推动扶贫政策到村到户到人。将“一户一策”脱贫计划纳入全省扶贫开发信息系统和大数据精准管理平台，实行动态管理，定期开展建档立卡“回头看”，根据贫困户的脱贫进展和情况变化，及时调整和完善帮扶措施，做到了底数清、情况明、数字准。在中央对甘肃省扶贫成效第三方评估检查中，贫困人口识别和退出准确率连续2年都达到98.3%以上，均高出全国平均水平1个百分点左右。

（2）群众参与，建档立卡数据实现透视会诊

2018年在进行常态化动态调整的基础上，甘肃省逐步畅通信访渠道，通过群众参与、群众监督的方式推动建档立卡信息的完善。甘肃各地探索出许多群众参与的方式。比如，康乐县在扶贫办专门设立信访小组，群众举报电话是12317。群众打电话反映的所有问题，信访小组的工作人员会一一记下，报扶贫办领导，然后派专门的人员入户核实，确有问题的及时整改，同时创建知情大会和“两户”见面会。通过召开村民知情大会、“两户”见面会等形式，集中宣讲强农惠农政策和扶贫政策，公开全村和涉及本社的重点项目实施、惠民政策落实情况，组织致富带头人或脱贫典型户交流发言开展感恩教育，面对面听取群众意见建议，现场答复群众提出的问题，按照“分级负责、归口办理”的要求，由村、乡镇和县直相关部门对群众的意见建议限时解决，做到事事有回音、件件有着落。2018年，康乐县召开村民知情

大会1866场次、“两户”见面会188场次，受理“12317”信访65件，已办结65件；县精准办和各乡镇共接待来访群众184人次，办结群众反映扶贫领域问题184件。

因为投诉和监督的渠道畅通了，所以群众对党更加信任了，群众和干部关系更近了，对过上美好生活的愿望更加迫切。群众的参与、信息的畅通无阻，加速了建档立卡信息的完善，精准度显著提高。

（四）积微致著，建档立卡实现相对精准

通过几年的探索，建档立卡工作逐渐完善，实现了相对精准。在此基础上，甘肃省还不断挖掘建档立卡的新功能，将边缘易致贫人口纳入建档立卡中，为未来巩固拓展脱贫成果、衔接乡村振兴打下了数据基础。

1. 精益求精，2019年建档立卡数据实现巩固拓展功能

为了巩固拓展脱贫成果，保证贫困人口的脱贫可持续，2019年建档立卡将脱贫不稳定户和边缘易致贫户摸底工作作为一项新的工作内容，将脱贫不稳定人口和边缘易致贫户人口“两类人群”进行了全面摸排。

（1）摸排“两类人群”，强化建档立卡数据监测功能

在脱贫人口“回头看”工作基础上，甘肃省着眼脱贫成果巩固，以提高脱贫质量、巩固脱贫成效为重点，开展脱贫不稳定户和边缘户的摸底和信息采集录入工作，核查非贫困户和脱贫户有无致贫返贫风险，对因疫、因灾、因病、因产业失败、因就业不稳等存在返贫致贫风险的农户，纳入边缘易致贫人口和脱贫不稳定人口进行监测，提前采取针对性帮扶措施，防止致贫返贫。一方面，对已脱贫户中不稳定户进行摸底监测，并将摸底情况在全国扶贫开发信息系统上进行标注。2019年，甘肃对全省2014—2018年的脱贫户进行了摸排，对人均纯收入低于5000元且存在因学、因病、因灾、产业失败、就业不稳等潜在返贫风险的，标识为脱贫监测户。另一方面，在非建档立卡农户中，按照标准和程序开展边缘户摸底工作，并采集相关信息，排除

“四有”人员后录入全国扶贫开发信息系统。2019年，甘肃对全省14个市（州）、84个县（市、区）非建档立卡农户进行全面摸底，重点关注农村低保人口、特困供养人口、残疾人口、患大病或长期慢性病人口、老人户、危房户、家庭成员就读高中或大学负担重等低收入困难群体。以户为单位，对人均纯收入低于5000元且存在因学、因病、因灾等潜在致贫风险的，认定为边缘户。2019年，省全过程加强管控确保脱贫成果持续巩固。注重提高识别、帮扶、退出精准度，一手全面对比筛查、减少贫困存量，一手巩固脱贫成果、控制贫困增量，有效排除脱贫盲点，想方设法防止返贫。一是加强动态管理。瞄准危房户、一二类低保户等特困群体，定期开展动态管理和数据比对，新识别贫困人口0.1万人、返贫人口0.02万人，清退1.3万人，并按照缺什么补什么的原则及时对新发生和返贫人口给予针对性帮扶，确保应纳尽纳、应扶尽扶、应退尽退。二是扎实开展脱贫攻坚“回头看”。全面排查脱贫人口收入达标及“两不愁三保障”实现情况，对存在问题的1424户脱贫户因户因人跟进巩固提升措施。对收入在5000元以下且有致贫风险的边缘户和有返贫风险的脱贫监测户进行排查摸底，共摸排出9.6万户、38.66万人，已全部标注录入到全国扶贫开发信息系统进行监测预警。

（2）户籍整顿，夯实建档立卡基础数据

2019年，甘肃省将户籍整顿作为脱贫攻坚精准识别、精准帮扶的基础工作，通过多轮次的摸排核查整改，完成迁入迁出、新生、死亡人口“四项变动”，户籍动态管理进一步规范，建档立卡基础数据进一步精准。

户籍是建档立卡数据的基础，一个人没有户籍或者户籍不正确既不能建档立卡，也无法享受国家的帮扶政策。因此，甘肃下决心全面深化户口登记管理清理整顿工作，彻底解决农村地区户口登记管理中存在的“错、重、假”及无户籍人员等问题，有效落实“三保障”等脱贫攻坚政策，为全面打赢脱贫攻坚战、全面建成小康社会提供有力支撑保障。一是强化部门协作联动，摸清底数，逐人研究推进落实，确保农村地区建档立卡贫困户每个公民都能依法登记户口。对经调查、确实难以认定的无户口人员，可先办理户口登记并在人口信息系统中加注存疑人员信息标识，待核实后再作出相应处理。二是解决年龄差错问题。农村地区建档立卡贫困户适龄义务教育少年儿童疑似年龄差错问题，原则上按照“出生日期更正”程序规定办理，到户籍地派出所申请，经县、市两级公安机关审核批准后予以更正。扶贫、教育、学校、乡镇（街道）、村（居）委会等单位和部门积极配合公安机关共同做好年龄审核认定工作，公安机关压缩审批时限，快审快办，及时予以更正。三是解决其他户籍问题。公安机关有针对性地组织开展户口清查行动，各相关单位全力予以配合，重点围绕农村地区死亡未销、重复户口、应迁未迁、虚假户口等其他可能影响脱贫攻坚的户籍问题，全面审查清理，规范落实户籍管理规定，对符合销户政策、空挂虚假户口等坚决予以销户，发现错误的立即予以纠正。

户籍整顿不是一个部门能够完成的，需要各部门通力合作。公安机关牵头组织开展脱贫攻坚户籍清理整顿专项行动，及时清查整改农村特别是建档立卡贫困户的户籍问题，密切联系成员单位，协同对各类无户口人员或身份不明人员进行检验比对、身份认定、出生日期核实，依法依规登记落户。扶贫部门会同公安部门开展建档立卡贫困户户籍情况专项摸排，将建档立卡贫困人口基础信息及时提供给公安、人社、教育、卫健、民政、医保等部门，协助成员单位做好数据比对等相关工作；对补登户口人员涉及的建档立卡贫困户及时进行动态管理，并修改完善全国扶贫开发信息系统相关数据信息。人社部门负责对补登户口人员办理养老保险工作，积极协助配合成员单位开展相关工作。教育部门组织学校等单位协助公安机关对义务教育适龄少年儿童年龄进行核实更正，负责督促义务教育适龄少年儿童返校，积极协助配合成员单位开展相关工作。卫健部门负责对非婚生育、超生、离异生育、家中分娩等孩子办理《出生医学证明》，协助公安机关开展身份认定、人员落户等工作，积极协助配合成员单位开展相关工作。民政部门负责为弃婴（儿）

办理收养登记或集中供养相关手续，协助公安部门解决弃婴（儿）已形成事实收养关系但无户籍的问题。医保部门补登户口人员经扶贫部门建档立卡纳入扶贫大数据平台后，负责办理医疗保险工作，积极协助配合成员单位开展相关工作。户籍整顿工作涉及公安、扶贫、人社、教育、卫建、民政、医保7个部门，工作量、复杂程度可想而知。通过户籍整顿，建档立卡贫困人口的户籍基础信息正确了，进而推动了建档立卡数据的准确性。

2. 胜利收官，2020 年建档立卡实现华丽转身

2020 年，甘肃省紧盯 2020 年现行标准下农村贫困人口全部脱贫这个目标，通过“回头看”和甄别调整，层层压实识贫、校贫、定贫等环节，持续不断做实做准贫困人口底数。甘肃的建档立卡数据实现了相对精准，建档立卡工作取得了决定性的胜利。回顾整个建档立卡的历程，甘肃省的建档立卡是一步步探索和摸索过来的，是不断发现问题解决问题的过程。总体来看，甘肃省建档立卡实现了以下几个转变。

第一，在建档立卡本身的认识上，把建档立卡从精准识别拓展到精准帮扶、精准管理、精准脱贫、防贫监测等各个环节，全要素跟踪监测贫困对象扶贫脱贫、动态管理、巩固提升整个过程。

第二，在扶贫对象的认识上，从 2014 年建档立卡时把有劳动能力的贫困户识别纳入建档立卡，到现在把符合条件的低保户、残疾人户、大病慢病户、危房户、老人户等特殊困难群体全部纳入建档立卡，完全打破对象限定。同时，在 2018 年动态管理工作中，将 1042 个非建档立卡深度贫困村纳入建档立卡作为贫困对象进行管理。

第三，在扶贫标准的认识上，紧扣国家现行扶贫标准，不断调整完善贫困人口识别退出认定标准，既不拔高标准、吊高胃口，也不降低标准、影响成色。识别上，从 2014 年建档立卡时以人均纯收入为单一识别标准，到现在以人均收入和“两不愁三保障”为多维度识别标准，贫困人口识别更加科学、更加符合农村实际。

第四，在识别程序的认识上，围绕重点环节、重点人群、重点内容，建机制、强保障、抓源头，及时堵塞漏洞，提高工作质量。从2014年初识别程序简单、不规范，到现在构建了系统完善程序，贫困人口的识别更加严格和规范。

第五，在识别规模的认识上，从2014—2015年的建档立卡规模控制、规模分解，到2016年率先在全国打破贫困人口规模限制、将符合识别标准的贫困人口全部纳入建档立卡，到现在将有返贫风险的脱贫不稳定人口和有致贫风险的边缘易致贫人口全部纳入防贫监测范围，贫困对象应纳尽纳、应纳尽扶。

第六，在数据质量的认识上，把数据分析和数据比对结合起来，把事后纠错与事前审核结合起来，把账账相符和账实相符结合起来，把定期核查与常态化更新结合起来，以扶贫开发数据质量提升为手段，倒逼建档立卡工作质量不断提升。

甘肃扶贫开发信息系统中存储了全省每一户建档立卡贫困户的基础数据，经过这几年的努力，甘肃建档立卡工作取得了不错的成绩，但甘肃省并没有骄傲，也没有停止前进的脚步。只要没有实现绝对的精准，建档立卡永远在路上。

三、建档立卡工作协同推进——想尽“千方万计”

建档立卡是整个精准扶贫工作的前提和基础，只有前提和基础精准了，才能保证其他工作的精准。建档立卡，实际上也是整个精准扶贫工作的一个浓缩，说清了建档立卡，就能说清楚精准扶贫所有的事情。它反映了脱贫攻坚的全过程，既能监督过程，又能印证结果。

（一）量身定制“一户一策”，帮扶措施到户精准

2014年之前的贫困户一方面是数据不精准，另一方面也没有深入分析

贫困户为什么贫困、什么原因导致的贫困。因此，扶贫政策多是普惠政策代替精准扶持政策，行业部门的政策也是大水漫灌，没有到户到人。精准扶贫以来，建档立卡的数据不仅精准，还要精准分析贫困户致贫原因，那么自然要针对致贫原因设计精准的帮扶措施和脱贫路径。缺资金的发放小额贷款，住危房的实施危房改造，有大病的享受大病保险，辍学的实施控辍保学，自身发展动力不足的实施精神扶贫……为此，甘肃省坚持实施“一户一策”，根据贫困人口的致贫原因想尽一切办法助力贫困人口脱贫。

（二）实施绩效管理，项目资金安排使用精准

扶贫资金是老百姓的“救命钱”。扶贫项目资金安排使用是否精准，项目资金使用是否有效益，项目运行是否在老百姓的监督之下，关系到贫困群众能否得到实实在在的帮扶，关系到贫困群众能否在扶贫资金的帮助下走上脱贫致富的道路。甘肃省及时出台相关政策，对于扶贫项目实施绩效管理，有效地推动了项目资金安排使用的精准。

1. 制度先行，约束规范项目资金使用

自 2014 年省委、省政府出台《甘肃省财政专项扶贫资金使用管理实施办法（试行）》等五个资金管理方面的文件以来，甘肃省扶贫资金已经建立起了完整规范、上下结合、条块结合、相互监督、相互制约的监管体系，定期监管得到了有效加强，统计通报工作形成了制度，督查考核已经常态化，项目验收责任到人，尤其是工程类项目实施后，资金通过报账方式，以国库直接支付形式支付到项目实施单位，到户扶持项目也通过报账方式，通过国库直接支付形式支付到贫困户的“一折（卡）统”账户上，资金管理制度落实、运行规范、成效显著。

2.“望闻问切”，项目资金用在刀刃上

甘肃省按照“精准再精准，聚焦再聚焦”要求，坚持项目实施与群众需求、脱贫标准、发展规划相结合，针对不同贫困群体因户因人落实扶贫项

目，确保“一户一策”帮扶措施有项目支撑、有资金保障、能落地见效。通过“望”贫困群众生产生活条件，“闻”贫困群众困难诉求，“问”贫困群众所需所盼，“切”贫困群众致贫原因，真正摸清贫困群众的家底，找准贫困群众的致贫原因，对症下药、靶向施策，真正把扶贫项目用在刀刃上。在扶贫项目制定时，针对贫困户的实际情况，确定了种植、养殖、劳动力技能培训、庭院硬化、旱厕改造等21项到户到人项目菜单，为2.01万脱贫户“量身定制”了“一户一策”精准脱贫计划和巩固提升计划。

3. 严格管理，努力提高资金使用效益

扶贫资金实行专户管理、封闭运作、及时报账，确保资金运行安全、使用到位。实行扶贫项目、扶贫资金公示制。定期不定期地将扶贫项目落实情况、资金数量在政务、村务公开栏中进行公示，做到项目、资金数量、受益农户名单“三上墙”，接受社会各界监督，确保资金使用公正、公开、公平、规范。实行群众监督制。每个整村推进村都成立了由村民代表、贫困户代表、党员代表等组成的项目监督小组，对项目实施全程监督，防止财政扶贫资金的挤占、挪用、截留。实行扶贫资金监管、审计制。县审计、财政、监察等部门加强对财政扶贫资金的监管、审计，扶贫、相关乡镇对财政扶贫资金的使用管理进行经常性的自查，确保扶贫资金管理和使用规范化、程序化、科学化。

4. 全方位监督，落实项目资金责任主体

甘肃省明确扶贫开发重点县县委书记担负廉政建设第一责任，县长对资金规范运行、项目建设进度、质量和效益负责。按照“谁管项目、谁用资金、谁负主责”的原则，县（市、区）有关部门主要负责人对本部门主管扶贫资金使用安全负主体责任，贫困村第一书记、扶贫工作队队长、村民监督委员会对本村扶贫资金使用负监督责任。甘肃省各级纪检监察机关和扶贫部门还将向社会公开信访举报电话，及时受理群众投诉举报，引导群众通过“12388”“12317”“一键通”“人人拍”等举报平台，对精准扶贫、精准脱贫工作进行全方位监督，形成无处不在的监督网。利用互联网将到人到户的扶贫惠民资金情况“晒”在网上，实现全面公开，做到时时可查、人人监督，让权力在阳光下运行。

（三）优化退出机制，保证贫困户退出精准

在国家没有正式出台贫困退出细则的情况下，甘肃省破冰探索，制定出台了《甘肃省建立贫困人口和贫困县退出机制实施细则（试行）》，明确细化了贫困退出的标准。贫困县退出有15项指标、贫困村退出有13项指标、贫困人口退出有7项指标，建立了贫困户、贫困村、贫困县三级脱贫退出指标体系。指标体系在确保完成国家规定要求的同时，结合省情实际，又增加了道路、饮水、住房、产业、搬迁、教育、卫生、培训等与贫困群众生产生活息息相关的指标，使精准扶贫有了着力重点、精准脱贫有了衡量标准，引导基层将工作重点聚焦到解决贫困村和贫困户基本生产生活条件、基本公共服务和基本社会保障等方面。

1. 优化退出标准，确保脱贫稳定性

在退出标准上，将国家公布的扶贫标准和省定脱贫验收标准区分开来，将涉及贫困人口脱贫的6项指标全部设定为否决指标，在核算收入时扣除临时性救济金和一次性生活补助，基本医保、大病保险、商业补充保险报销资金和医疗救助资金，三、四类低保金，政府给予的有固定用途、不能用于日常消费的到户补助项目资金，学前、高中和中职学生补贴，一次性赠予和人情往来收入等6类收入，提高脱贫的稳定性和可持续性。

2. 细化退出程序，理顺退出路径

在退出程序上，明确贫困人口退出验收县级主体责任，严把入户核查、数据比对、群众评议、公示公告、结果核查等关口，压实“两不愁三保障”行业部门到户验收背书责任，确保脱贫结果政府认定、社会认可、群众认同。从最初的定量考核、识别退出一个标准，到现在的定性考核、识别退出

两线分离，贫困人口脱贫的稳定性不断增强。一是有序退出，根据各省和中央签订的《脱贫攻坚责任书》，制定五年滚动脱贫摘帽规划，对每年退多少要心中有数；二是明确标准，是不是贫困户，有没有脱贫，更重要的是看吃饭、穿衣问题有没有解决，义务教育、基本医疗是否有保障，住房是否安全；三是正向激励，对已经脱贫的农户，在一定时期内让其继续享受扶贫相关政策，避免出现边脱贫、边返贫现象。贫困县退出后，在攻坚期内国家原有扶持政策保持不变，对提前摘帽的还可以给予奖励，保证苦干实干、先摘帽的不吃亏；四是严格验收，每一户都必须严格按照贫困退出标准和程序来操作，做到逐户销号、脱贫到人。国务院扶贫领导小组将组织第三方机构评估，绝不允许弄虚作假，确保摘帽结果经得起检验；五是强化奖惩，脱贫实绩突出的要给予鼓励，工作不力、搞虚假脱贫的严肃追责。

3. 建立第三方评估机制，发挥社会监督

通过政府购买服务的方式，公开招标第三方机构，组建专业评估团队，采用抽样调查和村组普查相结合的方式，在年度市县党委政府脱贫攻坚成效考核和贫困县摘帽退出中，对贫困人口识别精准度、退出精准度、群众满意度进行评估，确保脱贫成效获得群众认可、脱贫成果经得起实践检验。探索建立第三方抽查评估机制，充分发挥社会监督、舆论监督的作用，及时发现整改纠正脱贫验收工作中的数据失真、程序不规范等问题，防止贫困人口“被脱贫”、贫困县“被摘帽”。要严肃处理工作中发现的数字脱贫、虚假脱贫问题，对故意弄虚作假、授意编造脱贫数字、出具虚假文件材料、指示数据造假等行为的，逐级依纪依规严肃追究相关人员的领导责任和直接责任。

4. 严把退出准确率，提高脱贫质量

严把退出时序、退出标准、退出程序、核查比对、评估检查“五个关口”，采取自下而上和自上而下相结合的办法反复测算分析，印发了贫困县摘帽退出指导时序和减贫人口滚动计划；明确市县乡村四级在脱贫验收中的责任，构建起了层层负责的脱贫验收责任体系；对全省 2014 年以来脱贫人口再次全面核查，按照“十不算”的方法到户核算脱贫人口收入、“十不脱”的要求排查脱贫人口“三保障”实现情况；对2017年度拟脱贫人口“三保障”实现情况，与卫计、教育、住建、水利等部门进行信息比对，对发现的疑似问题信息开展入户核实，将确实不符合条件的人口剔除，有力提高了贫困人口脱贫的质量。

四、建档立卡工作成效溢出——惠及千秋万代

建档立卡付出了很大的成本，甚至有干部为此献出了生命。建档立卡工作的重要性已经超出了扶贫本身，推动了方方面面工作的精准化，产生了一系列的溢出效应。

（一）强化沟通交流，拉近了干群关系

在脱贫攻坚一线上，驻村帮扶干部信念坚定、对党忠诚，以实际行动践行了甘肃省委“敢死拼命抓脱贫”的号召，不畏困难，勤奋尽责，拼搏实干，呕心沥血推进脱贫攻坚，用生命诠释了共产党员的忠诚使命担当。甘肃省全省6220个建档立卡贫困村和1042个非建档立卡深度贫困村实现了驻村帮扶工作队全覆盖，全省共派出驻村帮扶工作队干部22587人。他们深入农户，与农户同吃同住，宣传政策，落实帮扶计划，帮助改善基础条件，帮助发展村级集体经济，监管扶贫项目资金，推进乡风文明建设，推广普及普通话，帮助建强基层组织，为确保打赢脱贫攻坚战奠定了坚实的基础。在这个过程中，驻村帮扶干部真真切切体会到农户的无助，实实在在帮助农户脱贫致富；农户也亲眼看到驻村干部的辛苦，真心实意信任驻村帮扶干部。干群关系在这种相互理解、共克贫困中得以拉近、得以升华，党的群众基础也更加牢固。

（二）夯实基层治理基础，提高基层治理水平

建档立卡夯实了基层治理基础，解决了长期基层治理问题。一是建档立

卡起到了统筹全局协调各方的作用；二是建档立卡提供了路径图，切实提升了决策的精准性科学性；三是建档立卡约束了政府的行政行为，提升了依法行政的能力，干部队伍作风不断优化。项目安排精准、资金使用精准、措施到户精准、因村派人精准、脱贫成效精准，这些都是建档立卡体现出的基层治理完善。

1. 创新了工作方式方法

为抓好建档立卡和脱贫任务的落实，确保如期完成三年脱贫攻坚目标，甘肃省提出了“十个一”工作法。从县级层面、行业和部门层面、村级层面都作出了具体的部署。脱贫攻坚领导小组及办公室发挥一线指挥部作用，统筹协调；乡镇和县直相关部门紧盯脱贫攻坚目标任务，倒排工序；村两委班子、驻村工作队和社攻坚小组长常态化进村入户，扑下身子实干苦干，确保到村到户到人各项扶贫措施落地见效。

县级层面：县脱贫攻坚领导小组及办公室充分发挥指挥员、战斗员、协调员的作用，坚持周五部署、周六调度、每月督查，统筹谋划、强力推进。

乡镇和行业部门：乡镇和县直相关部门紧盯脱贫攻坚任务，细化时间表，月定计划、日抓进度、月搞培训，全力推动重点任务落实。

村级层面：村两委班子、驻村工作队和社攻坚小组长定期召开村民知情大会和“两户”见面会，经常性进村入户开展到村到户项目、扶贫政策宣传、矛盾纠纷化解、访视农户要求等工作，确保各项措施落地见效。

2. 提升了基层干部工作能力

建档立卡通过组织广大基层干部进村入户，开展动态管理、信息采集、措施谋划、政策落实等工作，推动解决贫困群众反映强烈的突出问题，提高了基层干部学理论、学政策、学业务的积极性，增强了找问题、补短板、促攻坚的主动性，形成了重实干、敢担当、善作为的良好风气，培养锻炼了一大批素质过硬的基层干部，保障了脱贫攻坚的顺利推进。

3. 转变了基层干部工作作风

甘肃省深入推进“脱贫攻坚作风建设年”活动，同步开展甘肃省“转变作风改善发展环境建设年”活动，深化“三纠三促”专项行动，大力整治扶贫领域不担当不作为、形式主义、官僚主义等不正之风，减少统计报表、会议活动、发文数量，引导各级各部门和扶贫干部把更多精力聚集到抓落实上。建立省扶贫领域腐败和作风问题专项治理工作领导小组，制定《2018—2020年深化扶贫领域腐败和作风问题专项治理工作方案》等，完善贫困县市区一年两例会、直查直办、分析研判、通报曝光等工作机制，确保专项治理工作从严过细、常态推进。

（三）化解矛盾纠纷，促进社会稳定

“原来我们大家知道联产承包责任制以后，农村的情况是各干各的。谁去关心农民的这些事，谁去掌握农民的情况？我看只有建档立卡才把这一部分农民的情况掌握清楚。建档立卡以前，谁要去问哪一户的情况，只能是说个大概，掌握得这么精准是不可能的，只有掌握清楚了，你才能去想办法让他脱贫。”康乐县一名公安干部如是说。

康乐县把解决群众反映强烈的问题作为实现高质量脱贫的有力抓手，坚持“群众利益无小事”，扎实开展矛盾纠纷大排查、大化解，做到“小事不出村、大事不出乡、矛盾不上移”，将矛盾纠纷化解在基层，为打赢打好脱贫攻坚战营造了良好的社会氛围。

全覆盖摸排。按照“县级统筹抓，乡镇负总责，村级抓落实”的要求，对全县5万多农户由包抓村组长牵头组织村社干部负责，采取逐村逐户摸排，对有苗头性和倾向性的问题，梳理分析，建立台账。对历年积案现场释疑解惑、理顺情绪，全面排查矛盾纠纷，做到了不漏一户、不漏一件。

全方位化解。按照“谁主管，谁包案，谁负责处理”和“包案包件，一案一清”的原则。各部门协调联动、紧密配合，县乡村每周设立接访日，依靠群众，主动化解矛盾，合理解决群众需求。各村成立以包抓村组长为负责人，包村组长、驻村工作队长和村书记为成员的矛盾纠纷化解工作组，对照摸排梳理台账，依法依规，逐一化解，实行包案包件制的工作方法，做到了责任到人、任务到人、措施到位、解决问题到位。对能当场解决的，不拖延，及时调处解决；对矛盾纠纷复杂无法立即解决的，盯死看牢，逐级汇报，成立专项化解工作组，做到化解工作“全覆盖”。

多轮次回访。把群众满意度作为矛盾纠纷化解成效巩固的关键，建立回访制度，关注矛盾化解后事态发展演变的情况，及时疏导，防止已化解的矛盾纠纷复燃，切实巩固化解成效。对当场化解的小矛盾，采取“一案一回头”的办法，确保纠纷全面解决；对比较复杂的矛盾纠纷，采取“一月一回访”机制，连续访视半年，保证化解结果群众满意；对疑难矛盾纠纷，采取“定期谈心”的方法，与群众坐在炕头上、田间上，拉家常、谈谈心，用情理信服人心，晓之以理动之以情，做好疏导调解工作，确保矛盾从根源上消除。通过定期回访，切实做到“调处一件，稳定一件”，群众满意度100%。

（四）巩固提升脱贫成果，提高持续脱贫能力

“那么下一步我们就是巩固提升，下一步巩固提升靠啥呢？靠的还是建档立卡的数据，比如从建档立卡里面就可以看出，他是不是存在返贫的风险？他的脱贫质量高不高？比如说收入脱贫标准是4000元，4100元是脱了贫，8800元也是脱了贫。4100元、4200元脱贫的这个人，他的收入水平就不高，他的脱贫质量就不高，他随时就有可能又掉下去，而且他的收入来源还不稳定。他没有技能，就靠打一些零工，老了病了就打不成，这也说明他脱贫质量不高，没有一技之长，没有稳定脱贫的基础。建档立卡起的作用实际上是长远的。”康乐县一名扶贫干部如是说。

摘帽不容易，维系下去更不容易，任重而道远。短期内，也许给个小项目就能让建档立卡贫困户暂时奔小康了，但如果该项目不可持续，抑或被替代的可能性高，那么返贫风险就始终存在。“扶贫先扶志”几个字看起来简单，实际上并不简单。一些农户看到家里的粮食都卖完了，承包田地的收成非常不错，就觉得可以了，没必要再多做什么了。但当地还是想方设法说服他们走上品牌化道路，把名头打出去，把现代农业变成强者农业，而不是风险农业、低效农业。要巩固脱贫攻坚的成果，是一个长期过程，在这个长期的过程中，建档立卡将会持续性地发挥作用。

（五）疫情期间精准帮扶，防止返贫致贫

“到哪里打工？打的什么工？收入是多少？都能及时地监测。包车、包机路费是多少？如果没有建档立卡，没有办法监测。以前都是乱报，是一笔糊涂账，不能到村到户到人。离开了建档立卡，什么事都干不了。”康乐县一名扶贫干部如是说。

甘肃省通过建档立卡数据，及时做好因疫情期间新发生的脱贫不稳定人口和边缘易致贫人口监测工作，按照“分类施策、精准到户”的原则，通过产业帮扶、就业帮扶、综合保障等措施，制定针对性帮扶措施，既解决短期内的问题，也关注后续巩固需求，形成短期急救、长期巩固提升结合的帮扶格局，有效消除脱贫不稳定和边缘易致贫户的返贫、致贫风险，防止返贫致贫，巩固脱贫成果。

五、思考与建议

建档立卡全景式地记录着脱贫攻坚的每一分努力、每一分成绩，是共和国脱贫攻坚的基础档案。建档立卡建立了全国统一的扶贫信息管理系统，是对农村贫困状况的全面普查；建档立卡使贫困人口是谁、分布在哪、什么原因致贫等情况一目了然，是开展精准施策的重要基础。

（一）建档立卡是脱贫攻坚的历史见证

“谁脱了贫？怎么脱贫的？脱贫效果如何？这些最后都要靠建档立卡来说话的。如果没有建档立卡，你让谁脱了贫，你说不清楚；精准扶贫服务的谁，你说不清楚；怎么扶的，你说不清楚；他怎么脱的贫，他达到没达到脱贫标准，你也道不明。现在有了建档立卡，你有一户、一个人贫困问题没解决，那都有人追责的。比如，疫情影响最大的就是外出务工，那么我们可以直接从建档立卡系统里面获得名单，我们省上是174.75万人，这些都是有名有姓的。他们到哪打工去？打了多长时间工？收入是多少，建档立卡里面都有。然后我们今年盯着这些人，你出去了没有？出去了多长时间？到哪去了？了解他的务工时间是1个月以下、1个月到3个月、3个月到6个月，还是6个月以上，都能反映出来。建档立卡是习近平总书记精准脱贫思想的浓缩。离开了建档立卡，脱贫攻坚的进程就会延缓。建档立卡工作还是要坚持。”一名甘肃省扶贫干部如是说。

建档立卡是脱贫攻坚的基础档案，记录着脱贫攻坚过程中的点点滴滴，是脱贫攻坚的历史见证，是我们向人民的交代，是我们向国际社会的证明。

（二）建档立卡为什么会成功

甘肃省建档立卡取得了辉煌成绩，但这些成绩不是简简单单取得的。成绩离不开以习近平同志为核心的党中央的科学决策部署和甘肃省委、省政府的全力推动，离不开无数扶贫干部的辛勤付出。

1. 政治和制度优势是建档立卡成功的制度保障

甘肃省建立了从省到村各级组织层层落实责任的脱贫攻坚组织领导体系。省委省政府主要领导亲自谋划亲自推动，多次召开省委常委会、省政府常务会和脱贫攻坚领导小组会议，及时研究中央精神的贯彻意见，部署安排全省工作，经常强调、经常批示、经常深入基层调研，着力解决突出问题。

设立专门建档立卡机构。省扶贫办在编制缺、人员少的情况下，专门设立建档立卡处抓全省建档立卡工作，成为全国唯一设立建档立卡处的省份；各市州、县区均参照省上的做法，分别设立或确定专抓建档立卡的工作机构；乡镇均设立扶贫工作站，明确专人负责建档立卡工作。健全完善省委常委联系市州、省级领导包县区抓脱贫攻坚制度。省人大、省政协通过召开质询会、精准扶贫协商座谈会、政协委员话扶贫等形式，适时了解掌握脱贫攻坚工作进展情况，为助推精准扶贫建言献策，形成了省市县几大班子齐心协力抓精准扶贫的合力。坚持高位推动，确保工作落实。把建档立卡作为脱贫攻坚的“一号工程”，建立完善从省到村的建档立卡工作责任体系，成立专门机构，加强工作力量，逐级压实责任，坚决扣好第一粒扣子。

2. 扶贫干部的责任心是建档立卡成功的重要保证

“精准扶贫工作开展以来，我们包村驻村队长、第一书记基本上就嫁给了村上。我眼看着他的头发从全黑变为全白，每年春节只回家两三天。他跟着村民上过山找水源打井，帮助一个三面都是悬崖的村落修通道路，有个60多岁的老奶奶这辈子最远就去过村外五公里的小街，有了这条路，第一次去了县城。他在山火发生的时候，在车上睡了三天，从火场下来的时候，脸都熏黑了。面对长达几年的扶贫工作、每周几次的下乡帮扶，很多时候条件艰苦，但还是要同吃同住。这份工作容易吗？你能干吗？这样想想，你应该会对这项工作有更多的尊敬。况且，这不是一个人的工作。全中国无数基层干部，国有企业、事业单位员工这几年都在为这个奔走，也牺牲了好多优秀的干部。这里就是最前线。还有太多太多这样的干部，有些甚至付出了生命，他们就像小小的星辰，汇成星海，点亮了致富之路、幸福之路，复兴之路。这就是共产党人吧，为生民立命，为万世开太平。不忘初心，不负人民。”康乐县苏集镇塔关村村支书说。这一段没有华丽辞藻的真情流露，体现出的是扶贫干部的责任心，体现出的是为了贫困群众走上脱贫致富道路的决心。

建档立卡大数据平台中的每一个数据，都凝聚着各级党委政府、各部门特别是各级扶贫、统计部门以及广大基层干部、驻村帮扶干部、贫困村第一书记的心血和汗水，是他们走村入户、跋山涉水认真调查的结果。我国的扶贫工作之所以扎实有效、成效卓著，首先是党和政府秉持强烈的立党为公、执政为民的初心使命感，制定了科学精准的扶贫政策，投入巨大的财力支持，举国上下同心同力；其次是全国各地各部门选调了一大批优秀的党员干部走上扶贫一线，深入基层调查研究，走村串户了解民情，对症下药，扶贫扶志，摆脱了以往的粗放式扶贫模式，使扶贫工作更加科学、精准、有效，他们开展的产业扶贫、电商扶贫、旅游扶贫等均收到了良好的效果。扶贫工作的巨大成效根本在于千万扶贫干部有着吃苦耐劳的工作精神，有着党的优秀干部的责任担当，有着全心全意为人民服务的初心使命。

甘肃省扶贫一线的干部顾不上家、照顾不了老人孩子。还有很多干部牺牲在脱贫攻坚的战场上，有的生命定格在了49岁、43岁，更有的才31岁、30岁……为脱贫攻坚流血牺牲的英雄们，有些我们可能知道名字，但更多的是没有出现在新闻上的英雄。每当我们在感叹扶贫工作取得巨大成就的同时，更应该铭记千千万万扶贫干部为此而付出的艰辛和努力。

3. 坚持群众路线是建档立卡成功的重要工作方法

甘肃省在建档立卡工作中坚持走群众路线。以康乐县为例，定期召开村民知情大会、“两户”见面会，与“数家珍、说变化、话未来”竞赛活动结合起来，开展“三问三说三抓三化”活动（问困难、问需求、问建议，说发展、说变化、说想法，抓政策宣传、抓控辍保学、抓项目落实，化解家庭矛盾、化解邻里纠纷、化解群众积怨），坚持“面对面、一对一”宣传，帮扶干部入户宣讲和发放宣传资料等方式进行政策宣传，教育引导广大群众“感党恩、听党话、跟党走”。累计走访入户4.1万户，入户宣传累计5.8万人次，梳理解决群众困难问题385件，为1.3万户群众落实到户项目11类，收集整理群众意见建议115条，召开村民知情大会2000多场次，全面宣传了党和国家的扶贫政策，为群众办实事办好事，化解群众合理诉求愿望，极大地提升了群众政策知晓率和满意度。

4. 社会大合作是建档立卡成功的重要力量

扶贫从来不是一个地方、一个单位、一个人的事。甘肃省建档立卡的成功是社会大合作的结果。

部门间合作。甘肃省聚焦部门协同联动，着力形成脱贫攻坚合力。加强户籍信息动态更新维护，积极配合扶贫部门做好“一标三实”人口信息采集系统与全省建档立卡贫困户大数据信息采集系统有效对接，做到公安户籍人口、扶贫系统人口、家庭实有人口相统一。扶贫部门、公安部门、人社部门、教育部门、卫健部门、民政部门、医保部门等单位各司其职，通力合作，全面推进扶贫各项工作。

区域间合作。甘肃省深化东西部扶贫协作帮扶，研究制定《甘肃省东西部扶贫协作项目资金管理办法（试行）》，规范指导全省东西部扶贫协作项目资金使用和监管。落实干部双向挂职制度，每年互相选派干部赴对方市、县和脱贫攻坚任务重的乡镇挂职。引导东部帮扶单位大型企业和各类帮扶资金项目，聚焦贫困村村组道路、危房改造、安全饮水、易地扶贫搬迁等突出短板和瓶颈制约。协作双方建立督查巡查和帮扶考核机制，重点考核建档立卡贫困人口脱贫情况，把相关市州扶贫协作工作开展和项目资金落地情况纳入脱贫攻坚考核范围。

行业间合作。甘肃一批民营企业，大力弘扬“光彩精神”，主动履行社会责任，在临夏办学助教、修桥铺路、扶贫济困，特别是积极兴办实业，吸纳了一大批群众就近就业，带动了当地特色优势产业蓬勃发展，为脱贫攻坚和乡村振兴提供了有力支撑。一大批金融机构自觉围绕中心，服务大局，创新金融产品、优化服务流程、加大放贷力度，援助和大力支持项目建设、产业培育。

（三）未来建档立卡将走向何方

在总结建档立卡成功经验的基础上，拓展建档立卡成果是未来建档立卡的一项重要工作。

1. 建档立卡经验总结

一是做好建档立卡必须把坚持理论和把握实际结合起来。要将习近平总书记关于精准扶贫的重要论述、各地方实际情况、各地好的做法有机结合起来。

二是做好建档立卡必须把上下共抓和左右衔接结合起来。上下共抓是指纵向上五级书记一起抓；左右衔接是指横向上部门之间的对接。

三是做好建档立卡必须把事前把关和事后纠错结合起来。事前要做好严格标准、落实程序、公示公告、数据比对等工作。事后坚持督查核查、问题整改等工作。

四是做好建档立卡必须把过程控制和结果控制结合起来。建档立卡过程中要以真扶贫、扶真贫为导向。建档立卡结果是以脱贫真、真脱贫为目标。

五是做好建档立卡必须把体制内监督和体制外监督结合起来。体制内要实施巡视巡察、暗访督查、考核等措施；体制外要采取第三方、12317、民主监督、媒体监督等手段。

六是做好建档立卡必须把发现问题和解决问题结合起来。发现问题后直面问题、分析原因、找出漏洞。解决问题要靠建立机制、完善政策体系。

2. 建档立卡成果拓展

（1）巩固拓展脱贫成果，防止返贫致贫

巩固提升脱贫成果还是要依靠建档立卡数据，看是否存在返贫风险，继续监测，建立防返贫监测和动态帮扶机制。将有返贫风险的脱贫人口和有致贫风险的非建档立卡人口分别识别认定为脱贫不稳定人口和边缘易致贫人口，并开展监测预警，提前采取针对性帮扶措施，及时化解风险隐患，构建起了防止返贫致贫的坚固防线。

（2）建档立卡在乡村振兴中的继承转化

在建档立卡信息系统的基础上，逐步推动建立能够覆盖全部农村人口的乡村振兴信息系统。城市化趋势下，空心村问题可以说遍布各地，而家庭的“空洞化”更为突出。这是精神的空洞，也是家庭的残缺，是对建档立卡最大的考验，也是最大的呼唤。对这样的建档立卡户，我们到底如何办？绝不是一般性地将这样的破损家庭一律纳入低保那么简单。这意味着建档立卡要结合乡村振兴，进行继承转化。

（3）建档立卡之于乡村治理的借鉴作用

乡村治理的基点还是要立足于家庭。而建档立卡也能够起到一定的作用，要探索如何发挥建档立卡之于乡村治理的作用。乡村治理不同于城市治理，家庭既是组成社会的细胞，又是组织生产的经营单元，这其中的治理特点非常丰富。以前的家族逐渐式微，但家庭的组织化单元地位依然重要。在乡村治理中就要探讨如何发挥家庭的地位作用，2020年中央一号文件就指出，要注重发挥家庭家教家风在乡村治理中的重要作用，而建档立卡在乡村治理中将起到关键作用。

六、结语

在建档立卡的甘肃实践中，甘肃省打响了坚持精准方略、全员尽锐出战、敢死拼命攻坚的“甘肃之战”；用减贫成绩回答了西部地区、民族地区、深度贫困地区摆脱贫困、迈向共同富裕的“甘肃之问”；实现了农村面貌显著改变、城乡发展日新月异、基层基础全面夯实、干群精神空前振奋的“甘肃之变”；走出了以脱贫攻坚统揽经济社会发展全局、抢抓机遇后发赶超、转化优势弯道超车的“甘肃之路”。唯其艰难、方显勇毅，唯其笃行、方显珍贵。在这场以建档立卡为手段与绝对贫困问题的历史性较量中，甘肃儿女以敢教日月换新天的豪情壮志、不破楼兰终不还的韧劲毅力、越是艰险越向前的拼搏精神，书写了一曲曲勠力同心、决战贫困的英雄壮歌，树立了一座座令人敬佩、永不褪色的精神丰碑。

甘肃第一次有这么多人口在这么短时间里脱贫，这其中能感受到干部内心对人民的真挚热烈的爱。

脱贫只是达到了一个小目标，脱贫不是终点，而是另外一个起点。要关注是否真脱贫、脱真贫，还要关注因病返贫、因灾返贫，脱贫后不能撒手不管，还要有后续监督，这些都是需要在完成脱贫后继续关注的工作。因此，扶贫永远在路上，建档立卡永远在路上。

第八章　地方实践之河北张北

一、张北县建档立卡工作情况

张北县曾是河北省深度贫困县、国家扶贫开发重点县、燕山—太行山集中连片地区特困县。几十年来，一直面临贫困群体多、贫困规模大、贫困程度深、脱贫难度大等难题。党的十八大以来，面对中央省市精准扶贫和建档立卡工作相关要求，最初阶段（2014 年）将规模分解至乡镇村，由村按照规模认定贫困人口。由于农村人口规模大，外出人口较多，时间紧、任务重，乡村对识别工作认识不到位等因素，造成部分贫困户识别不准、信息错误等现象。随后进行的动态调整工作（2015—2016 年）是在不精准基础上的调整，没有起到明显效果。转折点出现在 2017 年，随着精准扶贫、精准脱贫的深入进行，不精准问题已经严重影响到张北县如期实现全面小康，于是张北县进行重新识别和精准帮扶，实现了数据的精准和可靠。在脱贫攻坚决胜阶段（2018—2020 年），又对贫困人口进行动态调整和时时监测，确保了脱贫攻坚质量。由此，张北县的建档立卡工作经历了“识别—基础不牢—重新识别—动态调整—精准识别”这样一个曲折的过程，走过弯路、走过坦途，其中凝结了数千扶贫工作人员的辛苦与付出。

张北县位于河北省张家口市坝上地区，总面积 4185 平方公里，下辖 18

个乡镇、366个行政村，总人口36.12万人，1994年被确定为国家扶贫开发工作重点县，2011年被列入国家扶贫开发燕山—太行山连片特困片区县，2017年被确定为河北省十个深度贫困县之一。建档立卡伊始，张北县建档立卡47948户、90570人，贫困发生率29.63%。精准扶贫以来，张北县以脱贫攻坚统揽经济社会发展全局，按照省市动态管理要求，不断对建档立卡工作进行“回头看”，精准施策、合力攻坚，脱贫攻坚工作取得了决定性胜利。截至2019年底，35367户、62944人实现高质量脱贫，199个贫困村实现高标准出列，贫困发生率由2013年的29.63%降至2019年底的0.57%，经省政府批准，张北县实现整县脱贫摘帽。

（一）第一阶段（2014年）：规模分解和任务指派模式下的建档立卡工作

2014年5月19日，河北省扶贫办召开河北省扶贫开发建档立卡工作会议，下发了《扶贫开发建档立卡工作方案》（冀扶办发〔2014〕19号）。张北县根据省方案制定了《张北县扶贫开发建档立卡工作方案》（张扶贫〔2014〕1号），上级给张北县分配建档立卡贫困人口9.06万人，张北县根据区域贫困状况、人员分布状况等情况将指标数分解到各个乡镇，再由乡镇分解到各个村，由村两委按照程序识别。贫困人口以2013年农民人均纯收入2736元（相当于2010年2300元不变价）的国家农村扶贫标准为基本依据，综合考虑住房、教育、健康等情况，通过农户申请、民主评议、公示公告和逐级审核的方式，整户识别。贫困村识别原则上按照“一高一低一无”的标准进行，即行政村贫困发生率比全省贫困发生率高一倍以上，行政村2013年全村农民人均纯收入低于全省平均水平60%（2013年全省农民人均纯收入9102元，贫困村全村农民人均纯收入要低于5461元），行政村无集体经济收入。

1. 结合区域发展实际，探索和落实建档立卡工作任务

2014年，张北县根据中央、省、市相关文件要求，第一次制定贫困人口的建档立卡工作方案。此方案虽然着重强调精准识别的意义，但是在规模分解方面作出了指示，而且由于时间紧、任务重，造成不精准问题。

根据《河北省扶贫开发办公室关于印发〈扶贫开发建档立卡工作方案〉的通知》（冀扶办发〔2014〕19号）的安排部署，结合张北县扶贫开发工作实际，制定了建档立卡实施方案。

在工作目标方面，扶贫对象是扶贫开发的工作对象，包括贫困户、贫困村、贫困县、连片特困地区。建档立卡，是对扶贫对象建立电子信息档案，并向贫困户发放《扶贫手册》。通过建档立卡，对贫困户和贫困村进行精准识别，了解贫困状况，分析致贫原因，摸清帮扶需求，明确帮扶责任，落实帮扶措施，开展考核问效，实施动态管理。对贫困县和连片特困地区进行监测和评估，分析掌握扶贫开发工作情况，为扶贫开发决策和考核提供依据。2014年底前，在张北县范围内建立贫困户、贫困村电子信息档案，以此为基础，构建扶贫信息网络系统，为精准扶贫工作奠定基础。

张北县在探索建档立卡实践工作中坚持原则与灵活，重点把握了以下基本原则：一是规模控制。县分解到乡的贫困人口和贫困村规模，严禁随意扩大。县分解到乡的贫困人口包括农村低保和五保人口。二是立足实际。对贫困户和贫困村的识别，要立足当地实际，实事求是、客观公正进行。三是有序退出。对列入“十二五”省以上扶贫规划的贫困村，如经过省基层建设年活动或农村面貌改造提升行动以及经过几年扶贫帮扶，农民生活水平明显提高，基础设施、公共服务明显改善的村，可在严格标准的前提下调整退出。四是精准纳入。要结合当地实际情况，将原来列入帮扶的贫困户、贫困村达到脱贫标准的调整出去，将符合条件的贫困户、贫困村纳入进来，确保将最贫困的村、最贫困的户纳入帮扶范围。五是严格程序。识别过程中，要严格按照方案确定的程序进行，严禁优亲厚友，严禁弄虚作假，注意维护农村社会和谐稳定。此次建档立卡的贫困户和贫困村纳入全国扶贫信息网络系统统一管理，在没有重大自然灾害或其他特殊原因的情况下，贫困户和贫困村的规模只减不增。

2. 以任务分解为基础，做好贫困户与贫困村建档立卡工作

2014 年，张北县在对贫困户进行建档立卡时，结合相关部门的工作方案，确定了本区域贫困户识别方法：一是标准。以 2013 年农民人均纯收入 2736 元（相当于 2010 年 2300 元不变价）的国家农村扶贫标准为识别标准。二是规模。县已将 2013 年底农村贫困人口和贫困发生率测算分解到各乡，各乡要把分解的贫困人口数作为建档立卡的规模，严禁随意扩大。三是做法。采取规模控制，县将贫困人口分解到行政村。贫困户识别要以农户收入为基本依据，综合考虑住房、教育、健康等情况，通过农户申请、民主评议、公示公告和逐级审核的方式，整户识别。四是登记内容。《扶贫手册》包括家庭基本情况、致贫原因、帮扶责任人、帮扶计划、帮扶措施和帮扶成效等六个方面内容。

根据贫困户建档立卡方案，张北县在贫困户建档立卡步骤方面，按照以下步骤进行：第一步，规模分解。根据省测算分解到县的贫困人口规模，将贫困人口分解到行政村。第二步，初选对象。在县扶贫办和乡镇人民政府指导下，按照分解到村的贫困人口规模，农户自愿申请，各行政村召开村民代表大会进行民主评议，形成初选名单，由村委会和驻村工作队核实后进行第一次公示，经公示无异议后报乡镇人民政府审核。第三步，公示公告。乡镇人民政府对各村上报的初选名单进行审核，确定全乡镇贫困户名单，在各行政村进行第二次公示，经公示无异议后报县扶贫办复审，复审结束后在各行政村公告。第四步，结对帮扶。县要统筹安排有关帮扶资源，按照“统一识别、分批扶持、突出重点、先难后易”的原则，研究提出贫困户结对帮扶方案，明确结对帮扶关系和帮扶责任人。第五步，制订计划。在乡镇人民政府指导下，由村委会、驻村工作队和帮扶责任人结合贫困户需求和实际情况，制订帮扶计划。第六步，填写手册。在县扶贫办指导下，由乡镇人民政府组织村委会、驻村工作队和大学生志愿者对已确定的贫困户填写《扶贫手册》。

第七步，数据录入。在县扶贫办指导下，乡镇人民政府组织村委会、驻村工作队和大学生志愿者等将《扶贫手册》录入全国扶贫信息网络系统，并进行数据审核。《扶贫手册》由国务院扶贫办统一监制，县负责制发，贫困户、村委会各执一册。第八步，数据更新。贫困户信息要及时更新，并录入全国扶贫信息网络系统，实现贫困户动态调整。

同样，在落实贫困村建档立卡工作方面，探索了以下方法：一是标准。贫困村识别原则上按照“一高一低一无”的标准进行，即行政村贫困发生率比河北省贫困发生率高一倍以上，行政村2013年全村农民人均纯收入低于河北省平均水平的60%（2013年河北省农民人均纯收入9102元，贫困村全村农民人均纯收入要低于5461元）；行政村无集体经济收入。二是规模。县扶贫开发领导小组研究确定本县贫困村规模，县扶贫办将贫困村规模分解下达到乡镇。三是做法。根据县下达到乡镇的贫困村规模，各乡镇按照贫困村识别标准，符合条件的行政村采取“村委会自愿申请、乡镇人民政府审核、县扶贫开发领导小组审定”的流程进行。四是登记内容。《贫困村登记表》包括基本情况、发展水平、基础设施状况、生产生活条件、公共服务情况、帮扶情况和帮扶成效七个方面内容。

根据贫困村建档立卡工作内容，张北县对贫困村识别工作作出如下部署：第一步，规模分解。省将贫困村规模分解到县，县将规模分解到乡镇。第二步，初选对象。乡镇人民政府向各村宣传贫困村申请条件和工作流程。各村在广泛征求群众意见和村级组织充分讨论基础上，自愿提出申请，报乡镇人民政府审核，形成贫困村初选名单。第三步，公示公告。乡镇人民政府对贫困村初选名单进行公示，经公示无异议后报县扶贫办，经县扶贫开发领导小组审定后进行公告。以上工作在2014年6月底前完成。第四步，结对帮扶。县要统筹安排有关帮扶资源，按照“统一识别、突出重点、先难后易”的原则，研究制定对贫困村的结对帮扶方案，落实结对帮扶单位（包括机关、学校、企事业单位等）。第五步，制订计划。在乡镇人民政府指导下，由村委会、驻村工作队和帮扶单位结合贫困村需求和实际，制订帮扶计划。第六步，填写登记表。在县扶贫办指导下，由乡镇人民政府组织村委会、驻村工作队和帮扶单位对已确定的贫困村填写《贫困村登记表》。第七步，数据录入。在县扶贫办指导下，乡镇人民政府组织有关人员将《贫困村登记表》录入全国扶贫信息网络系统，并进行数据审核。第八步，数据更新。贫困村信息要及时更新，并录入全国扶贫信息网络系统，实现贫困村信息动态管理（表8.1）。

表8.1　2014年张北县扶贫开发建档立卡贫困村和贫困人口分配表

乡镇	低保人口	五保人口	扶贫对象	贫困人口	贫困村数	已列入规划的贫困村数	乡镇村数
张北镇	1787	72	1449	3308	7	3	21
油篓沟乡	2599	79	2707	5385	12	2	30
台路沟乡	1555	146	2266	3967	11	3	22
小二台镇	1926	82	2501	4509	8	3	21
郝家营乡	1698	120	2228	4046	8	3	17
白庙滩乡	1658	93	2863	4614	8	2	15
馒头营乡	2017	120	2822	4959	9	4	23
二泉井乡	2580	95	2859	5534	12	4	28
三号乡	1707	76	3736	5319	6	3	10
大囫囵镇	1928	139	3165	5232	11	3	22
战海乡	1142	86	3637	4865	7	3	13
公会镇	2163	114	2337	4614	11	4	20
二台镇	2988	159	1817	5164	9	3	29
两面井乡	2282	127	2863	5272	12	4	23
大西湾乡	1873	134	3276	5283	11	4	18
大河乡	2344	125	3515	5984	11	4	20
海流图乡	2454	121	4012	6587	12	4	20
单晶河乡	1806	147	4005	5958	9	4	14
合计	36507	2035	52058	90600	174	60	366

张北县2014年开展建档立卡工作，当年确定贫困村174个，建档立卡47948户、90570人，形成了精准扶贫工作的基础数据和基础素材。

专栏

贫困人口规模分解参考方法

一、工作原则

为提高贫困户识别的准确度和可操作性，按照“县为单位、规模控制、分级负责、精准识别、动态管理”的原则，结合本地实际情况将贫困人口规模逐级分解。

二、工作主体

贫困人口规模分解主要由各级扶贫部门负责，其中人均纯收入等数据主要来源于统计部门。

三、操作方法

贫困人口规模分解采用自上而下、逐级分解的办法，到市到县的贫困人口规模分解可依据国家统计局调查总队提供的乡村人口数和低收入人口发生率计算形成；到乡到村的贫困人口规模数由于缺少人均纯收入等数据支撑，可依据本地实际抽取易获取的相关贫困影响因子计算本地拟定贫困发生率，结合本地农村居民年末户籍人口数算出。

（一）到市到县的规模分解

第一步，从调查总队收集录入市、县的乡村人口数、低收入人口发生率。

第二步，计算下一级（市、县）的贫困人口规模数。

公式1：下一级规模数＝下一级乡村人口数 × 下一级低收入人口发生率

第三步，结合实际，微调贫困人口规模控制数，原则上要求上一级贫困人口规模总数 = Σ 下一级各样本贫困人口规模控制数。比如，某省下一级各地市贫困人口规模数之和应等于该省的贫困人口规模总数。

（二）到乡到村的规模分解

第一步，收集下一级（乡、村）行政中心到上级地区行政中心距离、乡（村）地势类型、基础设施状况、公共服务水平、农民人均纯收入、上年度贫困发生率和农村居民年末户籍人口数等易获取的指标数据。

第二步，利用加权平均和隶属函数计算各乡、村的拟定贫困发生率 P；各地也可以结合本地实际，自行确定计算乡（村）贫困发生率的方法。

第三步，计算下一级（乡、村）的贫困人口规模数。

公式 2：下一级（乡、村）规模控制数 = 上年年末农村户籍人口数 ×P

第四步，结合实际，微调贫困人口规模控制数，原则上要求上一级贫困人口规模总数 = Σ 下一级各样本贫困人口规模控制数。比如，某县下一级各乡镇贫困人口规模数之和应等于该县的贫困人口规模总数。

（二）第二阶段（2015 年至 2016 年）：基于初次识别基础上的动态调整

2015 年 10 月，河北省扶贫开发领导小组印发《河北省扶贫开发建档立卡“回头看”工作实施方案》，在河北省范围内开展建档立卡“回头看”工作，方案中要求用省分解到县的 2013 年底贫困人口规模减去 2014 年和 2015 年脱贫数，作为"回头看"贫困人口核实的基数。在具体识别上，参照"五看、五不录、六优先"（看住房，看大件，看劳力，看产业，看负担；有机动车的不录，有新建住房的不录，有城镇商品房的不录，有公职人员的不录，有较大实体产业的不录；有重病人的优先，有重度残疾的优先，有在校学生的优先，无壮劳力的优先，住危房的优先，重灾户优先）原则，剔除富裕户，纳入真贫户，标识一般户（表 8.2）。

表 8.2　2015 年张北县完成建档立卡工作任务

序号	重要指标和任务	完成情况
1	年度减贫任务完成情况。2014 年、2015 年度减贫人口要落实到村到户，在建档立卡中作出标识。	2014 年省分配减贫计划数 20056，完成减贫人数 20056，建档立卡系统标识数 20056。 2015 年省分配减贫计划数 17500，完成减贫人数 17500，建档立卡系统标识数 0。
2	扶贫资金使用精准情况。根据年度减贫目标计划情况，安排扶贫项目资金到村到户情况。	2014 年安排扶贫资金 2736 万元，扶持 59 个贫困村、7568 贫困户。 2015 年安排扶贫资金 1480 万元，扶持 45 个贫困村、5456 贫困户。
3	确保扶贫对象建档立卡工作质量。建档立卡贫困村、贫困户识别程序是否规范，数据是否准确。	建档立卡贫困村、贫困户识别程度是否规范（是、否），填写信息系统数据是否准确（是、否）。
4	驻村工作队对建档立卡贫困村全覆盖情况。	全县有建档立卡贫困村 174 个，其中省级驻村工作队 9 个，市级驻村工作队 13 个，县级驻村工作队 130 个。
5	帮扶责任人对建档立卡贫困户全覆盖情况。	全县有建档立卡贫困户 47948 户，省级帮扶责任人有 36 人，帮扶 360 户，市级帮扶责任人 47 人，帮 470 户，县级帮扶责任人 426 人，帮扶 4260 户。

2016 年 2 月，河北省扶贫开发办公室印发《关于开展 2015 年度扶贫对象动态管理和信息采集工作的通知》，要求"回头看"过程中认定为非贫困户的在信息系统中标注为"一般农户"，对新识别的贫困户进行录入，采集 2015 年发生变化的数据，然后在系统中修改成 2015 年的贫困户信息，对贫

困户属性指标选项进行了调整，将“低保户”并入“低保贫困户”,“五保户”改为“五保贫困户”。

2016年10月，河北省扶贫开发办公室印发《关于做好2016年扶贫对象动态调整和建档立卡信息采集录入工作的通知》。通知要求：(1) 入户采集对象包括2015年底未脱贫的贫困户、2014年和2015年两年已标注脱贫户以及2016年新增贫困户，其中农户家庭收入（包括务工收入）计算周期为2015年10月1日至2016年9月30日。(2) 贫困户、脱贫户、返贫户信息采集录入，仅采集和录入发生变化的信息；对新增贫困户则采集录入所有信息。(3) 贫困人口退出，以各市2016年调整后减贫计划为依据，以户为单位，以农户家庭年人均纯收入稳定超过国家扶贫标准且吃穿不愁，义务教育、基本医疗、住房安全有保障为主要衡量标准。(4) 贫困村退出，根据年初提出的贫困村退出计划，以贫困发生率低于2%为主要衡量标准，统筹考虑村内基础设施、基本公共服务、产业发展、集体经济收入等综合因素。

2016年11月，河北省扶贫办提出贫困人口“七个不能退”：一是农户家庭年人均纯收入超过国家扶贫标准，但没有实现吃穿（包括安全饮用水）不愁以及义务教育、基本医疗、住房安全没有保障的贫困户不退出；二是虽然享受了扶持政策，但当年扶贫成效不显著的贫困户不退出；三是建档立卡“回头看”后当年新纳入的贫困户不退出；四是因残致贫无固定收入的不能退；五是家中有大病、重病病人，正在接受治疗的不能退；六是因病因学支出明显大于收入的不能退；七是收入不稳定、超过贫困退出标准的不能退。

2016年12月，河北省扶贫办印发《关于核准贫困人口数据工作的通知》要求：(1) 原规定的“七个不能退出”的人员不退出。(2) 非贫困县贫困人口不能退出（因为2019年刚刚纳入，群众的获得感不强，肃宁、宽城、涉县除外）。(3) 五保贫困户不能退出。(4) 老弱病残等无劳动能力的一类低保对象不能退出。(5) 易地搬迁贫困人口没有取得新房钥匙前，不能退出。

根据这些文件内容，张北县在2015—2016年，重点在原有基础上进行微调，力度不大、效果不明显。2016年底，张北县未脱贫建档立卡的贫困人口为21368户、33372人。其中，贫困村的未脱贫建档立卡贫困人口为7816户、12988人，非贫困村未脱贫建档立卡贫困人口为13552户、20384人。

专栏

2015—2016年动态调整问题

一、共性问题

1. 动态调整不能删除贫困户。

2. 建档立卡信息系统内未脱贫人口退出，按照冀扶〔2016〕20号《河北省贫困退出机制实施细则（试行）》标准程序退出。

3. 身份证和姓名错误的暂时不提供修改。关于重复人员问题，由各县汇总名单，以市为单位汇总报省里备案，由市统一修改。

4. 2016年脱贫户家庭人员出现自然增减，需要先对户家庭人员进行人口自然变更，再进行脱贫退出工作。一人一户贫困户如果死亡，在户家庭人员自然变更中进行修改，不计入脱贫人口。

5. 2014年、2015年已脱贫户家庭人员出现自然增减，也需要填写家庭人员自然变更表，并对系统数据进行更新。

6. 不退出的贫困人口不填写贫困人口退出验收表；不退出的贫困村不填写贫困村退出验收表。

二、低保方面问题

1.2016年贫困线为3026元，低保线两线合一线为2900元，不符合退出条件的不能脱贫。

2. 在乡镇采集低保户家庭时，按实际家庭人数、以户为单位重新进行识别，如果符合贫困户识别要求，就将家庭成员纳入系统，成为贫困户；如果不符合贫困户识别要求，不再纳入家庭成员，此人按照脱贫程序退出。

3. 原系统内已录入的低保、五保户，现由民政部门识别已不再是低保、五保户（也不属于一般贫困户），在系统内标识为"低、五"保户，脱贫后变为"低保五保"不再变动，因为无论是什么属性，都算在已经脱贫人口了。

4. 民政局新识别了一批五保低保，按照贫困人口识别标准和程序进行识别，符合条件的可以纳入系统。

（三）第三阶段（2017年）：重新开展建档立卡工作的精准识别

2017年2月，河北省扶贫办关于对2016年度脱贫人口数据进行再核实再调整的会议要求对住危房户、义务教育阶段辍学的、因病致贫家庭中有患病成员但未参加大病保险的（新农合包含大病保险）、标注脱贫的低保户四类脱贫户进行再次核查，原则是：(1) 核实调整的数据只在系统中变更不到村到户，不与贫困户见面，同时调整完以后不与考核挂钩。(2) 坚持实事求是，要与贫困户的实际情况相符，符合脱贫条件的在系统内修改错误数据，不符合的进行脱贫回退，退回人员在以后年度根据实际情况进行脱贫，回退脱贫人口不少于4335人。

随后，河北省出台《河北省农村贫困人口建档立卡"回头看"工作方案》（冀扶〔2017〕24号），一是要求全面识别。对河北省乡村户籍人口，包括贫困县（市、区）、非贫困县（市、区）、贫困村和非贫困村，逐村逐户开展贫困人口识别认定工作。二是县为主体。县级党委、政府要切实落实主体责任，把“回头看”工作作为一项重要政治任务，一把手负总责，加强统筹协调，提高工作质量。三是实事求是。贫困人口识别不设规模。按照“两不愁三保障”识别标准，符合贫困人口标准的全部纳入，不符合贫困人口标准的全部剔除。四是公开公正。坚持做到政策、标准、程序、结果“四公开”，全程接受群众监督，确保结果公正、群众认可、社会稳定。五是统筹兼顾。贫困人口、低保对象、特困人员、易地扶贫搬迁贫困人口和住危房户同步识别认定、相互有效衔接。精准识别、精准帮扶和精准退出“三位一体”统筹开展、有序进行。

1. 以精准为前提，高标准落实精准识别“回头看”工作

2017年，张北县按照河北省统一部署，对精准识别工作进行严格把控和落实。在识别标准方面：严格按照“两不愁三保障”（不愁吃、不愁穿，义务教育、基本医疗、住房安全有保障）和2016年农民人均纯收入2952元（相当于2010年2300元不变价）的国家现行农村扶贫标准认定。

在识别政策方面，确定识别界限。坚持“六不评”，有以下情形之一的，一般不纳入建档立卡贫困户：家庭成员中有在国家机关或企事业单位工作且有稳定工资收入的；家庭成员中有任村支部书记或村委会主任的；家庭有在城镇购买商品房、门市房等的（不含因灾重建、易地扶贫搬迁和拆迁建房）；家庭成员中拥有小轿车（含面包车）、工程机械、大型农机具的；家庭成员中有作为企业法人或股东在工商部门注册有企业且有年审记录的，或长期雇用他人从事生产经营活动的；举家长年在外（1年以上）并且失联的。

在分户老人认定方面，原则上老人和子女均符合贫困识别标准的，老人可以认定为贫困户；老人符合贫困识别标准，子女属于“六不评”中前五项情况的，一般不予认定为贫困户。老人患大病或法定赡养人有特殊困难的，可根据实际情况进行评议，符合标准的可纳入识别对象。集中供养的特困人员不纳入建档立卡范围。

在养老金核算方面，按照国办发〔2016〕70号文件规定，“十三五”期间，在农村低保和扶贫对象认定时，中央确定的农村居民基本养老保险基础养老金暂不计入家庭收入。

在有效衔接方面，按照国办发〔2016〕70号文件要求，将符合贫困条件的农村低保对象全部纳入建档立卡范围，给予政策扶持，帮助其脱贫增收；将符合低保条件的建档立卡贫困户全部纳入农村低保范围，保障其基本生活。

在吸取2014年建档立卡工作经验教训基础上，张北县按照“回头看”工作方案，对精准识别工作进行细化部署和落实，为实现贫困户、贫困村精准识别奠定了良好基础。

第一，组建工作队。县扶贫开发领导小组统一组织，抽调县乡干部、村第一书记、驻村工作队员、村党支部书记、村委会主任等组成工作队。贫困村每村安排一个工作队，非贫困村视任务大小2个或多个村安排一个工作队。

第二，搞好动员培训。县扶贫开发领导小组召开张北县“回头看”工作动员会议，统一动员、统一部署、统一培训。在此基础上，各乡镇及行政村要广泛宣传发动，做到家喻户晓、人人皆知。

第三，确定识别对象。在广泛宣传政策基础上，农户（含建档立卡信息系统内的贫困户和脱贫户）认为符合贫困户条件的，自愿向村委会提交《贫困户申请书》；农户自己申请有困难或未提出申请的，村民小组认为其符合贫困户条件的，可代为申请。

第四，村级评议公示。对提交申请的农户，工作队进行入户调查，填写《家庭情况调查表》，按照“六不评”标准，将不符合条件的予以剔除，符合条件的填写《精准识别入户评估表》，列为评议对象。行政村召开村民代表会议，按照“五必看”（一看房、二看粮、三看劳动力强不强、四看有没有读书郎、五看有无病人躺在床）和“六优先”（有重病病人的、有重度残疾的、有因贫辍学的、无劳动能力的、无赡养［抚养］义务人的、无安全住房的优先）原则，逐户进行民主评议，形成贫困户初选名单，村委会公示（时间5天）无异议后，由村支部、村委会报乡（镇）党委、政府审核。

第五，乡镇审核公示。乡（镇）党委、政府对初选名单进行审核，由乡（镇）政府在各行政村公示（时间5天）无异议后，将拟定贫困户名单报县扶贫开发领导小组复审。

第六，县级比对公告。县级扶贫开发领导小组组织财政、公安、民政、住建、国土、工商、残联、银行等进行数据比对，对不符合条件的反馈乡村和农户，核实后删除；对拟定的贫困户和其他农户抽取一定比例进行核查，确保不漏评、不错评；核查结束后，将确定的贫困户名单在各行政村公告。

第七，录入信息系统。县级扶贫开发领导小组统一组织，采集贫困户信息，逐户填写《贫困户登记表》，并拍照存档，录入建档立卡信息系统。

第八，落实精准帮扶。对贫困户落实帮扶责任人，建立结对帮扶机制。由村委会和工作队（帮扶责任人）根据致贫原因和脱贫需求，制订脱贫计划，填写《扶贫手册》，落实帮扶措施。

2. 以严格为标准，率先开展精准识别“回头看”工作

张北县从2017年5月就开始着手推进精准识别“回头看”工作。结合省“回头看”试点方案，同步启动贫困人口精准识别“回头看”工作。一是定标准、定程序，出方案。结合贫困人口精准识别中的问题，规定了贫困户认定“七项标准”和“两公告、两公示、一核查、一评议、两审核”八个精准识别程序，制定出台了《张北县贫困人口精准识别“回头看”实施方案》。二是组织力量，摸底核查。2017年5月23日召开张北县“回头看”部署大会，动员乡村两级干部、驻村工作队、帮扶部门等积极开展自查自纠。结合系统核查和审计出的数据，对张北县所有农业人口进行重新入户核查精准识别，彻底清除不符合条件的对象，确保应纳尽纳，应退尽退。三是利用现代手段，横向比对。聘请网络公司建立了张北县精准扶贫大数据平台，利用大数据系统，与社保、房产、车管、工商等部门协调．调取信息数据，进行核查比对，从原建档立卡 45837 户、91170 人中核查出五类问题人员共计 8053 人次：其中个体经营情况 776 人，有商品房 2208 人，有机动车的 4767 人，财政供养 61 人，注册公司 241 人。四是严格步骤，限时推进。严格按照八个步骤，深入开展精准识别。完成了标准公告、入户核查、民主评议、乡镇审核、二轮公示等六个步骤，从原建档立卡贫困户中识别出不符合贫困条件的“五不录”人员 7574 户、21687 人，全部进行剔除。回退返贫人员 639 户、1123 人，新纳入 2132 户、4766 人。其中，从 2016 年底张北县 21368 户、33372 人中剔除 1526 户、3269 人。

3. 以成效为目标，扎实推进精准识别“回头看”

2017 年，张北县彻底摆脱以往的建档立卡工作思路，将精准、严格的工作思路贯彻在整个精准识别“回头看”工作过程中，以取得最终成效为责任目标，全面扎实推进精准识别的新工作。

一是全面贯彻落实省市会议精神。2017 年 8 月 17 日，河北省农村贫困人口建档立卡“回头看”工作电视电话会议的召开，标志着河北省农村贫困人口建档立卡“回头看”工作已全面启动。张北县按照省市会议精神、《河北省农村贫困人口建档立卡“回头看”工作方案》（冀扶〔2017〕24 号）要求，在 2017 年 8 月 23 日召开了张北县建档立卡贫困户“回头看”推进暨政策培训会，制定出台了《张北县贫困人口精准识别“回头看”政策汇编》，并将省市会议精神印制成培训光盘进行了下发。在会上，县委书记对“回头看”工作做了安排部署，扶农办、民政局、教育局、攻坚办等部门在会上进行了政策解读和业务培训。本次会议采用视频传输的方式，在县里设主会场，在 18 个乡镇设分会场，范围扩大到了张北县 18 个乡镇、366 个行政村，此次会议总参加人数达到了 1046 人。

二是宣传发动贯穿始终。为了让“回头看”政策宣讲到位，县电视台利用流动字幕、滚屏播放等形式，宣传“回头看”工作。张北县统一印制了“回头看”政策明白卡6万份，由工作队统一到户宣传并留存，并通过户外广播进行循环播放，让老百姓明白政策。同时，利用“微观张北”微信平台，移动、联通、电信三大运营商统一推送“回头看”时间节点、八个步骤等内容。乡镇统一印制了“回头看”公告，在1145个自然村进行了张贴。

三是压实县、乡主体责任。县扶贫开发领导小组明确要求张北县包联乡镇的县处级领导干部深入到各乡镇指导乡镇召开贫困人口建档立卡“回头看”工作会议，确保各乡镇做到组织部署到位、动员培训到位、宣传发动到位，张北县18个乡镇现已全部完成“回头看”工作动员部署。

四是强力组织推动。县委书记、县长亲自挂帅担任“回头看”领导小组组长。并成立了由县领导任组长，发改局、扶农办、民政局、教育局、住建局等单位一把手任副组长，16个相关部门副职任成员的政策专班，负责张北县贫困人口建档立卡“回头看”的综合协调、政策解答等工作。同时，张北县抽调18名业务骨干，组成了6个指导督导组，深入各乡镇、各行政村开展督导工作，确保张北县“回头看”工作取得实效。张北县18个乡镇建立了相应的组织机构，366个行政村统一成立了“回头看”工作队，形成了一个领导体系、一套工作班子、一起部署、一起推进、一抓到底的工作机制。

4. 以“回头看”为基础，准确识别贫困人口

2017年“回头看”后，张北县确定建档立卡人口为38113户、70397人，这成为张北县精准扶贫以来对贫困群体掌握的最准确最清楚的家底。这次数据一直沿用至今，在张北县脱贫攻坚历史上具有重要价值。2017年贫困退出及动态调整工作后，张北县确定建档立卡贫困人口37801户、69413人，张北县脱贫5554户、9028人，退出贫困村30个，未脱贫人口为15830户、25420人。动态调整工作中，经过再次入户调查，张北县新识别纳入407户、748人，返贫420户、789人，家庭人员自然增加43人、自然减少1071人。数据清洗系统内清退及标注不享受政策的704人。

贫困人口识别情况。一是新进入贫困人口，2017 年，“回头看”共新进入 5541 人，其中新识别纳入贫困人数 1653 户、3134 人；2016 年底贫困户家庭成员补录 1017 人；2014 年、2015 年脱贫人口中需要返贫 394 户、837 人；2016 年脱贫不实需要回退 312 户、553 人。二是拟脱贫人口情况，2017 年底拟脱贫人口总数 19866 人，占贫人口总数的 57%。三是需清退人员情况，共 22151 人，其中系统中贫困人口清退 4161 人（受益 2577 人、未受益 1584 人）；系统中脱贫人口中需清退人员 17990 人（受益 9292 人、未受益 8698 人）。

贫困人口中低保人员情况。一是张北县低保情况，“回头看”前享受低保政策的有 31367 户、38474 人，保障率为 12.9%；“回头看”后享受低保政策的有 27211 户、36302 人，保障率 12.3%，保障人数同比户数减少 4156 户，人数减少 2172 人。二是建档立卡贫困人口中低保人员情况，“回头看”前建档立卡贫困人口中享受低保政策的有 29286 人，占建档立卡贫困人口总数（33372 人）的 87.76%；“回头看”后，建档立卡贫困人口中享受低保政策的有 25501 人，占建档立卡贫困人口总数（34750 人）的 73%。

特困人员情况。“回头看”前，张北县有特困人员 1610 人。2016 年底剩余贫困人口特困人员 1190 人，在贫困人口中占 3.57%；“回头看”后，贫困人口特困人员 1105 人，在贫困人口中占 3.2%，同比减少 85 人。

易地扶贫搬迁建档立卡贫困人口情况。2016 年底剩余贫困人口中易地搬迁 2151 户、4317 人，占贫困人口 12.9%；“回头看”后贫困人口中易地扶贫搬迁 1370 户、2597 人，占贫困人口 7.5%，同比减少 781 户、1720 人。

贫困人口住危房情况。2016 年底剩余贫困人口中住危房 2599 户、4381 人，住危房户在贫困人口总人数中占比 13%；“回头看”后贫困人口中住危房 1688 户、2700 人，住危房户在贫困人口总人数中占比 7.8%；同比减少 911 户、1681 人。

专栏

张北县精准识别“回头看”后的贫困规模分析

1. 贫困人口分析

结构分析：一是从分布区域来看。张北县2017年底剩余未脱贫人口25420人，其中，贫困村9853人，占38.8%；非贫困村15567人，占61.2%。非贫困村人口占比大，是张北县脱贫攻坚的重点。二是从年龄结构来看。张北县贫困人口平均年龄66岁，16岁以下743人，占2.92%；16—30岁1013人，占3.99%；30—40岁489人，占1.92%；40—50岁1723人，占6.78%；50—60岁3051人，占12%；60岁以上18401人，占72.39%。老龄化严重，对户承担产业项目难度较大。三是从健康状况来看。长期慢性病11437人，占45.0%；大病1406人，占5.53%；残疾3561人，占14.0%。需要在扶贫工作中加大基本医疗保障力、减轻贫困人口就医负担，切实解决因病致贫、因病返贫的问题。四是从劳动能力状况来看。普通劳动力5725人，占22.5%；技能劳动力28人，占0.1%；丧失劳动力1649人，占6.5%；无劳动力18018人，占70.9%。这类人是脱贫攻坚的难点，很难通过自己的努力脱贫，这些贫困人口脱贫后返贫的风险高，只能通过保障性措施脱贫。五是从文化程度状况来看。大部分贫困人口文化程度较低，其中文盲半文盲5050人，占20.8%；小学15450人，占63.5%；初中3384人，占13.9%。这些人适应和发展市场经济能力弱，需要因人制宜开展培训和发展产业。

全家无劳动能力底数分析：2017年动态调整后张北县剩余贫

困户整户无劳动能力11579户、16004人，占62.96%；其中单人单户无劳动能力7291户、7291人，占整户无劳动能力的45.56%，占剩余未脱贫户的28.68%；家庭成员2口人及2口以上无劳动能力4288户、8713人，占整户无劳动能力的54.44%，占剩余未脱贫户的34.28%。

收入测算分析：2016年贫困人口人均纯收入3306.2元，脱贫人口人均纯收入5725.7元，2017年贫困人口人均纯收入3249.8元，脱贫人口人均纯收入5721.9元，贫困人口人均纯收入同比增长–1.7%，脱贫人口人均纯收入同比增长–0.07%。2018—2020年贫困人口人均纯收入计划按9%幅度增长，即2018年人均纯收入3542元，2019年3861元，2020年4208元。

贫困户数据分析：一是主要致贫原因。因病致贫8646户，占54.6%；因残致贫2490户，占15.7%；缺劳动力2790户，占17.6%；因学致贫61户，占0.4%；因灾致贫207户，占1.3%；缺土地28户，占0.2%；缺技术致贫483户，占3.1%；因缺资金致贫946户，占6.0%；因交通条件落后致贫14户，占0.1%；因自身发展动力不足致贫125户，占0.8%；其他类型40户，占0.2%。二是产业就业覆盖情况分析。2017年以来，种植业类扶贫产业项目共带动贫困户8834户、15901人，覆盖101个贫困村；养殖类扶贫产业项目带动贫困户4547户、8184人，覆盖57个贫困村；光伏产业带动贫困户22186户、36586人，覆盖174个贫困村。经过2017年贫困退出及动态调整后，张北县剩余贫困户15830户、25420人，2017年脱贫5554户、9028人。2017年底剩余15830户贫困人口将通过光伏、马铃薯种植、甜菜种植、生态扶贫、旅游扶贫等产业进行全覆盖。

2. 贫困发生率及空心化率分析

贫困发生率分析：一是贫困村的贫困发生率。张北县有建档立卡贫困村174个，其中30%以上的村1个，占0.57%；20%—30%的村是5个，占2.87%；15%—20%的村是8个，占4.60%；10%—15%的村是40个，占22.99%；2%—10%的村是81个，占46.55%；2%以下的村是39个，占22.41%。贫困发生率在10%以上的贫困村有54个，占贫困村总数的31.03%，占张北县366个行政村的14.75%。二是深度贫困村贫困发生率。张北县有深度贫困村12个，其中30%以上的村1个，占8.33%；15%—20%的村是1个，占8.33%；10%—15%的村是6个，占50%；2%—10%的村是4个，占33.33%。深度贫困村中贫困发生率在10%以上的村有8个，占深度贫困村总数的66.67%。三是非贫困村贫困发生率。张北县有非贫困村192个，其中20%以上的村1个，占0.52%；15%—20%的村26个，占13.54%；10%—15%的村69个，占35.94%；2%—10%的村84个，占43.75%；2%以下的村12个，占6.25%。非贫困村中贫困发生率在10%以上的村有96个，占非贫困村总数的50%，占张北县366个行政村的26.23%。

空心化率分析：一是贫困村空心化率。174个贫困村中，空心村（常年外出人口占户籍总人口50%以上）159个，占91.4%，占张北县366个行政村的43.44%。二是非贫困村空心化率。192个非贫困村中，空心村（常年外出人口占户籍总人口50%以上）163个，占84.9%，占张北县366个行政村的44.54%。

5. 精准识别“回头看”成效

2017年的“回头看”工作，张北县将贫困人口、低保对象、特困人员、易地扶贫搬迁贫困户和住危房户“五位一体”同步识别认定、相互有效衔接，取得了初步成果。

建档立卡人员更加精准。通过“回头看”工作，将符合贫困人口标准的全部纳入，不符合贫困人口标准、不应再享受扶贫政策的全部剔除，对以前识别不精准的进行整改，做到了更加精准。“回头看”后张北县新识别纳入贫困人口数1653户、3134人，2016年底贫困户家庭成员补录1017人，2014年、2015年脱贫人口中需要返贫394户、837人，2016年脱贫不实、需要回退312户、553人，脱贫户家庭成员补录690人；需清退8722户、22151人（从原系统贫困人口中需清退4161人，从原系统脱贫人口中需清退人员17990人）。2016年底建档立卡总人口45834户、91446人（注：两次统计口径不一致，45837户、91170人是2016年底系统中建档立卡总人数，45834户、91446人是分年度累加脱贫数统计出的数据），“回头看”后38765户、74136人。通过进退增减，建档立卡总人口共减少了14472户、17034人，减少18.7%；未脱贫人口2016年底21365户、33370人，“回头看”后21340户、34750人。通过进退增减，户数减少25户，人数增加1380人，人数增加了4.1%。

群众更加满意。动态调整精准识别中坚持不放过一个漏评、错评、漏退、错退人员。县核查组人员核查了90个行政村，走访新识别、回退、返贫、剔除户共计900多户，受访群众满意。张北县将精准识别、精准帮扶、精准退出“三位一体”统筹开展，有序进行，确保贫困群众稳定脱贫。

专栏

张北县再次识别贫困户的几个问题

1. 为什么要再次识别贫困户？

这次“回头看”目的是认真落实精准扶贫、精准脱贫基本方略，进一步夯实脱贫攻坚工作基础，提高扶贫工作成效，按照贫困户识别的标准和程序，把贫困户纳进来，把非贫困户剔除出去，为完成精准扶贫任务打好基础。决不能把“回头看”作为减少贫困人口的机会，决不能严进宽出、只出不进。按照省领导指示，这次识别一定要搞彻底、搞精准，今后几年将不再进行这样大规模的精准识别工作，张北县要抓住此次“回头看”机会，切实做到精准识别，为张北县脱贫攻坚打下坚实的基础。

2. 本次识别为什么不识别贫困县、贫困村？

2014 年国务院扶贫办《扶贫开发建档立卡工作方案》中规定，国家已确定贫困县和连片特困地区，不再进行识别。2014 年建档立卡识别出来的 7366 个贫困村已得到国务院扶贫办确认，按照国家要求，贫困村只出不进，因此不再重新识别贫困县和贫困村。

3. 本次识别范围和对象都有哪些？

对河北省乡村户籍人口，包括贫困县(市、区)、非贫困县(市、区)、贫困村和非贫困村，逐村逐户开展贫困人口、低保对象、特困人员识别、易地扶贫搬迁贫困人口和住危房户认定工作。

4. 如何理解整户识别？

贫困户的识别要以户为单位进行整户识别，原则上按照户口簿登记人员为准，入赘或嫁出子女以常住地为准，大专及以上在校生因上学户口迁出的、共同生活的无户籍人口、应征入伍的义务兵与其家庭成员合并识别。

5. 如何对原建档立卡系统脱贫户进行认定？

（1）原脱贫户经此次识别符合贫困条件的，通过脱贫回退或返贫操作，纳为2016年底的贫困人口。

（2）原脱贫户经此次识别不符合贫困条件的，但符合当年识别标准，属于正常脱贫的，仍继续留在系统作为脱贫人口。

（3）原脱贫户经此次识别不符合贫困条件的，也不符合当年识别标准，属于清退对象。其中，受过扶贫政策扶持的，在系统中进行单独标注，以后不再享受扶贫政策；未受过扶贫政策扶持的，统一清退。

6. 如何对原建档立卡系统贫困户进行认定？

（1）原贫困户经此次识别符合贫困条件的，继续留在系统作为2016年底的贫困人口。

（2）原贫困户经此次识别不符合贫困条件的，但符合当年识别标准，现在达到脱贫条件的，根据其实际脱贫年度标注为脱贫人口。

（3）原贫困户经此次识别不符合贫困条件的，也不符合当年识别标准，属于清退对象。其中，受过扶贫政策扶持的，在系统中进行单独标注，以后不再享受扶贫政策；未受过扶贫政策扶持的，统一清退。

（四）第四阶段（2018年至2019年）：基于精准识别的动态调整与防贫返贫管理

张北县在2017年对贫困户进行精准识别“回头看”基础上，真正掌握区域贫困实际情况，为之后的精准施策、动态调整和贫困治理提供了最准确的数据，真正实现了治理贫困有依据、动态调整有根据、防止返贫有数据。

1. 2018年，建档立卡动态管理服务

2018年，河北省在2017年精准识别贫困人口的基础上，为进一步夯实脱贫攻坚工作基础，提高扶贫工作成效，保证帮扶工作落实到位，相继出台《河北省贫困人口建档立卡和动态管理服务办法（试行）》和《动态管理服务工作实施办法》。张北县立足实际，研究制定了《张北县动态管理服务工作实施方案》，对建档立卡动态调整工作主要从以下几个方面进行。

在任务目标方面，通过逐村逐户走访，逐月登记贫困户收入和“三保障”落实情况，摸清贫困底数；建立健全扶贫脱贫台账，逐户分析脱贫需求，制订年度帮扶和脱贫计划，逐项抓好落实；构建信息化平台和网络体系，建立完善贫困人口电子档案，实行信息化管理，确保真扶贫、扶真贫、真脱贫。

在工作对象方面，对所有建档立卡贫困户（不含脱贫户），建立动态管理服务机制。

在工作内容方面，一是进行走访服务。每月月底前入户走访干部对贫困户开展入户调查服务，重点做好政策宣传、摸清底数、了解需求、帮扶服务等工作。二是开展收入登记。走访干部在入户过程中，要认真了解贫困户生产生活情况，同群众一起，算清收入账、摸清“三保障”，逐户填写《贫困户月收入登记表》。由户主、驻村工作队或乡镇包村干部、村两委干部签字确认。三是制订帮扶脱贫计划。每年1月底前，走访干部根据贫困户实际困难和脱贫需求，逐户填写《贫困户帮扶脱贫情况表》。围绕产业、就业、饮水、教育、医疗、住房等方面，制订帮扶计划，细化帮扶措施，明确脱贫目标。县乡村各级干部与驻村工作队协同配合，认真落实帮扶计划，每季度末填写帮扶计划实施情况及帮扶成效。四是建立扶贫脱贫台账。

每年年底汇总《贫困户月收入登记表》，以村为单位建立贫困户花名册，省市县乡村逐级建立贫困户统计表，准确掌握贫困户脱贫进展情况。村级贫困户花名册和统计表等纸质台账，由村两委负责保存，主要内容应与收入登记表、扶贫手册等保持一致。省市县乡要对统计表进行分析，指导推动脱贫攻坚工作落实。五是完善贫困户电子档案。充分利用河北省扶贫开发信息平台，逐户录入《贫困户月收入登记表》和《贫困户帮扶脱贫情况表》。《贫困户月收入登记表》每月采集录入一次，《贫困户帮扶脱贫情况表》年初填写、每季度更新。

在时间步骤方面：

一是动员培训。按照张北县动员会安排部署，各乡镇在本乡镇开动员部署会，同时做好相关前期准备工作，印制好表格、宣传资料，开展入户宣传发动工作。

二是入户走访，登记收入。入户走访干部对贫困户开展入户调查服务，在入户过程中逐户填写《贫困户月收入登记表》，本次走访入户要将1—3月的报表补充填报完毕，以后每月月底前走访干部通过入户了解，同贫困户一起算清收入账，并填写收入登记表。

三是制订帮扶脱贫计划。走访干部根据贫困户实际情况逐户制订2018年度帮扶计划和实施情况及帮扶成效，同时填写《贫困户帮扶脱贫情况表》。各村全部完成帮扶计划的制订和计划实施情况，填写完成《贫困户帮扶脱贫情况表》的1、2、3项全部内容和4、5两项的第一季度计划实施情况和帮扶成效，并报乡镇审核，以后每季度末填写该户帮扶计划实施情况及帮扶成效。

四是电子档案录入。乡镇根据入户填写的《贫困户收入登记表》和《贫困户帮扶脱贫情况表》逐户录入河北省扶贫开发信息平台，以后每月月底采集并录入完成贫困户月收入登记情况，每季度填写并录入完成贫困户帮扶脱贫情况。

五是建立扶贫脱贫台账。每年年底，乡村两级要对《贫困户月收入登记表》进行汇总，以村为单位建立贫困户花名册，乡村逐级建立贫困户统计表，准确掌握贫困户脱贫进展情况。村级贫困户花名册和统计表等纸质台账，由村两委负责保存，主要内容应与收入登记表、扶贫手册等保持一致。

六是完善档案。各乡镇要建立好扶贫脱贫台账，收入登记表一式两份，由户主、驻村工作队或乡镇包村干部、村两委干部签字确认，一份由贫困户保存，一份由村两委负责，与其他村级保留的“一户一档”扶贫档案统一归档保存。同时，要将《贫困户扶贫脱贫情况表》填写完整，一并放入村级保留的“一户一档”扶贫档案中。每年年底汇总《贫困户月收入登记表》，以村为单位建立贫困户花名册，省市县乡村逐级建立贫困户统计表，准确掌握贫困户脱贫进展情况。村级贫困户花名册和统计表等纸质台账，由村两委负责保存，主要内容应与收入登记表、扶贫手册等保持一致。

2018 年动态调整后确定建档立卡人口为 37053 户、66619 人，脱贫 11526 户、17529 人，未脱贫人口为 4500 户、8114 人。动态调整工作中新识别 854 户、1699 人，补录 127 人，返贫 25 户、46 人，回退 105 户、225 人，自然减少 2764 人，标注不享受政策 744 户、2427 人，删除重复人口 4 户、7 人。

2. 2019 年，扶贫对象动态管理与返贫监测

根据《国务院扶贫办关于做好 2019 年度扶贫对象动态管理工作的通知》（国开办发〔2019〕14 号）要求，河北省全面部署、统筹安排，扎实开展了 2019 年底扶贫对象动态管理工作，有效夯实了脱贫攻坚基础，提高了防贫工作水平。河北省扶贫开发和脱贫工作领导小组办公室印发《2019 年度扶贫对象动态管理工作方案》，结合河北省实际明确了工作内容、进度安排、具体要求，确保 2019 年度扶贫对象动态管理工作扎实开展。河北省 2019 年动态管理工作坚持省负总责、市县抓落实的工作机制，由各级扶贫部门牵头组织，广泛动员各级帮扶责任人、驻村工作队约 10 万人参与动态管理工作，有效促进了建档立卡数据核实核准工作。

2019年，张北县根据国家、省、市精准扶贫、精准退出的政策要求，严格标准程序，在张北县范围内全面深入开展贫困人口动态调整工作，为确保脱贫人口高质量脱贫，实现应纳尽纳、应保尽保，绝不出现错退、漏评情况，结合《河北省贫困人口建档立卡和动态管理服务办法（试行）》指导意见及动态调整工作对张北县所有农村人口进行摸底排查，做到全覆盖、无死角，将符合贫困条件的农户全部纳入建档立卡、将不符合脱贫条件的全部返贫。

（1）在扶贫对象动态管理方面

关于整户识别。贫困人口以户为单位整户识别，贫困户家庭成员原则上以公安部门户籍管理信息为准，对“户在人不在”“人在户不在”的情况，按照居住在同一住宅内，常住或者与户主共同生活的成员为准，并对几类人群进行明确和细化。

家庭成员的概念：指长期共同居住在同一住宅内半年以上，与户主共享开支或收入的成员。属于建档立卡贫困家庭成员的主要包括由本家庭供养的在外学生、搭伴生活的老人、未分家农村外出从业人员、在同一户籍内轮流居住的老人等。不属于建档立卡贫困家庭的成员的主要包括不再供养的在外学生、已分家子女或有独立户籍的兄弟姐妹及其子女、出嫁人员、挂靠人员或寄宿者、帮工等。

“户在人不在”指户籍在建档立卡贫困户内，但实际没有共同生活，也不共享收支。主要有以下情形：对于贫困户家庭内已出嫁人员，如果其在嫁入地生活，应将该成员从原建档立卡贫困户家庭内自然减少；如果仍与其娘家父母共同生活，则继续保留；对于户内已成家外出务工子女与父母户籍和建档立卡均在一起的，共同核算收入和开支；对于孙辈户籍挂靠在老人名下，只要是父母健在且不属于贫困户的，应在建档立卡系统内自然减少；若有特殊情况，父母虽健在，但不具备抚养能力的，实际祖辈与孙辈共同生活的，应在建档立卡系统内继续保留，不在建档立卡信息系统内的应补录；对于夫妻双方已经离异，但户籍未迁出，实际不共同生活的，应在建档立卡信息系统内自然减少；对于收监入狱的，应在建档立卡系统内自然减少；对于举家常年在外 1 年以上且失联的，应在系统内动态减少；建档立卡贫困户当中，户主为农业户口，家庭部分成员是非农业户口，且非农业户籍人口未享受城镇相关政策的，可予以保留。

“人在户不在”指实际共同生活的家庭成员户籍未在户内的情况，原则上按照共同生活的要求，人在户不在的应纳入系统。主要有以下情形：对于建档立卡贫困户内嫁入的媳妇，如果在嫁入地户内共同生活，应从建档立卡系统内自然增加。如果仍与娘家父母共同生活，则可以不纳入；对于户内有搭伙过日子的情况，持续在一起生活半年以上、且相对稳定的，应在建档立卡系统内自然增加；对于收养的孩子，且共同生活的，应在建档立卡系统内自然增加；对于建档立卡家庭供养的在外读书学生，无论户籍是否在、是否非农业户口，应在建档立卡信息系统内进行补录。

关于自然变更与补录。贫困人口自然增加主要有新生儿、嫁入、户籍迁入、刑满释放、收养和失联人口回归。贫困人口自然减少主要有死亡、婚出、出国定居、判刑收监、户籍迁出、农转非、失联和分散供养五保户转集中供养。贫困人口补录要与贫困人口自然增加区分开来，补录是指应整户识别，但实际未整户识别，遗漏部分家庭成员需要及时在建档立卡信息系统内补录。

（2）在脱贫监测户与边缘户精准监测方面

合理确定规模。按照省扶贫开发和脱贫工作领导小组《2019 年度扶贫对象动态管理工作方案》要求，“两类户”的规模控制在 2013 年建档立卡总规模的 10%—20%。但在具体操作过程中要坚持实事求是、客观公正的原则，可以低于 10%，也可以高于 20%，严格按照标准，做到应纳尽纳。

明确识别标准。脱贫监测户指建档立卡系统内的历年脱贫户（不含历年脱贫不享受政策户以及2019年脱贫户）中，收入低于5000元且高于监测识别当年脱贫标准，因大病、因残、因学、因灾、因产业失败、因失业、因突发事件或其他原因造成返贫风险的。边缘户指建档立卡系统外的农户（含历年清退户）中，收入低于5000元且高于监测识别当年脱贫标准，因大病、因残、因学、因灾、因产业失败、因失业、因突发事件或其他原因造成致贫风险的，重点关注非建档立卡低保户、重病户、重残户。凡符合返贫和新识别条件的，应及时在建档立卡系统内操作返贫和新识别为贫困户。对于收入较低但不符合贫困户识别标准的非贫困户，要视情况通过民主评议确定。

规范相关程序。本次识别坚持村两委会、驻村工作队研究，提出名单，县乡综合平衡，内部掌握。农户和脱贫享受政策户不申请，结果暂不公示。对于列入"两类户"的人员，逐一研究分析并制定防贫措施。在享受防贫政策之前，要按照"两公示一公告"等相关程序公开实施，接受群众监督。

统筹有效衔接。与2019年度扶贫对象动态管理工作有效衔接，将入户摸排发现的符合条件的脱贫户标注为脱贫监测户；与之前开展的边缘户识别、防贫工作有效衔接，统筹整合为一项工作，确保工作具有延续性、规范性。

建档立卡贫困人口动态调整情况：截至2019年11月，张北县共新识别贫困人口106户、226人，其中因病识别104户、221人，占97.79%；因学识别1户、3人，占1.33%；因缺劳力识别1户、2人，占0.88%。通过摸底排查和民主评议，将因突发大病、病情反复、遭受大灾、无稳定收入来源等脱贫质量不高的贫困户进行返贫，共返贫6户、10人。2019年张北县建档立卡贫困户截至11月自然减少人口为1918人，截至11月自然增加126人。国家扶贫开发系统开放后统一进行操作处理。

边缘户及脱贫监测户摸底工作：2019年国家、省、市上级部门对贫困监测户有了新定义，县级领导部门积极安排部署，要求乡镇重新摸底核查严格按照边缘户、脱贫监测户“人均纯收入低于5000元且有返贫风险的建档立卡户、人均纯收入低于5000元且有致贫风险的非建档立卡户”的识别标准进行分类整理并建立台账。

脱贫人口“回头看”工作：2019年8月中旬，河北省安排部署了脱贫人口“回头看”工作，国家系统新增脱贫人口帮扶措施信息采集功能模块，结合张北县开发的大数据管理平台系统历年帮扶措施采集功能，对历年脱贫户进行全覆盖的入户核查并建立问题台账，在国家系统开放功能后对需修改帮扶措施的脱贫户进行修改更正。

2019年动态调整后，确定建档立卡人口为36406户、64872人，脱贫3552户、6270人，未脱贫人口为937户、1750人，变化情况包含新识别112户、242人，自然增加167人，不享受政策及其他情况回退5户、12人，自然减少2110人，标注不享受政策21户、58人。2019年分户增加110户，合户减少46户，自然减少包含整户减少的807户。

（五）第五阶段（2020年以来）：决胜脱贫攻坚和全面小康下的全面精准

2020年是决战脱贫攻坚和决胜全面小康的最后一年，河北省和张北县全面聚焦年度脱贫任务，彻底摸清制约贫困人口脱贫的因素，深入分析贫困群众致贫原因，坚持因户因人施策，逐户逐人建立台账、制订帮扶计划，落实完成时限、责任人等，实行销号管理，实现高质量脱贫。

张北县以“两不愁三保障”和收入标准为依据，逐户逐人全面摸排，着力查找制约贫困群众脱贫的突出问题，切实提高脱贫工作针对性。

一看吃穿是否有保障。为确保贫困人口2020年6月底收入全部达标，组织驻村工作队和村两委干部结合月收入登记，对未脱贫人口收入情况进行提前测算。收入测算分三个部分：一是从2019年10月1日以后已取得收入。

二是计划通过帮扶措施获得的收入。收入测算要做到掌握实情，应算尽算。要科学研判三项收入能否达到4000元，如果不能，还需要采取什么措施。乡村干部和驻村工作队还需按月统计收入情况，每月更新相关台账，持续监测收入情况，及时调整补充帮扶措施。

二看教育是否有保障。对户内16岁以下适龄儿童，重点排查义务教育保障情况，是否存在失学辍学情况，“七长”控辍保学责任制、控辍保学动态监测机制落实是否到位。重点关注在外上学贫困家庭子女就学情况，以及适龄残疾儿童、厌学辍学学生，是否采取随班就读、特殊教育、送教上门、“一对一”学习帮扶等方式，逐人建立台账，实现保障全覆盖。

三看医疗是否有保障。对患大病、慢病未脱贫贫困人口，重点排查医疗保障情况，是否及时准确纳入基本医疗保险、大病保险、医疗救助保障范围，是否对大病、重病患者落实大病医疗保障制度，慢性病签约服务是否全覆盖，并经常性服务，门诊特殊病患者是否及时办理门诊特殊病就医证。要特别关注“三重保障”支付后，自付费用仍有困难贫困患者，医疗救助和其他保障政策帮扶情况。

四看住房是否有保障。重点关注因年久失修、自然灾害等造成的危房、疑似危房，是否及时鉴定、是否及时改造；危房改造户重点排查危房改造不彻底、危改仍危、改造后仍住原危房等问题，能否确保2020年6月底前不住危房。

五看饮水是否有保障。围绕水量、水质、用水方便程度和供水保证率4项指标排查是否保障到位。重点关注特殊群体取水情况，是否存在季节性缺水等问题，有无制定相应解决机制。

经过2020年全面梳理和摸排，截至2020年10月底，张北县剩余的910户、1682人全部实现高质量脱贫。至此，张北县建档立卡工作取得了圆满成功。

专栏

建档立卡工作的精准退出

张北县在建档立卡工作和精准扶贫工作过程中，把精准退出作为检验建档立卡工作成效的抓手，把国家、省精准扶贫、精准脱贫的重大决策贯彻落实到此次贫困退出工作的全过程，坚持工作务实，过程扎实，结果真实，做到“真脱贫、脱真贫”。组成专责部门，出台政策，确保建档立卡工作的完美结束。

一、成立脱贫验收工作组。工作人员从相关县直单位中抽调，负责张北县退出人口和退出贫困村的审核审定工作。各乡镇落实主体责任，成立由乡（镇）党委书记任组长，乡（镇）长任副组长的贫困退出工作组，负责本乡（镇）贫困退出工作。充分发挥村两委班子作用，抓好组织实施，推动工作落实。各村也成立了贫困退出工作组。

二、确定脱贫标准。贫困户脱贫标准以该户年人均纯收入稳定超过国家扶贫标准，吃穿不愁，义务教育、基本医疗、住房安全有保障为衡量标准。以下6项指标全部达标后退出：人均纯收入稳定超过国家扶贫标准；有持续稳定的收入来源，确保吃穿不愁；实现安全饮水；实现住房安全；义务教育阶段无辍学学生；参加城乡居民基本医疗保险。贫困村出列标准：贫困村出列有6项指标，执行乡初选、县审定、市核查退出程序。以综合贫困发生率低于2%为主要衡量指标，统筹考虑村内基础设施、基本公共服务、产业发展、集体经济收入等综合因素。以下6项指标全部达标后退出：综合贫困发生率低于2%；通硬化路；通动力电；实现安全饮水；人居环境干净整洁；具备基本公共服务设施。

三、确定程序步骤。一是乡初选。乡（镇）政府按照贫困村退出计划和退出标准，评估拟退出村脱贫情况，填写《贫困村退出自验表》，提出拟退出贫困村申请名单。贫困村两委组织民主评议通过。在贫困村公示5天，无异议的，报县扶贫开发领导小组。二是县审定。县扶贫开发领导小组组织有关部门组成验收组，根据贫困村退出标准，对各乡（镇）上报的贫困村拟退出申请名单进行审核验收，填写《贫困村退出验收表》，验收结果由村党支部书记、村委会主任、驻村工作队队长、乡（镇）党委书记、乡（镇）长、验收组组长六方签字确认。县扶贫开发领导小组汇总后，确定全县贫困村拟退出名单；验收通过后，填写《贫困村拟退出名单》，报市扶贫开发领导小组。

二、张北县建档立卡工作成效与典型经验

精准扶贫以来，特别是2017年建档立卡“回头看”和精准识别以来，张北县贫困户和贫困村数据质量明显提升，实现了数据精准，在建档立卡工作过程中取得了真正的成功，也探索了一些具有典型示范的经验模式，这些工作机制与成效都成为张北县脱贫攻坚历程中最鲜明的特色。

（一）建档立卡工作成效

张北县以建档立卡工作为基础，始终坚持脱贫攻坚目标标准不动摇，不断创新完善数据管理机制，严把标准程序关、入户核查关、民主评议关、审核审定关“四道关口”，建立“一屏、一网格、一端、一系统”的贫困人口大数据管理平台，充分运用大数据分析、云计算、移动互联等信息化手段，

精确掌握扶贫动态信息，实现了对贫困户的阳光化、公开化、可视化管理和全程化、全覆盖、全方位跟踪，有效确保贫困人口识别精准、退出精准，实现应纳尽纳、应退尽退。

1. 高标准精准识别，真正把好了建档立卡"第一关"

张北县始终坚持把精准识别作为精准扶贫、精准脱贫的基础和前提，在贫困对象识别过程中，坚持高标准工作，精准化识别，严格落实贫困人口动态管理工作实施办法，按月定期识别、按季定期调整，严格把好精准脱贫"第一关"。一是创新开展"七步工作法"，有效确保程序严格规范。在贫困对象识别过程中，严格执行贫困对象申请、确认识别、入户核查、村级评议公示、乡镇审核公示、县级比对公告、信息采集录入系统程序"七步工作法"，做到全过程"阳光公开"、全流程规范进行，真正摸清摸实贫困户信息，全面建立"一户一档""一户一卡"，做到了户有卡、村有档、乡有册、县有簿。二是高标准搭建大数据平台，真正确保贫困信息准确无误。依托大数据平台创新扶贫开发手段，建立覆盖农村人口的数据库，实现数据信息与国家、省、县、乡和村五级数据无缝对接，并且与各相关部门之间实现数据信息互联互通、共享，通过多部门、多渠道扶贫信息汇聚，严格审核"六不评"情况。三是坚持"一把尺子量到底"，有力确保贫困识别公平公正。以"两不愁三保障"为标准，结合月走访服务调查，采取"标杆法""公示法"，实现精准识别到位。会议结果在村内公示，确保群众知情权，经过"两公示一比对一公告"，阳光下操作，产生令全村满意的贫困户名单。经过历年精准识别，确定建档立卡 35927 户、63863 人。四是积极推行"两个同步"，全面确保精准化识别。同步识别，精准识别打破贫困村和非贫困村界限，实行全域识别；同步帮扶，贫困户帮扶打破贫困村和非贫困村界限，向每个非贫困村派驻一支工作队，每名贫困户确定一名帮扶责任人，实现帮扶全覆盖。

2. 高质量精准退出，实现了建档立卡工作任务

精准退出错评率、漏评率、错退率的高低，直接关系脱贫攻坚质量的好坏。为此，张北县坚决杜绝任何形式的“假脱贫”“被脱贫”“数字脱贫”，紧紧聚焦贫困人口脱贫标准，依托大数据平台形成精准台账、扶贫措施、脱贫成效和大数据分析，对贫困人口进行台账化管理、数据化分析，有效确保管理对象台账翔实、扶贫措施落实明确、脱贫成效展现明晰、数据分析支撑有力。通过严把“三关”开展贫困退出工作，确保退出结果经得住实践和群众的检验。明确退出责任关，严格按照省、市贫困退出的总体部署要求，制定贫困退出方案，细化时间节点，明确县四大班子成员包乡镇，乡镇党政领导包村，第一书记、村书记包户的职责，并将退出指标分解到县直相关部门，全程参与贫困退出工作。紧盯程序目标关，严格按照退出指标进行村评议、入户核查、乡审核、乡村两级公示、县级审核公告。工作队与村两委干部、党员代表坐在一起对照退出标准深入分析每一户，为了将贫困户的收入算准，在入户环节加强政策宣传，既让老百姓明白政策，消除顾虑，又能摸到真实的数据。同时，乡镇成立审核小组，对脱贫人口采取抽查、退出贫困村采取评估的形式进行了自查。严把审核验收关，为确保贫困退出经得起检验，每年张北县抽调乡镇专业扶贫干部和县直相关单位人员，对所有行政村进行贫困人口退出“大走访”，对拟退出贫困村进行逐村全覆盖综合审定式验收，确保贫困村退出和贫困人口退出结果真实、准确。

3. 高科技精准管理，取得了建档立卡精准化实效

扶贫工作中实现的创新数据管理，加快推动了大数据与乡村振兴深度融合的步伐。张北县长期以来始终注重大数据平台的创新与升级，努力积攒高效率精准管理的宝贵经验。推行电子化管理，有力提升基层工作效率。通过大数据平台生成收入测算表和扶贫手册，实行电子化管理，可直接打印，规范扶贫手册和收入测算表填写，改善了基层干部加班加点准备材料，有效防止纸质材料涂改痕迹明显，避免出现集中精力干重复低效的工作，科学、高效地集成信息，提升基层工作效率，为基层减负。开展防贫预警监测，有效减轻工作负担。利用大数据平台建立起预警机制，强化对已脱贫户的动态跟踪。系统自动监测核算所有建档立卡户因病自付费用。自付费用高于收入 5000 元的，系统将自动进行预警提示，乡镇将第一时间掌握此类户信息，纳入边缘户台账，制订巩固提升计划，健康扶贫、精准帮扶、社会保障等相关专班将采取相关措施在减少其支出的同时，想方设法增加其收入，确保不会出现返贫。实行大数据处理，有序推进部门间信息管理。大数据平台通过获取、处理、分析、提取数据，有效破除了区域、部门之间的“信息孤岛”问题，实现了扶贫信息数据资源共享。将贫困户基本信息全部生成二维码，借助大数据平台开展贫困户二次复核、比对，及时清除不符合条件的贫困户和错误信息，逐步完善二维码信息，实现无纸化信息管理。

张北县多措并举，充分发挥县乡村三级信息员作用，加强建档立卡工作的无缝对接、联合清洗，张北县共核准清洗问题数据 9933 条，解决扶贫对象“两不愁三保障”、产业就业等方面问题 14 个，核准更新疑似错误信息 1731 条，做到了“账实相符、账账相符”，实现了高效率精准化管理，为决战决胜脱贫攻坚奠定了坚实的基础。

（二）建档立卡工作典型经验

为助力精准扶贫，张北县建立“一屏、一网格、一端、一系统”的贫困人口建档立卡大数据管理平台，运用大数据分析、云计算、移动互联等信息化手段，纵向贯通县、乡、村、户、人，横向关联教育、卫健、医疗、住建、民政等部门多源数据，精确掌握扶贫动态信息，实现了对贫困户的阳光化、公开化、可视化管理和全程化跟踪，让扶贫工作更精准、更方便、更高效。张北县提高建档立卡数据质量及基层基础“减负”工作的探索，形成了具有特色的地方实践模式，在精准扶贫、精准脱贫工程中有效发挥了作用，为其他区域乡村振兴提供了具有可参考借鉴作用的典型做法。

1. 建档立卡工作实现电子化管理，保证数据真实

依托建档立卡大数据平台创新扶贫开发手段，建立覆盖农村人口的数据库，实现数据信息与国家、省、县、乡和村五级数据无缝对接，并且与各相关部门之间实现数据信息互联互通、共享，有力地消除部门间“信息孤岛”。

2. 建档立卡数据实现部门共享，保证信息准确

建档立卡大数据管理平台通过与省扶贫开发信息平台精准对接，建立信息核对功能，直接反馈国家扶贫开发系统错误信息，可以及时进行修改。大数据平台通过建设精准台账、扶贫措施、脱贫成效、大数据分析、手机APP、系统管理六大模块，确保管理对象台账翔实、扶贫措施落实明确、脱贫成效展现明晰、数据分析支撑有力、移动采集快捷简便、平台使用友好简洁。基于精准扶贫信息化建设成果，通过多部门、多渠道扶贫信息汇聚，纵向贯通县乡村户人、横向关联教育、卫健、医疗、住建、民政等行业部门多源数据。大数据管理平台提供防贫预警、贫困监测、绩效考核等功能，可随机抽取扶贫对象进行筛选比对核实，对扶贫户实施扶贫项目的情况进行跟踪性监督检查，对乡镇绩效考核，以贫困村退出贫困户实际比例进行考核排名。扶贫工作实现了精准监督常态化，确保精准扶贫工作按照目标任务、时间节点高效推进落实。

3. 建档立卡内容实现精准查找，保证实时查询

将贫困户基本信息全部生成二维码，借助大数据平台开展贫困户二次复核，数据比对，及时清除不符合条件的贫困户和贫困户错误信息，逐步完善二维码信息，实现无纸化信息管理。二维码让贫困户心中更加有数，贫困户通过自家的扶贫信息二维码，足不出户就可以看到自家的扶贫档案，只要用手机扫一扫就能清晰明了地看到自己帮扶责任人以及帮扶措施，贫困户不再存在“不知道”“不清楚”的问题。二维码让帮扶干部联系群众更为方便，乡村干部、驻村工作队和帮扶责任人通过点击或扫描贫困户二维码，随时查看和更新帮扶工作进展情况，可以点击电子档案里的贫困户联系方式，随时随地联系到贫困户，使得对接联系更便捷。二维码让监督管理更具实效，实行二维码管理后，上级部门或单位领导只要通过手机扫码，便能及时查看贫困户帮扶工作进展情况，如产业帮扶措施、扶贫政策落实等情况，实现了对帮扶工作的实时监控和监督。同时，大数据平台通过获取、处理、分析、提取数据，来实现大数据精准扶贫，实现了各部门间数据准确、规范、高质量，有效确定贫困人口，随时对数据进行核查，并对错误数据进行清洗，充分发挥了数据作用，把致贫原因摸清楚，帮扶措施落到位，扶贫政策送到家，为决战决胜脱贫攻坚奠定了坚实的基础。

三、张北县建档立卡工作的溢出效应

张北县以建档立卡工作为抓手，形成精准扶贫、精准脱贫工作的领导协调机制、政策投入机制、产业发展机制、行业帮扶机制等，最大限度整合资源、调配力量、完善机制，全力推进脱贫攻坚各项任务落到实处，有效促进了张北县如期打赢脱贫攻坚战和实现全面小康。

（一）推动建档立卡识别工作，形成了脱贫攻坚坚实基础

张北县在建档立卡工作中形成了卓有成效的工作模式，成为其在之后贫困治理工作中的有效抓手，形成了扶贫攻坚和脱贫发展的巨大合力。

1. 形成脱贫攻坚的组织领导机制

为深入推进脱贫攻坚工作，成立了由县委书记和县长任组长的扶贫开发领导小组，实行党政主要领导双牵头、双负责，并将相关县处级领导和县直部门全部纳入领导小组，最大限度强化了脱贫攻坚在张北县工作中的主导地位；在领导小组下设脱贫攻坚办公室，攻坚办主任由县处级领导兼任，承担扶贫开发领导小组日常工作，从相关科局和乡镇抽调22名业务骨干充实到脱贫攻坚办公室，统筹协调张北县扶贫工作开展，这一工作机制得到省市认可并在全市范围推广；各乡镇、各村也相应成立扶贫攻坚办公室，配齐配强扶贫工作队伍，从而将县“四套班子”、县直单位、乡镇和村全部纳入大扶贫格局中，形成了党政主要领导亲自抓、县处级领导分工抓、

各乡镇和单位具体抓、纵横联动、齐抓共管的工作机制，凝聚起脱贫攻坚的强大合力。

2. 细化建档立卡工作的职责任务

制定出台了《张北县“十三五”脱贫攻坚规划》，将张北县脱贫攻坚任务梳理细化为精准识别、产业扶贫、易地搬迁等18项重点任务，每项任务由1名县处级领导同志和一个县直部门牵头负责，相关责任单位协同推进；全面细化完善组织部门、扶贫部门和乡镇党委、驻村工作队、包扶责任人的职责任务分工，明确职责分工、具体任务、推进措施、完成时限；县对乡、乡对村层层签订脱贫责任状，安排5174名干部同建档立卡贫困户建立帮扶关系，形成了县乡村三级上下贯通、责任到底的落实体系；张北县成立6个督导组，不定期开展明察暗访，对相关单位主要负责人、乡镇党委书记、主管副职、村支部书记、驻村工作队长、包村干部进行责任倒查，督促张北县党员干部全身心投入脱贫攻坚一线。

3. 完善建档立卡工作的落实措施

对国家和省市脱贫攻坚政策进行系统梳理，针对张北县扶贫薄弱环节，制定了2017年度《张北县脱贫攻坚推进方案》，并出台了《张北县扶贫开发政策汇编（2017年度)》，包括贫困人口精准识别“回头看”实施方案、城乡居民基本医疗保险、大病保险、医疗救助“一站式服务”实施方案、健康扶贫工程实施方案、财政涉农整合资金及扶贫项目使用管理实施意见、关于光伏扶贫项目分配的实施意见、易地扶贫搬迁贫困人口精准识别工作方案等涉及15个部门的48项扶贫政策，结合易地扶贫搬迁、“回头看”等重点专项工作，制作政策明白卡，下发各乡镇、驻村工作组和贫困户使用。同时，认真落实中央领导重要指示批示和省市的部署要求，制定了《张北县关于深入开展扶贫领域腐败和作风问题专项治理的实施方案》，突出问题导向，及时发现、严肃查处扶贫领域违纪违法问题，为完成脱贫攻坚任务提供了坚实纪律保障。

4. 强化建档立卡的精准识别

为解决建档立卡贫困人口识别不精准问题，以精准识别“回头看”为契机，积极谋划、主动作为，张北县于2017年5月初率先启动贫困人口精准识别“回头看”工作，按照“六不评”“五必看”原则，坚持严进严出，一把尺子量到底，认真做好政策宣讲、入户调查、民主评议、公示公开等八项规定动作。2017年8月24日，按照河北省“回头看”统一部署，结合精准识别成果，再次组织开展“回头看”，将贫困人口、低保对象、特困人员、易地扶贫搬迁贫困户和危旧房户同步识别、有效衔接。通过重新入户摸底、重新比对核查、村级评议公示、县乡审核把关，确定张北县建档立卡贫困户38113户、70397人，其中未脱贫户20847户、33445人，建档立卡贫困人口识别更趋精准，年龄结构、致贫原因等内在逻辑关系更为合理，帮扶措施有的放矢，群众满意度、认可度进一步提升。

5. 严把建档立卡的退出成效

严格按照河北省确定的贫困人口退出6项指标和贫困村退出9项指标进行脱贫验收核查，第一时间召开张北县贫困退出动员培训大会，明确工作要求、步骤和时限，在此基础上，召开张北县贫困退出答辩会，评审组逐一对各乡镇的贫困村和贫困人口退出进行深度分析、提出工作建议。经过答辩评审，结合“脱贫人口错退率、贫困人口漏评率、群众认可度”等指标，对乡镇上报拟退出的64个贫困村、6395户贫困户、10407名贫困人口逐一审核确认，最终确定退出贫困村30个，退出贫困户5554户、9028人，同时要求对不符合退出条件的贫困村、贫困人口等加紧进行整改。

6. 发挥建档立卡大数据的支撑作用

引入大唐网络公司开发了张北县精准扶贫大数据平台，在贫困人口基础信息采集审核、动态调整，扶贫项目在线管理、成果量化，扶贫工作规范管理、督查调度，扶贫成效图文展示、精准考评等方面发挥了基础性支撑作用，为张北县扶贫决策提供基础性支撑。为了确保数据的准确性、及时性，每个乡镇都配备了信息员，打造了一批高水准信息录入、审核队伍。目前，该系统已在张家口市域范围内推广应用，并在北京科技周核心展区进行了成果展示，得到国务院领导同志肯定。

（二）强化建档立卡贫困户帮扶，形成了产业可持续发展机制

张北县以建档立卡数据为基础，坚持立足区域发展机制，精准因地因户施策，把产业扶贫作为主攻方向，强化传统优势产业和新兴产业的扶贫带动作用，筑牢脱贫攻坚的产业支撑。

1. 推进光伏扶贫，保障无劳动能力建档立卡群体分红收益

落实习近平总书记视察张北提出的要把光伏扶贫这种切实可行的事抓紧做起来的重要指示精神，结合张北县作为国家可再生能源示范区核心区的产业优势，全力推进光伏扶贫，种好贫困户脱贫的“铁杆庄稼”。在国务院办公厅、国家能源局、国务院扶贫办和国家电网公司等上级领导机关的关心支持下，张北县先后获批160座单体300千瓦、14座单体500千瓦的村级光伏电站和3座总计11万千瓦的集中式光伏电站建设指标。2017年6月30日，克服施工工期紧、供货压力大等实际困难，第一期32座单体300千瓦村级光伏电站、3座总计11万千瓦集中式光伏电站全额并网发电。其中，上级有关部门协调万科集团为张北县12座单体300千瓦村级电站无偿捐助建设资金2800万元。截至2019年12月底，电站累计收益1414.92万元，已领取收益853.25万元，实际发放收益526.67万元，全面覆盖366个行政村的22186户贫困户。第二期128座单体300千瓦光伏电站规划建设过程中，为解决一期村级电站分村建设导致的电网改造成本高、接入难度大、运维成本高等问题，在国家能源局、国家电网公司直接指导协调下，由国家电网下属冀北电网公司无偿提供送出通道，二期电站采用异地联建、集中送出、统一运维模式，项目总投资2.5亿元。其中，黄山睿基公司无偿捐助3500万元货值的光伏支架，项目EPC总承包方上海电科院克服低温严寒等不利条

件，抢抓工程进度，力争如期并网发电。项目建成后，将连续 20 年每年产生 4500 万元的发电收益并全额用于乡村振兴。为确保光伏扶贫收益不仅“收得到”，还能“分得好”，县里先后制定出台《张北县光伏扶贫项目收益分配实施意见》《关于进一步做好利用光伏扶贫收益开展公益岗位扶贫的通知》，明确“深度贫困户优先发放、一般贫困户按劳取酬、分配过程公平公开”的基本原则。光伏扶贫收益已覆盖 3625 户重病重残及无劳动能力的深度贫困户，每户每年补贴金额不低于 3000 元；同时，为有劳动能力的贫困人口提供垃圾清运、治安违建巡防、护林护草等公益性岗位，每人每年工资金额 1000 至 3000 元。

2. 打造区域特色产业扶贫，推动有劳动力建档立卡群体转变为职业农民

针对建档立卡贫困群体中有劳动能力的贫困户，张北县结合区域特色产业，以扩大产业链的益贫效益为抓手，推动贫困劳动力转变为新型职业农民。

一是推进马铃薯产业扶贫。习近平总书记视察张北时提出，马铃薯是个大产业，下一步就是怎么把它市场化、规模化发展起来。为深入贯彻落实习近平总书记重要指示精神，张北县的定点帮扶单位国务院办公厅负责同志协调农业农村部、发展改革委、财政部、商务部等相关部委，按照“贫困户一户不漏、贫困人口一人不落，把有条件辐射到的贫困人口全部吸纳到马铃薯产业的各个环节享受收益”的工作方向，全力推进张北县马铃薯全产业链扶贫。目前，已编制实施马铃薯产业发展规划。国务院机关党组领导同志协调农业农村部研究制定了《关于支持张家口市张北县和怀安县马铃薯全产业链发展的帮扶方案》。农业农村部安排相关司局负责同志和马铃薯专家到县实地指导产业发展，制定了《张北县马铃薯产业扶贫三年行动计划》。张北县着力打造“一园一镇三区两中心”马铃薯产业布局，重新构建马铃薯全产业链发展格局，使马铃薯产业成为助力张北县农民脱贫、推动脱贫攻坚的重要支柱产业，特别是从“种薯繁育、商品薯生产、仓储物流、精深加工”等关键环节入手，探索建立了“政府 + 龙头企业 + 基地 + 村集体经济合作组织＋贫困户”的利益联结机制，让贫困户嵌入马铃薯产业链条的各个环节持续稳定受益。通过繁育种薯、商品薯种植、扶贫资金入股分红、参与务工、物流运输等渠道，带动张北县18000名农户人均年增收800—1000元。国务院有关负责同志在张北县丰茂农业公司调研时称赞，“这就是产业脱贫，是扎扎实实的脱贫”。建立有力的产业发展领导体制和工作机制，成立由县长任组长的张北县马铃薯产业发展领导小组，农牧、农工部、发改、财政、规划、扶农、国土、林业、水务、商务、科技等相关县直单位为成员，负责组织实施张北县马铃薯产业发展各项事宜。国办协调以国家马铃薯产业技术体系首席专家为代表的专家智库资源，建立张北县马铃薯产业专家顾问团队，帮助制定张北县马铃薯产业发展规划、确定产业发展与脱贫攻坚的双赢模式，并针对产业发展瓶颈制约，提出解决良策。张北县谋划打造张北县马铃薯检验检测中心等公共服务平台，带动坝上及周边地区马铃薯种薯规范标准、提高水平、有序发展，从源头上为马铃薯产业健康发展提供基础支撑。马铃薯重点项目建设进展顺利。有关部门协调引进首农集团与丰茂农业公司合作，建设马铃薯净菜加工厂，总投资1.1亿元，共投入4条生产线，主要生产马铃薯、胡萝卜、洋葱等净菜产品，年产量10万吨左右，年产值3亿元；协调农业农村部支持丰茂农业公司打造国家级马铃薯综合交易中心，项目建成后可形成30万吨仓储、100万吨交易能力。张北马铃薯品牌影响力正在形成。在农业农村部协调支持下，通过了张北马铃薯农产品地理标志登记专家评审，实现张北县农产品地理标志登记零的突破；报农业农村部批准，实施10万亩全国绿色食品原料（马铃薯）基地项目。此外，张北县还被评为“中国马铃薯原种之乡”“中国北方马铃薯之乡”，张北马铃薯的品牌价值和市场认可度进一步提升。

二是推进甜菜产业扶贫。张北县甜菜产业链条比较完整、扶贫带动模式比较成熟。近年来，依托博天糖业这一龙头企业，建立了“政府扶持、企业运作、合同定价、保种保收”的订单农业扶贫模式，带动张北县3万名贫困人口稳步脱贫，人均年增收1600多元。在产业链条中，直接从事种植的农户4367户、1.1万人，其中贫困户1786户、4420人，户均创收2600元、人均创收1040元；参与田间务工农户6800多户、1.7多万人，其中贫困户4000多户、1万多人，户均年增收7500元、人均创收3000多元；交通运输带动2300多户、3400人，户均创收6750元，人均创收4500元。甜菜产业为坝上乃至更多贫困地区探索了一条切实可行的产业脱贫之路。

三是推进生猪养殖扶贫。与中粮集团合作，通过金融扶贫模式，贫困户和企业建立利益联结机制，使建档立卡贫困户获取帮扶收益。2017年申请贷款3534万元，已发放1295万元，带动700余户贫困户增收，每户每年收益1659—2370元。同时发挥扶贫资金的杠杆作用，计划以扶贫资金投资与中粮共同组建合资公司，建设5万—10万头生猪养殖场，以投资收益帮扶贫困户脱贫，建立起金融扶贫的长效机制。

四是推进食用菌产业扶贫。食用菌种植是张北县特色农业，张北县年生产双孢菇、金针菇、杏鲍菇、平菇、香菇等各类食用菌200万公斤，年销售收入1800万元。2017年，在郝家营乡、台路沟乡建立了贫困户入股企业分红联结机制，贫困户以扶贫资金、土地等入股，实行"六统一分"扶贫模式，即统一租地、建棚、制菌、制棒、管理、销售和分户种植，有效破解了贫困户无资金、无技术、无门路等问题。台路沟乡462户贫困户入股嘉茂菌业公司，以户为单位，每户以扶贫资金5000至6000元入股，保本分红，户均年收入400元；郝家营乡317户贫困户入股英利、绿健公司，户均年收入1800元。

3. 践行绿色减贫理念，实现建档立卡贫困群体可持续增收

近年来，张北县抢抓列入"国家全域旅游示范区"和第二届全国乡村旅游与旅游扶贫大会在张北县召开的机遇，依托景区培育壮大乡村旅游产业，通过实施"景区带动、农旅互通、节庆拉动、招商推动"四种模式措施带动9个试点村实现脱贫增收。目前，已形成张北草原音乐节、草原天路两张

“旅游名片”，中都原始草原度假村和草原天路周边已建成农家乐 500 多家。多年来，张北县受益贫困人口近 1.2 万人，仅 2017 年就带动 9 个乡镇、22 个村，覆盖贫困户 187 户、433 人，每年户均旅游纯收入达 4664 元，人均旅游纯收入达 2237 元。在此基础上，通过公司运作，打造“特色小镇 + 全域旅游 + 产业融合”的民宿旅游村，天鹿大本营乡村旅游项目已建成运营，实现了所在区域贫困户脱贫增收。特别是郝家营乡五福堂行政村小三宝自然村依托中都草原度假村，大力发展农家旅游，并积极创新旅游扶贫模式，成功探索出了“四金”促增收的旅游扶贫新模式。一是股金，3 户贫困户用马和卡丁车入股村里的旅游合作社，每股分红 5000 多元，户均年增收 2.5 万元。二是租金，村民将 1380 多亩土地流转给跑马场合作社和花田草海合作社，用于建设跑马场和种植观光植物，每亩土地每年收取 200 元的承包费，户均增收2400 多元，共涉及贫困户 11 户。三是薪金，贫困村民通过拉骆驼、拉羊车、保洁、餐饮服务等方式赚取薪金，每人每年可实现收入 5000 多元。四是公益慰问金，在村两委积极组织和引导下，各合作社每年提供一部分资金作为公益基金，定期慰问村内年老体弱、无劳动能力的贫困户，使贫困户共享旅游发展成果。

（三）实现建档立卡工作全方位投入，改善了发展基础设施

农村基础设施薄弱、村容村貌差是张北县在建档立卡工作和脱贫攻坚工作中的突出短板。为此，县委、县政府积极创新举措、整合资源，持续加大农村基础设施建设力度，全面改善提升贫困群众的人居环境。

一是强化基础设施建设。在水利设施改善上，2017 年张北县农村饮水安全巩固提升工程总投资 999 万元，改善张北县 30 个贫困村 3.83 万人（建档立卡贫困人口 0.92 万人）的饮水条件，整合资金 878.0325 万元，涉及 10 个乡镇、21 个村，改善当地水利基础设施条件；在乡村道路建设上，整合资金 2321.12 万元，建设乡村公路 38.85 公里；在网络通信建设上，所有行政

村实现光纤、4G 基站网络全覆盖，现已完成通光纤村 130 个，4G 覆盖 151 个村；在农村电网改造上，投资 3660.37 万元，实施农村电网升级改造项目 61 个，惠及贫困村 31 个；在镇村体系规划上，围绕草原天路、中都草原、元中都遗址等旅游景区，现代化畜牧养殖场、现代农业园区、牲畜交易市场、农产品加工园区等几个重点片区，以及县城周边、乡镇政府驻地及区域中心村庄，统筹运用易地扶贫搬迁、农村危旧房改造、幸福互助养老社区建设、土地流转等政策，将永久保留村全部建成美丽乡村，实现贫困群众生产生活条件的大幅提升。

二是推进易地扶贫搬迁。对空心化、老龄化程度深的村庄，不再进行大规模基础设施投入，通过分散搬迁、集中安置方式，在充分尊重群众意愿基础上，引导贫困户有序进城，实现就近城镇化。一方面，对搬迁人口、区域进行精准定位。在搬迁人口识别上，制定了《张北县关于深入推进易地扶贫搬迁工作的实施意见》，明确规定了纳入易地扶贫搬迁对象的识别标准，为了鼓励子女更好履行对老人赡养义务，设计了一项支撑性措施，即子女履行赡养义务并签署赡养协议，可以纳入同步搬迁范围，不受自然村整村搬迁条件的限制。按照识别政策和标准，重新识别后，确定“十三五”期间易地扶贫搬迁建档立卡贫困户 2916 户、6333 人，同步搬迁户 1280 户、3093 人。目前，已完成入户签约、个人自筹经费收缴等工作；在搬迁区域选择上，计划在公会镇公会村、油篓沟镇义和美村等规划建设集中安置点，其中，义和美村集中安置点距县城 2.5 公里，距工业园区 2 公里，北邻占地 6000 亩的草原公园。在功能配套上，贫困人口入住后，可享受城镇供水、供暖、电力、道路、通信等基础设施，以及幼儿园、小学、卫生院、商业等公共服务配套。另一方面，对后续帮扶进行精准施策。按照“两区同建”要求，在产业带动上，规划发展光伏、农牧、生态、旅游等重点产业、通过龙头企业带动、资产收益、金融扶贫等方式帮助搬迁贫困人口稳定脱贫。在就业扶持上，通过就业创业培训、拓宽务工就业渠道、公益岗位设置等帮助搬迁贫困人员就业创业。在跟踪问效上，在集中安置点建立联合村委会和党支部，相关乡镇设立异地集中办公区，安排乡镇和驻村干部常驻搬迁安置点为搬迁群众提供相关服务。继续落实帮扶责任人制度，做到不掉一户、不漏一人，安置区人人有帮扶、户户有干部。在社会保障上，全面落实社会保障政策，迁入城镇定居、有稳定职业和固定住所的搬迁人员，符合条件的可就近转为城镇户口，逐步使搬迁群众与安置地居民享受同等的教育、医疗卫生、养老保险、失业保险、最低生活保障、社会救助等社会福利待遇。

三是全面提升中心村镇人居环境。整合利用涉农扶贫资金和其他各类资金，持续加大中心村镇的基础设施投入建设力度，着力提升水、电、气、热、道路、通信、厕所等基础设施水平，有序承载空心村贫困人口流入。对于张北县规划永久保留的村庄，计划全部打造成中心村，并结合特色小镇建设，引进社会资本，创新建设模式，对原有乡村进行综合性规划、开发和运营，打造成集农业观光、农事体验、农耕文化相结合的田园综合体。目前，水泉洼村采用整村开发模式，引进深圳华大集团投资新建“京北未来农业康旅小镇”；东湾村采用农宅合作（租赁）模式，引进河北大红沟农业科技有限公司，租赁农宅和宅基地，发展民宿旅游，打造胡家坊民宿文化村；义合美村采取集中联建模式，启动中心村建设，吸纳贫困户集中居住。通过创新各种建设模式，实现一、二、三产业的深度融合发展，帮助具备条件的贫困户实现向新型农民的转变。

四是推进土地规模流转。设立县、乡、村三级绿扶公司，整合涉农扶贫资金，并借助政银企户保等信贷资金，初步规划投入3500万元，整合和流转张北县农村土地资源20万亩，构建特色小镇、精品农业、品质旅游、康养产业等综合化产业布局，形成以土地补偿、收益分红、岗位工资、公益帮扶等为主的贫困人口收入体系。一方面，引进优质项目带动贫困户增收。将流转的土地作为乡、村项目建设用地，引入马铃薯、光伏等优质产业项目。贫困户通过流转土地挣租金，参与务工挣薪金，入股分红挣“红金”，着力解决贫困人口无脱贫产业、增收渠道窄的问题，为稳定增收提供有力支撑。另一方面，创新全域开发提升贫困村基础建设。通过绿扶公司，依托优质土地资源，吸引社会资本参与，共同合作，加快整村全域开发，打造特色小镇和田园综合体，贫困户实现一次性身份转变、一次性改善生产生活条件、一次性脱贫致富的华丽转身，着力破解农村特别是贫困村发展能力弱、基础设施差的难题，推动农村整体发展。目前，已与宏泰集团、金凤科技等签订乡镇整域开发意向协议书，正在开展大规模土地流转的前期工作。同时，加快生态治理改善县域人居环境。立足水源涵养区和生态环境支撑区的定位，整合土地资源，扩大优质饲草种植规模，加快草原生态修复和贫瘠、偏远农村土地生态治理进程，着力打造国家草原公园和国家牧场，走生态优先、绿色发展之路。

（四）实施建档立卡工作全领域帮扶，实现了脱贫长远目标

张北县根据建档立卡的脱贫长远目标，不断强化各项政策性帮扶措施。基于建档立卡数据系统的贫困群体，从教育、医疗、住房、就业等方面入手，全面加强社会保障体系建设。

一是实施教育扶贫。全面落实国家“两免一补”“三免一助”“营养改善计划”等教育惠民政策。义务教育阶段，2017 年实施农村义务教育学生营养改善计划 292.93 万元，惠及学生 38343 人次，全部免除学杂费，免费提供教科书，并为经济困难寄宿生补助生活费 367.6 万元，惠及贫困学生 6653 人次；高中教育阶段，为高中阶段建档立卡贫困学生免除学费、教科书费，住宿费 269.08 万元，惠及 983 人，为高中教育阶段贫困学生发放助学金 652.8 万元，惠及 7238 人次，保障学生不因家庭经济困难失学。职业教育阶段，近年来，累计投资 1 亿多元，建成了功能完善的职教中心新校区；推动校企合作，加强对贫困家庭子女的技能培训，先后与吉利沃尔沃集团、联想集团、阿里集团等大企业建立深度合作关系，实行订单培养，优先招录建档

立卡贫困家庭子女，实现“职教一人，就业一人，脱贫一家”的效果。

二是实施健康扶贫。城乡居民基本医疗保险对建档立卡贫困人口实现全覆盖。建立商业保险保障线。与中国人寿保险公司进行合作，整合扶贫资金500万元，为张北县建档立卡未脱贫人口缴纳商业医疗保险（每人150元），将基本医疗、大病医保、民政救助“三条保障线”提高到“四条保障线”，使贫困人口非医保目录报销医疗费用可进行二次报销。截至2019年12月底，已救助660人，保险金额86.81万元。全面实行“一站式”报销服务。2017年，共产生医药费1.08亿元，贫困人口报销52417人次，其中基本医疗统筹基金支付6035.37万元，大病保险基金支付265.47万元，医疗救助574.21万元，贫困人口专项政策补助1455.65万元。同时，对贫困人口居民医保缴费进行全额补贴，惠及贫困人口69413人，补贴资金1041.2万元。实行“先诊疗后付费”服务。逐步实现建档立卡贫困人口在县域内就医不缴纳住院预付款，出院时结算个人负担费用。截至2019年12月底，已有3803人次享受了“先诊疗后付费”政策，总费用1347.06万元，患者自付158.91万元，患者平均自付费用只有417.86元。家庭医生签约服务完成常住人口签约人数为13.19万人，签约率达到43.45%，重点人群签约率达到80%，建档立卡贫困人口中慢性病患者签约率达到100%。引进医疗扶贫项目，引进华大基因集团，计划投入约3000万元，在张北县免费开展妇女宫颈癌基因筛查（HPV）、孕妇无创产前基因检测、新生儿遗传性耳聋基因检测、新生儿遗传代谢检测等项目。

三是做好住房安全保障。2017年对张北县农村危房改造进行了摸底排查，共排查住房安全存在隐患的3334户。2017上级补助资金4503万元，安排农村危房改造2370户。同时坚持动态化统计，确保每一个符合危房改造条件的都纳入改造范围。

四是创建新型养老社区。针对子女长期外出身边无人照料的农村60周岁以上“留守”、独居、“空巢”老人，不愿意选择县城楼房生活或单人户无法集中安置的情况，在乡镇政府所在地，计划盘活废弃中小学、农村信用社、粮库等闲置资源，重点打造幸福互助养老社区。在服务上，以老人互助服务为主；在生活保障上，采取家庭自理与政府及社会公益资助相结合，政府配备必要的公共服务和康养设施，实现农村老人“老有所居、老有所养、老有所乐”，加快促进农村养老事业快速健康发展。

五是强化社会保障救助。保障标准，从2017年1月提高了低保和特困人员保障标准，农村低保保障标准由每人每年2900元提高到3400元，农村分散特困供养人员提高到每人每年4350元。到2017年底，张北县共有农村低保30350户、37115人，共发放低保资金8113.3万元，其中建档立卡贫困户24021户、29460人，发放低保金6334.56万元；农村特困供养人员1723人，全年共发放供养资金816.14万元，其中建档立卡贫困人员1311人，发放低保金611.45万元；低保精准核查，2017年张北县对农村低保精准核查认定和扶贫精准识别工作同步推进，按照精准核查认定工作流程，最终审批通过25507户、32979人，实现了精准认定，应保尽保。

六是推进劳动就业扶贫。2017年为推进农村贫困劳动力就业创业工作，张北县共举办招聘会6场，就业服务“招聘集”2场，提供就业岗位600个，达成用工协议120个。开展就业培训2期，培训人员308人，开展司炉工培训2期，培训人员155人，取得技能资格证135人，对有县外就业意愿的904名建档立卡贫困劳动力开展了就业脱贫帮扶，实现转移就业732人。在张北县储备林造林工程中累计雇佣贫困户183人，张北县雇佣贫困户生态护林员1218人，人均年增收3000多元。

（五）推进建档立卡工作落实，提升了基层党组织建设

乡村是精准脱贫的主战场，抓好乡村两级基层党组织建设，充分发挥基层党组织的战斗堡垒作用，是打赢脱贫攻坚战的关键。在建档立卡工作过程中，张北县坚持以“大党建”统领“大扶贫”，全力构建“党建＋扶贫”的

工作格局，充分发挥党建优势助力脱贫攻坚。

一是压实乡镇脱贫责任。在乡镇党委换届中，大力选用长期在基层工作、熟悉“三农”政策、群众基础扎实的党员干部，换届中提拔的75名科级干部，其中乡镇、村干部达74名（含2名优秀村干部），占提拔总数的98.4%；推行《乡镇干部住村工作制度》，乡镇副科级以上领导干部，每月至少连续住村3天，张北县18个乡镇所有班子成员包住193个村，在一线指导日常事务，确保脱贫攻坚精准推进；充分发挥考核的风向标和指挥棒作用，将精准脱贫考核作为乡镇领导班子实绩考核的重中之重，对完不成任务的实行一票否决，切实把乡村干部的思想和精力凝聚到精准脱贫上来。

二是夯实农村党建基础。针对坝上农村“三空”问题突出的现状，积极优化农村党组织设置，在366个行政村规划建设联合党总支94个，在外出务工人员集中的地方建流动党委1个，党支部9个，在产业链上建立党支部28个，在社会组织建立党支部10个，确保党的组织和党的工作在扶贫领域全覆盖。进一步选优配强村党组织书记，对17名不在村、不干事、群众不认可的村书记进行了调整，大力推行“外出能人反哺、退休干部返村、大学生回乡创业”计划，通过积极宣传动员，目前已有28名机关事业单位党员干部主动报名申请到村任职，有6名北京流动党委外出务工人员申请返村任职。

三是培强壮大集体经济。在建档立卡工作中，加强党对集体经济的领导，把发展壮大集体经济作为脱贫攻坚的重要支撑。因地制宜发展光伏、旅游等特色产业，使集体经济逐步成为引领农民脱贫致富、推动农村发展的重要抓手。小二台镇德胜村引进光伏发电产业增加集体收入，采取“光伏＋农业＋贫困户”的模式，40%的电站收益用于电站运营维护及全村公益事业，60%用于贫困户，连续20年每年实现收益70万元。目前，在张北县174个贫困村中，村集体经营性年收入2万元以上的121个，占69.54%；2万元以下35个，占20.11%。

四是凝聚精准帮扶合力。建档立卡工作充分调动张北县干部资源，精准选派 523 名机关企事业单位优秀干部，驻村开展精准帮扶工作。统筹省、市、县 5174 名帮扶责任人与建档立卡贫困户结成帮扶对子，先后组织开展 4 次大规模“暖心行动”，送温暖、讲政策、办实事，累计为贫困户帮办实事好事 2 万多件，捐赠款物价值 500 多万元，帮扶成效的满意度全面提升，形成县乡党委、村党组织、驻村工作队、派出单位目标同向、工作齐抓、协同联动、责任共担的攻坚合力。

后 记

建档立卡是我国减贫实践的伟大创造，实现了对贫困人口的精准识别和精准管理，为精准扶贫扣好了第一颗扣子，为脱贫攻坚取得伟大胜利作出了不可磨灭的贡献，也为解决贫困瞄准这一世界难题贡献了中国智慧。总结建档立卡的经验，不仅是记录建档立卡从无到有、从不精准到相对精准、从独唱到各部门大合唱这样这一段波澜壮阔的伟大历史，更可以对未来的基层治理、国家治理提供宝贵的经验借鉴。

在国务院扶贫办中国扶贫发展中心的统筹下，我们北京师范大学中国扶贫研究院团队承担了建档立卡专题总结的工作任务。受到疫情影响，这项工作可以说是时间紧、任务重。我们成立了近 30 人的专题总结课题组开展工作。在课题进行的短短 5 个月时间中，我们与国务院扶贫办相关部门就组织 10 余次研讨会，国务院扶贫办负责同志在会议上直接安排部署建档立卡的总结工作，中国扶贫发展中心负责同志多次指导工作、提出了非常具体的意见建议。课题组内部组织召开了 30 余次内部讨论会，对建档立卡内容写作和视频创作进行了反复讨论和研究修订。2020 年 10 月和 11 月，先后赴广西马山、贵州威宁、甘肃康乐以及河北张北四省（区）四县实地调研，走访近 50 个村庄、访谈各级干部群众数百人，收集各类素材近千万字。初稿完成后，增删近 10 次，最终形成现在的报告。

攻关过程中，多位领导的亲切关怀、专家学者的精诚合作、师生们的无私奉献，让我们感慨万千。感谢国务院扶贫办各位领导给予方向性的指导，感谢中国国际扶贫中心负责同志多次组织会议座谈，提出了很多重要意见，感谢发展中心有关同志为经验总结工作提供的各种便利。特别感谢广西、贵州、甘肃、河北四省（区）各级领导对调研和报告写作的指导和支持。

特别感谢中央民族大学张建平教授、北京师范大学珠海校区曲玮教授、甘肃省社科院潘从银老师在课题调研和报告写作中的辛勤付出。

这个报告是集体智慧的结晶，感谢为本课题付出智慧与劳动的老师和同学们。他们全力以赴、高效努力，为完成课题作出了突出贡献。北京师范大学万君副教授在组织协调、报告写作整个过程中付出了辛勤的劳动。张涛博士后、孔梅博士、张欣欣博士、张天翼博士负责了分省报告的调研协调、报告写作工作，李世珂老师和硕士生薛亚硕在视频制作方面做了大量的工作，卢敏同学帮忙整理、校对了全文。访问学者张赛玉副教授、李兵园老师在调研统筹、报告写作也做了很多工作。北京师范大学中国扶贫研究院的各位老师同学全员参与了课题调研，也在课题研究中得到了锻炼和提升。

总结建档立卡经验的过程，也是不断深化我们对建档立卡的认识的过程。我们深刻感觉，对建档立卡了解得越多，越感觉建档立卡工作的不容易，越觉得建档立卡的意义重大、影响长远。建档立卡是脱贫攻坚的生命线，是基层治理的出发点也是落脚点。这本书只是在大体上记录了建档立卡不同阶段的特点，展现的只是这项伟大工程的冰山一角。实际上，建档立卡整个过程的艰辛曲折，在脱贫攻坚过程中发挥的非凡意义以及从中凝练出的治国理政的智慧和干部群众的精神，远比我们展现的更多、更深刻、更动人。由于水平有限，不足之处在所难免，请批评指正！我们也会在建档立卡精神的指引下继续前行，在未来的研究中继续努力，充分吸取各位专家的意见，不断进行修改完善，以期能为乡村振兴研究作出微薄贡献！

张　琦

2021 年 2 月 4 日

责任编辑：王　森
装帧设计：胡欣欣

图书在版编目（CIP）数据

建档立卡：为精准扶贫扣好了第一颗扣子 / 中国扶贫发展中心组织编写；万君，张琦 著 . — 北京：人民出版社，2023.5
（中国脱贫攻坚典型案例丛书）
ISBN 978 - 7 - 01 - 025426 - 5

I. ①建…　II. ①中… ②万… ③张…　III. ①扶贫 - 案例 - 中国　IV. ① F126

中国国家版本馆 CIP 数据核字（2023）第 028134 号

建档立卡：为精准扶贫扣好了第一颗扣子
JIANDANG LIKA WEI JINGZHUN FUPIN KOUHAO LE DIYIKE KOUZI

中国扶贫发展中心　组织编写
万 君　张 琦　著

人民出版社 出版发行
（100706　北京市东城区隆福寺街 99 号）

北京九州迅驰传媒文化有限公司印刷　新华书店经销

2023 年 5 月第 1 版　2023 年 5 月北京第 1 次印刷
开本：710 毫米 × 1000 毫米 1/16　印张：19.25
字数：264 千字

ISBN 978 - 7 - 01 - 025426 - 5　定价：66.00 元

邮购地址 100706　北京市东城区隆福寺街 99 号
人民东方图书销售中心　电话（010）65250042　65289539